Hubertus von Schoenebeck

# AMICATION

Themensammlung

Ein Lesebuch

Freundschaft mit Kindern - Förderkreis e.V.

2. überarbeitete Auflage 2004

Copyright by Hubertus v. Schoenebeck 2003
Alle Rechte vorbehalten. Printed in Germany
Herstellung: Books on Demand GmbH
Mitarbeit: Angela Calow
Layout: Heiko Hildebrandt
Foto: Sebastian Schiepe

Internet: www.amication.de
E-Mail: amication@t-online.de

ISBN 3-88739-024-5

**HUBERTUS VON SCHOENEBECK**

# AMICATION

## THEMENSAMMLUNG

## EIN LESEBUCH

*Buch*

Amication ist eine neuartige Weltsicht, in der die Selbstliebe und Sozialität des Menschen im Mittelpunkt stehen. Amication entstand aus empirischen Forschungen über erziehungsfreie (postpädagogische) Kommunikation mit Kindern und erstreckt sich heute auf alle Lebensbereiche. Amication enthält eine eigene existentielle Philosophie und Ethik und bewirkt eine besondere Emotionalität. Die amicative Praxis ist durch die Überwindung des Pädagogischen im Umgang mit Kindern und in der Beziehung zu sich selbst revolutionär und zukunftsweisend. Im Zeitalter der Postmoderne ist Amication eine neue Grundlage und voll konstruktiver Orientierung.

Die »Amication – Themensammlung« ist ein Reader mit 100 Texten zur amicativen Theorie und Praxis. Die einzelnen Themen wurden vom Autor aus seinen vorliegenden Büchern und Publikationen ausgesucht und zusammengestellt. So entstand ein Lesebuch, das zu den vielen Facetten der Amication verständlich Auskunft gibt und zum Verweilen einlädt. Mit der Themensammlung liegt ein fundiertes Einführungsbuch in die Amication vor.

*Autor*

Dr. phil. Hubertus von Schoenebeck, geboren 1947, ist Vater von zwei erwachsenen Kindern und zwei Kleinkindern. Er erforschte die Möglichkeiten erziehungsfreier Kommunikation, promovierte hierüber und begründete die Amication. Er ist im »Freundschaft mit Kindern – Förderkreis e.V.« tätig, um die erziehungsfreie Lebensführung, die Idee der Selbstliebe und Amication bekannt zu machen. Hubertus von Schoenebeck referiert an Universitäten und Bildungsstätten im In- und Ausland. Er hat zahlreiche Bücher zur amicativen Theorie und Praxis veröffentlicht.

# Inhaltsverzeichnis

Vorwort .................................................................. 13
Einführung ............................................................. 15

## I Aspekte zur Theorie

1. Zeitenwende ................................................. 21
2. Beginn der Amication ..................................... 22
3. Amication – Weltsicht und Weltdeutung ............. 24
4. Grundlagen amicativer Lebensweise .................. 27
5. Fragen an die Amication ................................. 30
6. Die Befreiung des Erwachsenen ........................ 32
7. Einladung zur Selbstliebe ................................ 33
8. Müssen Kinder wirklich erzogen werden? .......... 35
9. Das Menschenbild der Gleichwertigkeit ............. 37
10. Das Menschenbild der Selbstverantwortung ........ 38
11. Selbstverantwortung von Anfang an .................. 40
12. Der psychologische Unterschied ....................... 41
13. Selbstverantwortung und Zuständigkeit ............. 43
14. Das Wiederfinden der psychosozialen Macht ...... 44
15. Zumutung und Einladung ................................ 45
16. Liebe und Verantwortung ................................ 45
17. Die Sozialität des Menschen ............................. 46
18. Das pädagogische Menschenbild ....................... 47
19. Das Verlieren der Selbstverantwortung .............. 49
20. Die psychische Aggression der Erziehung .......... 50
21. Amication und pädagogischer Automatismus ..... 52
22. Amication und Andersdenkende ....................... 53

## II Aspekte zu Praxis und Erleben

23. Der amicative Realismus .................................. 54
24. Der Unterschied liegt in der Welt der Gefühle .... 55
25. Das Wiederfinden der Selbstliebe ...................... 58

26. Fehler überwinden .................... 62
27. Amication mißverstehen .................... 63
28. Auf den Umgang achten .................... 65
29. Fragen (nicht) beantworten .................... 66
30. Amication und Glück .................... 71
31. Amicative Partnerschaft .................... 72
32. Sich nicht für Kinder verantwortlich fühlen .................... 75
33. Konflikt: Die psychische Dimension .................... 77
34. Konflikt: Durchsetzen, Macht, Empathie .................... 79
35. Konflikt: Sieg, Niederlage, Einsicht .................... 82
36. Konfliktbeispiel Rutsche .................... 85
37. Die positiven Wirkungen .................... 87
38. Die pädagogische Umwelt .................... 91
39. Kinder und Grenzen .................... 93
40. Die Grenzen der Kinder .................... 95
41. Wenn es unordentlich ist .................... 98
42. Wenn es mir zuviel wird .................... 100
43. Was tun, wenn Kinder streiten? .................... 102
44. Freundliche Neutralität beim Streit der Kinder .................... 105
45. Rote Karte .................... 108
46. Wer bist Du eigentlich? .................... 113
47. Lisa .................... 117
48. Charlotte .................... 119
49. Melanie .................... 121
50. Baggersee .................... 124

## III Aspekte zur Schule

51. Von Schule und Menschenrechten .................... 127
52. Die geistige Freiheit des Kindes .................... 134
53. Impulse für die Schule der Zukunft .................... 137
54. Dem Leid der Schulkinder begegnen .................... 142
55. Schoolwatch .................... 150
56. Die wirkliche Macht der Eltern .................... 157
57. Lehrer: Realität und Vision .................... 165

## IV Aspekte zur emotionalen Dimension

58. Moment der Selbstbegegnung ............ 175
59. Vom Moralisieren emanzipieren ............ 177
60. Nächstenliebe ............ 178
61. Kindheitsgefühle ............ 179
62. Gleichwertigkeit fühlen ............ 181
63. Ich liebe mich so wie ich bin ............ 184
64. Was bedeutet »Selbstverantwortung«? ............ 188
65. Vom freundlichen Umgang mit dem Sollen ............ 192
66. Der Terrorismus des 12. September ............ 195
67. Schule: Vergangenheit ............ 198
68. Schule: Zukunft ............ 201
69. Schule: Gegenwart ............ 204
70. Schule: Denn sie wissen nicht, was sie tun ............ 208
71. Schule: 29. Januar 2014, 10.03 Uhr ............ 210
72. Dein Schmerz ............ 211
73. Unendliches Glück ............ 213
74. Verändern ............ 215
75. Zumutungen ............ 215
76. Schatzkisten ............ 216
77. Tonis Brief an die Katze ............ 218
78. Überqueren ............ 220
79. Figurative Aphorismen: Ich ............ 226
80. Figurative Aphorismen: Du ............ 230
81. Figurative Aphorismen: Kinder ............ 234

## V Aspekte zur politischen Emanzipation des Kindes

### Deutsches Kindermanifest
82. Die neuen Rechte ............ 238
83. Das deutsche Kindermanifest ............ 243
84. Der Offene Brief ............ 248
85. Der Beginn ............ 253
86. Die ausführliche Argumentation ............ 256

**Wahlrecht für Kinder**

87. Die Grundposition ............................................. 258
88. Die Entwicklung ............................................... 259
89. Die Situation .................................................. 262
90. Die Forderung ................................................. 266
91. Die Einwände ................................................. 267
92. Die Überlegungen ............................................. 268
93. Die Begründung .............................................. 274
94. Die Pflichten .................................................. 276
95. Die Wählbarkeit .............................................. 277
96. Das Engagement ............................................. 277

## VI Aspekte zum Förderkreis

97. Der Förderkreis ............................................... 282
98. Instituts-Seminare ............................................ 283
99. Mitglied im Förderkreis ...................................... 286
100. GRAL .......................................................... 288

## VII Amicative Literatur ........................................ 290

Für Corbinian

# Vorwort

Seit ich vor 30 Jahren erstmals einer Alternative zu jeglicher Erziehung nachspürte, ist viel Zeit verstrichen. Auf die damals hinter einem riesengroßen Fragezeichen versteckten, aber sehr wohl vorausgeahnten Probleme einer erziehungsfreien – amicativen – Lebensführung gibt es heute vielfältige Antworten. Antworten, die zum einen zufriedenstellen, zum anderen aber wieder zu neuen Fragen führen. Das neue Miteinander ist ein faszinierendes Experiment ohne Ende, anspruchsvoll in der Theorie, handfest und beglückend in der Praxis.

Mit der vorliegenden Themensammlung will ich eine Tour d'Horizon zur Amication möglich machen. So ist ein amicatives Lesebuch entstanden, in dem ich auf Texte aus meinen Büchern und Publikationen zurückgreife. Meine Auswahl soll helfen, das »Ende der Erziehung« positiv zu sehen, und einladen, ein wenig auf amicativen Pfaden zu wandeln.

Hubertus von Schoenebeck
29. April 2003
Erster Geburtstag von Corbinian

# Einführung

Wer ist eigentlich auf die Idee gekommen, daß Kinder erzogen werden müssen? Die Kinder sind da, die Erwachsenen sind da, die Gesellschaft ist da, voller Werte, Orientierungen, Grenzen, Herausforderungen. Es ist alles bereitet und bereit, wenn ein Kind geboren wird. Das Abenteuer Leben kann beginnen. Eltern lieben ihre Kinder, sind Ressource und Trost, Unterstützung und Stützpunkt – wozu um alles in der Welt braucht es da noch Erziehung?

Nun: Erziehung ist eben mehr als das Selbstverständliche. Erziehung ist etwas Besonderes. Erziehung ist die Aufgabe und der Auftrag, dafür zu sorgen, daß die Kinder gelingen. Daß sie richtige, vollwertige Menschen werden. Erziehung ist Sendung, eine kulturelle und zivilisatorische Mission: aus Kindern Menschen zu machen. Sie zu bilden, formen, lenken, ihnen die richtigen Werte mitzugeben und sie an ein Verhalten zu gewöhnen, das sie überlebenstüchtig macht. Erziehung ist unverzichtbar, ohne Erziehung gibt es Chaos und Unglück. Es braucht heutzutage mehr und vor allem bessere Erziehung, bessere Methoden, bessere Bücher, bessere Seminare.

Sind daran Zweifel erlaubt? Jeder weiß, was passiert, wenn zu wenig erzogen wird. Wenn überhaupt nicht mehr erzogen wird – so etwas ist außerhalb des Vorstellbaren. Wer sollte auch ernsthaft auf die Idee kommen, mit der Erziehung aufzuhören? Dieser Gedanke ist abwegig und ein schlechter Witz. Gegen diesen Gedanken stehen nicht nur die pädagogische Wissenschaft, die zigtausend Erziehungsbücher, das Engagement der unzähligen pädagogischen Professionellen, sondern auch die Lebenserfahrung und der Blick in die Geschichte. Aber genau dieser Gedanke soll hier gedacht werden. Nein, nicht der Gedanke vom Ende der Erziehung, der ins Chaos führt. Sondern ein anderer Gedanke vom Ende der Erziehung: ein Gedanke, der einen neuartigen und konstruktiven Weg für Erwachsene und Kinder öffnet.

Es beginnt mit einem Nachsinnen über das Bild vom Kind. Woher wissen Erwachsene, was Kinder sind und wie sie mit ihnen umgehen sollen? Wer kennt sich aus und wen kann man fragen? Als die Erwachsenen selbst Kinder waren, haben sie von ihren Eltern gelernt, was es für ein Bild vom Kind gibt: Das Bild von einem jungen Menschen, der Erziehung braucht, um ein richtiger Mensch zu werden. Aber, und hier setzt das Nachsinnen ein, dies ist ein Bild, *nur ein Bild*, eine Vorstellung, eine Vermutung, eine Hypothese. Gewiß, diese Hypothese hat sich bewährt, alles läuft darauf hinaus, daß Kinder Erziehungsmenschen sind und Erziehung brauchen, und jeder verhält sich so. Aber die Kinder tragen kein Schild auf der Stirn mit der Aufschrift »Ich brauche Erziehung«. Man sieht zwar diesen Satz, aber er ist nicht real da, sondern nur im gewohnten Blick, in der gewohnten Interpretation vom Kind.

Und Interpretationen, Bilder vom Menschen, können sich als überholt erweisen. Zum Beispiel die Sicht, daß jemand mit schwarzer Haut ein nicht so richtiger und wertvoller Mensch ist wie jemand mit weißer Haut und daß er sich zum Sklaven eignet. Oder die Sicht, daß Männer die richtigeren und wertvolleren Menschen sind, und daß man deswegen den Frauen das Wahlrecht nicht zubilligen darf. Oder die Sicht, daß nur der König die Staatsgeschäfte richtig führen kann, nicht das Volk. Oder, oder, oder. Menschenbilder gibt es viele, doch stets sind sie Hypothesen, Bilder eben, niemals jedoch bewiesene Tatsachen des Lebens.

Die pädagogische Sichtweise vom Kind ist nun zunächst einmal auch nichts anderes als eine solche anthropologische Hypothese. Nicht wirklich zu beweisen, aber sehr wohl als

Grundlage für den Umgang mit Kindern geeignet und bewährt. Bis eine neue anthropologische Hypothese auftritt und das alte Bild und die vertraute Basis in Frage stellt. Bis jemand kommt, der die pädagogische Sicht vom Kind nicht mehr akzeptiert und einen nicht-pädagogischen Weg zu den Kindern sucht. Und findet. Und entsprechend seiner neuen Hypothese zu leben beginnt. Und nicht scheitert, sondern Erfolg hat. Und genau solche Menschen gibt es heutzutage.

Diese Menschen kommen aus der konstruktiven Postmoderne, in der die Gleichwertigkeit aller Phänomene als Grundlage erkannt wird. Niemals steht etwas wirklich über dem anderen, Weiße nicht über Schwarzen, Männer nicht über Frauen, Regierende nicht über Regierten, Menschen nicht über der Natur, Philosophien nicht über Philosophien, Religionen nicht über Religionen, Kulturen nicht über Kulturen. Und auch nicht Erwachsene über Kindern. Wenn das Paradigma der Gleichwertigkeit ernst genommen und zur Grundlage gemacht wird, dann gibt es nicht mehr den Unterschied von einem vollwertigen Menschen (dem Erwachsenen) und einem noch nicht vollwertigen Menschen (dem Kind), sondern es wird gesehen, daß beide auf derselben Plattform stehen, der Plattform des vollwertigen Menschen. Und auf dieser Plattform hat eine missionarische Haltung, wie sie jeglicher Erziehung zugrunde liegt, keinen Platz mehr.

Erwachsene haben ihre Identität, Kinder haben ihre Identität. Und wie immer ihre Identität ist und sich entwickeln mag, sie existiert und ist bei aller Verschiedenheit doch gleichwertig. Von dieser real existierenden Identität eines jeweiligen Erwachsenen und dieser real existierenden Identität eines jeweiligen Kindes aus werden Beziehungen hergestellt. Von Person zu Person, von Identität zu Identität, von Ich zu Ich. Der Erwachsene sucht seinen Weg zum Kind vom Ich her, er bringt sich mit den Facetten seiner Persönlichkeit in die Beziehung zum Kind ein, so wie er das jeweils will und kann. Er ist dabei ohne Mission, ohne Auftrag, ohne Methodik, ohne List. Er ist authentisch, situativ, flexibel: er ist eben so, wie er gerade ist, mit Ecken und Kanten, Vorschlägen und Ermutigungen, Grenzen und Hoffnungen.

Erwachsene, die das Erziehungsbild vom Kind nicht mehr in sich tragen, die sich selbst und ihre Persönlichkeit durch keinen Erziehungsauftrag verdeckt sehen, die Verantwortung zuallererst für das Kind übernehmen, das sie selbst sind, die ihr Zentrum in sich und nicht verlagert im Kind haben, sind andere Erwachsene als die, die genau das aber für wichtig halten. In der Postmoderne gibt es existentielle Fragen, die eine konstruktive Orientierung in der Welt der Gleichwertigkeit ermöglichen: »Wer bin ich – wer will ich sein?« »Was sind meine persönlichen Werte in dieser Wertevielfalt?« Und es ergibt sich die nächste Frage: »Wer bist Du?« Dieser Erwachsene erkennt bei der Frage »Wer bin ich im Zusammensein mit Kindern?«, daß er in sich nicht mehr das Bild vom Kind als zu erziehenden Menschen trägt und daß er sich deswegen nicht mehr als erziehenden Erwachsenen versteht. Für ihn stehen sich nicht mehr Erzieher und Zögling im pädagogischen Bezug gegenüber, sondern es begegnen sich gleichwertige Menschen jenseits jeglicher Erziehung.

Nun wendet sich ein erziehungsfreier Erwachsener nicht vom Kind ab. Warum sollte er das tun? Es geht ja nicht die Liebe zum Kind verloren, wenn die pädagogische Sicht vom Kind beendet wird. Er wendet sich also dem Kind zu, so wie dies erzieherische Erwachsene auch tun. Nur jetzt eben ohne Erziehungshaltung, ohne den Auftrag, aus dem jungen Menschen einen vollwertigen Menschen zu machen. Nein, er begegnet dem Kind von Gleich zu Gleich, in Anerkennung aller Unterschiede. Wie in Afrika, bei Männern und Frauen, in der Politik und anderswo.

Die Kinder nehmen diese psychische Veränderung wahr. Dieser Vater, diese Mutter, diese Erzieherin, dieser Lehrer, dieser Erwachsene hat eine neue Ausstrahlung, eine andere psychische Botschaft, und das Kind versteht diesen Wandel: »Er sagt mir nicht mehr, daß ich erst ein richtiger, vollwertiger Mensch werden muß. Und wie das geht, dafür gibt es viele Rezepte: autoritär, antiautoritär, laisser-faire, demokratisch-partnerschaftlich, und dafür gibt es viele Köche: Comenius, Pestalozzi, Rousseau, um nur die bekanntesten zu nennen. Nein, er gibt mir zu verstehen, daß ich auch aus seiner Sicht ein richtiger, vollwertiger Mensch bin, von Anfang an. Und von dieser Position aus nimmt er Beziehungen mit mir auf, Beziehungen ohne Erziehung. Alles, was er tut, ist durchdrungen von dieser erziehungsfreien, missionsfreien, respektvollen Haltung. Ich erlebe eine Person – und ich kann in ihrer Gegenwart selbst Person sein. Wir haben Gemeinsamkeiten und Unterschiede, Konflikte, Grenzen, wir bereichern uns und wir schränken uns ein, so wie es kommt. Wir haben aber nicht zwischen uns das gestellt, was man Erziehung nennt.«

Wie sieht eine Beziehung ohne Erziehung in der Praxis aus? Ein weites Feld! Gleichwertige Personen gehen von ihrer jeweiligen Position aus miteinander um, sie begegnen sich in all ihrer Vielfalt, und das Ergebnis ihres Miteinanders ist so vielgestaltig wie das Leben.

Bereits vor 25 Jahren wurden in einer wissenschaftlichen Studie mit Kindern die Möglichkeiten erziehungsfreier Kommunikation untersucht und bestätigt. Aus den Forschungsergebnissen entstand »Amication«. Nach amicativer Auffassung sind erziehungsfreie Beziehungen uneingeschränkt praktikabel und sowohl für Erwachsene als auch für Kinder sinnvoll und hilfreich. Inzwischen gibt es Kinder, die erziehungsfrei groß geworden und heute erwachsen sind, und sie haben selbst Kinder, die erziehungsfrei aufwachsen. Eine neue Tradition hat begonnen.

# I Aspekte zur Theorie

## 1. Zeitenwende

Der Mensch ist ein zu erziehendes Wesen: Das ist eine Grundaussage der traditionellen Kultur. Auf dieser anthropologischen Hypothese baut sich die Sicht vom Kind, von den Beziehungen zu Kindern, vom Erwachsenen, von Ethik, Moral, Religion, Recht, Politik – auf dieser anthropologischen Hypothese baut sich das traditionelle Weltbild auf. In allen Lebensbereichen gelten die Folgerungen aus dieser Sicht. Danach ist es selbstverständlich, daß der Mensch stets besser werden kann und sollte, und daß es allgemein gültige Normen wie *richtig und falsch* und *gut und böse* gibt. Insbesondere in der Religion ist das erzieherische Denken verfestigt, aber auch in den moralischen Forderungen der Gegenwart, die objektive Wahrheit beanspruchen. Das Oben-Unten ist die Basis der traditionellen patriarchalischen Lebensphilosophie und hat die heutzutage weltweit verbreitete abendländisch-europäische Kultur geprägt.

Doch das patriarchalische Zeitalter geht seinem Ende entgegen – das dokumentieren das millionenfache Leid der beiden Weltkriege und des Holocausts, die atomare Bedrohung und die Umweltzerstörung. Die neuen psychischen Muster, die der Menschheit den Weg in die Zukunft weisen, sind die Achtung vor der Inneren Welt des Anderen, das existentielle Wissen von der Einen Welt, die Leitidee der Gleichwertigkeit aller Phänomene, die in all ihrer Vielfalt in einen achtungsvollen Diskurs treten. Diese neuen Muster erstrecken sich auch auf die Beziehung zu den Kindern, entdecken dort den patriarchalisch-imperialistischen Impetus und überwinden ihn: Kinder sind keine Erziehungsmenschen mit der entsprechend notwendigen Erziehungs-Beziehung, sondern Kinder sind ganz normale Menschen, zu denen ganz normale Beziehungen zu unterhalten sind. So, wie dies für die Beziehung von Europäern und Afrikanern gilt, für Männer und Frauen, für die verschiedenen Religionen, Philosophien, Kulturen dieser Erde. Es gilt nicht mehr »Macht euch die Erde untertan«, sondern es gilt, mit dem Anderen (Steine, Pflanzen, Tiere, Menschen – dem ganzen Universum und selbstverständlich auch Kindern) in Beziehung zu treten und in Respekt vor seiner Würde die eigenen Anliegen vorzutragen.

Amication ist ein neu entdecktes Land, das zugleich uralt ist und in jedem Menschen lebt. Der Weg dorthin beginnt mit einer Einladung: *innezuhalten* – und zwar dem Kind gegenüber, das ein jeder selbst ist. Die Überwindung der pädagogisch-patriarchalischen Weltdeutung findet *für einen jeden selbst in seinem Herzen* statt, wenn sie überhaupt stattfindet. Denn dort – in der psychischen Konstitution – wurden Menschen ausgerichtet und gebunden an die Leitpfosten der traditionellen Sicht, wurden Kinder zu pädagogisch-patriarchalischen Menschen gemacht. Die amicative Lebensphilosophie hebt diese Fixierung auf.

## 2. Beginn der Amication

Anfang der 70er Jahre wird die Erwachsenen-Kind-Beziehung einer bislang ungekannten Analyse unterzogen. Wissenschaftler und Forscher beziehen einen neuen Ausgangspunkt. Sie fragen nicht mehr in einem pädagogischen und objektiven Sinn »Was ist wirklich gut für das Kind?«, sondern sie fragen von einer authentisch-personalen Basis aus: »Was will ich eigentlich in der Kommunikation mit Kindern?« Sie verlassen das Selbstverständnis eines zur Erziehung aufgerufenen Vormunds. Wobei sie nicht in die Gefahr geraten, die Kinder nun zu ihrem persönlichen Vorteil auszunutzen. Sie sehen auf die hinter jeder Erziehung real existierenden Menschen, denen sie auf der existentiellen Ebene begegnen wollen: »Wer bin ich – wer bist Du?«

Von dieser Basis her wird ein neuer Weg zum Kind eingeschlagen, der nicht von pädagogischer Sichtweise vorgezeichnet ist, sondern unverstellt und radikal-ehrlich: Vom Ich hin zur subjektiven Identität eines jeden jungen Menschen. Diese in der Postmoderne gründende Position geht von der existentiellen Gleichheit der Menschen und ihrer Erkenntnisse aus und verläßt damit Pädagogik und Erziehung mit ihrem im objektiven Denken begründeten Führungs- und Formungsauftrag.

Der Erwachsene hat nun im Umgang mit Kindern ein von Erziehung freies Selbstverständnis. Er wendet sich zwar von der Erziehung ab, nicht aber vom Kind. Er will ja die Kommunikation mit Kindern, jedoch ohne jegliche Erziehung. Er betritt das Land des Kindes mit den vielen Facetten seiner Persönlichkeit, mit Ideen, Vorschlägen, Kritik, Erklärungen, Ermutigungen, Ängsten, Grenzen, Hoffnungen, Mut. Mit all dem, was ihm selbst aus seinen eigenen, subjektiven Gründen wichtig ist, in die Beziehung zum Kind einzubringen. Er kommt ohne Formungsauftrag, ohne List und ohne pädagogische Mission. Er kommt authentisch, als Person. Er verlagert nicht das Zentrum seiner Konzentration in das Kind, wenn er mit Kindern zusammen ist. Er bleibt bei sich und übernimmt Verantwortung für die Person, die ihm zuallererst anvertraut ist: für sich selbst.

Der postpädagogische Erwachsene sucht seinen Weg zum Kind also vom Ich her. Das existentielle »Wer bin ich?« wird begleitet vom »Wer bist Du?«. Methoden und Techniken, Strategien und Didaktiken, Persönlichkeitsschulung und Kommunikationstraining, Vorbereitung und Supervision, Zielbestimmung, Motivation, Evaluation, Analyse ... – all das, was in der pädagogischen Kommunikation mit mühevollem und kräftezehrendem Einsatz realisiert wird, kann entfallen. Der Erwachsene erwacht wie aus einer Betäubung, entlastet und befreit. Dies bewirkt, daß er – bei sich selbst angekommen – eine spezifische Einfühlung entfaltet, die nur jenseits von Pädagogik und Erziehung existiert. Mit dieser postpädagogischen Empathie hat er immer wieder die Chance, das Kind wirklich zu verstehen und die Wichtigkeiten und Bedürfnisse des Kindes mit den eigenen Vorstellungen zu einer authentischen Praxis zu verbinden.

## 3. Amication – Weltsicht und Weltdeutung

Von 1976 bis 1978 führt Hubertus von Schoenebeck ein Forschungsprojekt mit Kindern im Alter von 3 bis 17 Jahren zur ersten wissenschaftlichen Erkundung postpädagogischer Kommunikation durch und promoviert hierüber. Gleich im Anschluß an seine Feldstudie legt er zusammen mit Jans-Ekkehard Bonte ein Konzept für die erziehungsfreie Theorie und Praxis vor. Diesem Konzept liegen die postpädagogische Idee, Aussagen der emanzipatorischen Kinderrechtsbewegung (Children's Rights Movement), Erkenntnisse der Humanistischen Psychologie und die Erfahrungen des Forschungsprojekts zugrunde. Das Konzept wird »Freundschaft mit Kindern« und später auch »Unterstützen statt erziehen« genannt. Zu seiner Verbreitung wird der »Freundschaft mit Kindern – Förderkreis e.V.« gegründet.

Die Erfahrungen und Reflexionen der Forschung deuten durch die radikale Veränderung in den Beziehungen zu Kindern in ein bislang gänzlich unbekanntes Land. Dieser Eindruck verstärkt sich durch die Erkenntnisse, die bei der Umsetzung und Anwendung von »Freundschaft mit Kindern« gewonnen werden. Es wird deutlich, daß sich eine besondere, eigenständige Perspektive zu entwickeln begonnen hat.

Diese Sicht erstreckt sich nicht nur auf die vielfältigen Facetten des Umgangs mit Kindern in Familie und Schule, sondern greift ständig weiter aus, so auch auf die Beziehung des

Erwachsenen zu sich selbst, auf Partnerschaft, auf Kommunikation im allgemeinen, auf ethische und gesellschaftliche Themen, bis hin zur Frage nach der Stellung des Menschen in der Welt und zur Frage eines verantwortlichen Umgangs mit allen Phänomenen. Die sich neu entwickelnde Gesamtsicht wird lange Zeit ebenfalls, jedoch nun in einem weiten Sinne, »Freundschaft mit Kindern« genannt. Es ergibt sich nach und nach eine eigenständige Sicht von solchem Gewicht und Gehalt, daß sie schließlich als eigene Weltdeutung verstanden und mit einem eigenen Namen benannt wird: *Amication.*

Die Bezeichnung »Amication« ist in Ableitung vom lateinischen »amicus« (Freund) gebildet und drückt das zentrale Element dieser Sicht aus: die freundliche Beziehung des Menschen zu sich selbst, zum anderen und zur Welt.

Amication ist eine Weltsicht und Weltdeutung – die Phänomene der Welt werden mit der amicativen Perspektive in spezifischer Weise gesehen und gedeutet. Amication ist weit gefaßt und bezieht sich auf alle Lebensbereiche. Amication enthält eine eigene existentielle Philosophie und Ethik. Amication bewirkt eine besondere Praxis und ist von einer charakteristischen Emotionalität umgeben. Amication wird ständig weiterentwickelt, und viele Impulse kommen aus dem Austausch in Vorträgen und Seminaren. Am weitesten fortgeschritten sind die amicativen Aussagen zur Theorie und Praxis des erziehungsfreien Umgangs mit Kindern, zur Selbstliebe und zu ethischen Fragen. Daneben werden besonders die amicativen Positionen zu gesellschaftlichen Fragen, zum Umgang mit der Natur, zur Religion, zum Recht und im Vergleich mit anderen Kulturen diskutiert.

Amication ist in der *konstruktiven* Postmoderne verwurzelt. Das heißt, daß das Paradigma der Postmoderne – die Gleichwertigkeit aller Phänomene – nicht in eine destruktive und lebensfemde Beliebigkeit abgleitet, sondern durch jeden Einzelnen einen konstruktiven Sinn erfährt. Der Einzelne sieht sich zwar in die unendliche Vielfalt ohne objektiven Bezugspunkt geworfen, doch er verzweifelt an dieser Beliebigkeit nicht, *sondern stellt sich ihr* und erkennt sich selbst als Zentrum im Unendlichen: »Ich bin der Mittelpunkt des Universums. Hier bin ich – mich umgibt eine endlose Anzahl von Möglichkeiten. Doch was ist meine Auswahl? Wer will ich sein? Wer bin ich?« Die Beliebigkeit der Postmoderne wird von jedem Einzelnen durch seine subjektive Wahl an bevorzugten und verworfenen (aber nicht mißachteten!) Möglichkeiten in einem eigenen, individuellen Wertesystem beim Wort genommen und mit Sinn gefüllt. So entsteht eine postmoderne Ethik der Selbstverantwortung, welche die Gleichwertigkeit der Postmoderne ins Konstruktive geleitet.

Auch die Amication trifft aus der großen Vielfalt der Postmoderne ihre Wahl und wird so in den »Grundlagen amicativer Lebensweise« identifizierbar und kommunizierbar.

## Zeitlicher Überblick

ab 1970     Postpädagogischer Impuls

1976-78    Forschungsprojekt zur Erkundung postpädagogischer Kommunikation

1978         Konzept »Freundschaft mit Kindern«

ab 1978     Entwicklung einer neuartigen Weltsicht, ebenfalls »Freundschaft mit Kindern« genannt

1996         Einführung von »Amication« als Name für die neue Weltsicht

## 4. Grundlagen amicativer Lebensweise

### 1. Selbstliebe
Jeder Mensch kann sich lieben, so wie er ist. Diese konstruktive Sicht auf sich selbst kommt aus dem Lebenswillen und wird durch nichts und niemanden in Frage gestellt. Selbstliebe ist ohne Egoismus und von Nächstenliebe umgeben.

### 2. Vollwertigkeit
Ein jeder ist von Anfang an ein vollwertiger Mensch. Niemand muß an sich arbeiten, sich verbessern, erziehen, um ein »richtiger« oder »besserer« Mensch zu werden, denn ein jeder *ist* zu jedem Zeitpunkt seines Lebens ein vollwertiger Mensch. Man kann sich jederzeit verändern: dies geschieht stets auf dem Hundert-Prozent-Plateau der Vollwertigkeit und Selbstliebe.

### 3. Selbstverantwortung
Menschen werden mit der Fähigkeit geboren, für sich selbst verantwortlich zu sein und das eigene Beste *selbst* wahrzunehmen. Dies ist keine Anlage, die sich erst im Laufe des Großwerdens entfalten muß, sondern eine Fähigkeit, die von Anfang an *uneingeschränkt* da ist. Die Selbstverantwortung geht niemals wirklich verloren, was im Leben auch geschehen mag.

### 4. Souveränität
Niemand *muß* etwas tun oder lassen, was er nicht tun oder lassen *will*. Niemand unterliegt irgendeiner Pflicht, der er nicht selbst zustimmt. Keine Norm hat eine Berechtigung, sich über den einzelnen zu stellen. Womit auch immer jemand konfrontiert wird: ein jeder entscheidet in eigener Souveränität selbst, wie er damit umgehen will. Die aus der Souveränität kommende Freiwilligkeit eröffnet den Zugang zu Kongruenz, Authentizität und Empathie.

5. Gleichwertigkeit
Nichts und niemand steht über oder unter einem anderen: es gilt das Paradigma der Gleichwertigkeit aller Phänomene. Statt des vertikalen Denkbildes mit seiner Oben-Unten-Struktur existiert das horizontale Bild der großen Ebene, auf der jedes dingliche und nichtdingliche Gebilde *gleichwertig* seinen Platz hat. Der Einzelne geht in eigener Verantwortung seinen Weg durch diese Vielfalt. Wie immer er sich entscheidet und nach welchen Kriterien auch immer er seine Wahl trifft, niemals wird das, für das er sich nicht entschieden hat, als minderwertig eingestuft. Ein jeder verbindet die postmoderne Gleichwertigkeit mit persönlicher Verantwortung zu seiner *eigenen, konstruktiven und subjektiven Ethik*.

6. Subjektivität
Menschen interpretieren die Welt – jeder auf seine subjektive Weise. Objektive, von Menschen losgelöste Wahrheiten existieren nicht. Auch naturwissenschaftliche Erkenntnisse sind letztlich Erkenntnisse konkreter Menschen mit ihrer subjektiven Weltsicht und unterliegen dem Wandel der Geschichte. Das bedeutet, daß niemand zu recht einem anderen seine eigene Sicht der Dinge verbindlich machen kann (»Sieh das ein, ich habe recht!«), sondern daß jeder nur seine eigene, subjektive Sicht kundtut.

7. Fehlerlosigkeit
Niemand kann einen wirklichen Fehler machen – denn es gibt keinen objektiven, über dem einzelnen stehenden Maßstab. Verstöße gegen Vereinbarungen sind keine Fehler in einem objektiven Sinn, sondern sinnvolle Abweichungen vom vereinbarten Weg. Man kann sich jederzeit korrigieren, dabei wird der korrigierte Schritt als sinnvolles Tun in der Vergangenheit geachtet.

8. Sozialität
Menschen sind sozial konstruktiv, mit dieser Potenz werden sie geboren. Sie halten nach dem anderen Ausschau, um von ihm Wichtiges für sich selbst zu bekommen: dessen Gewogenheit, Sympathie, Liebe. Im eigenen Interesse kümmert sich der eine um den anderen (»sozialer Automatismus«), er sorgt dafür, daß es diesem gut geht, denn dies hat die Zuwendung des anderen zur Folge. Sozialität ist die Auswirkung der Selbstliebe. Niemandem muß Sozialität, Nächstenliebe, Kümmern um andere erst beigebracht werden: Menschen können das von Geburt an und sie praktizieren es um des eigenen Nutzens willen (es sei denn, sie werden in der Entfaltung ihrer Selbstliebe gestört).

9. Achtung vor der Inneren Welt
Selbstverantwortung und Subjektivität bedeuten eine eigenständige und souveräne Innere Welt bei jedem einzelnen Menschen. »Innere Welten« gibt es als universelles Prinzip der inneren Struktur überall: in Atomen, Steinen, Pflanzen, Tieren, Menschen. Vor der Inneren Welt des Menschen besteht grundlegende Achtung, in die Innere Welt wird niemals eingegriffen in dem Sinn, daß dort etwas sein müsse, was der andere dort aber nicht haben will (»Sieh das ein!«).

10. Selbstbehauptung in der Äußeren Welt
Die Achtung vor der Inneren Welt bedeutet *nicht* das Erduldenmüssen von Handlungen in der Äußeren Welt. Auf der Handlungsebene verhält sich ein jeder so, wie dies seiner Verantwortung für sich selbst entspricht. Dieses Verhalten in der Äußeren Welt kann den Vorstellungen des anderen entsprechen oder entgegengesetzt sein. Bei Konfrontation und unüberwindbarem Gegensatz steht es jedem zu, zur Sicherung der eigenen Identität so wehrhaft zu sein, wie man dies kann und will. Doch bei aller Selbstbehauptung in der Äußeren Welt – die Achtung vor der Inneren Welt eines jeden Menschen geht nicht verloren.

11. Empathie
Die Freiwilligkeit und die Achtung vor der Inneren Welt ermöglichen es, daß sich das Einfühlungsvermögen des Menschen so entfalten kann, wie das ein jeder *wirklich will* – und nicht so, wie es irgendwie sein sollte. Das empathische Potential des Menschen wird freigesetzt. Antworten auf die Fragen »Wer bin ich?« und »Wer bist Du?« werden im *Aufspüren der real existierenden Person*, die ein jeder selbst und die der andere ist, auf einer tiefen emotionalen Ebene gefunden. Dies gilt stets jedoch nur soweit, wie ein jeder das angesichts der Umstände für sich realisieren will (es gibt keine Verpflichtung zur Empathie). Ein besonderer Bereich, den die Empathie erschließt, ist der Umgang mit Konflikten: die »empathische Konfliktlösung« tritt an die Stelle destruktiver Kämpfe.

12. Erziehungsfreiheit
Die Achtung vor der Inneren Welt, das Wissen um die Subjektivität der Erkenntnisse und die Anerkennung der Gleichwertigkeit aller Phänomene haben das Ende des kulturellen Missionsgedankens zur Folge. Eine andere Kultur, Religion, Ethik, Philosophie oder sonstige Position muß nicht mehr nach den eigenen Vorstellungen umgeformt werden. Dies gilt auch Kindern gegenüber und bedeutet die Überwindung des Kerngedankens jeglicher Erziehung: daß aus Kindern Menschen zu machen sind, entsprechend den Vorstellungen der jeweiligen Kultur ihrer Eltern. Die *Beziehung zum Kind* wird an die Stelle der *Erziehung zum Menschen* gesetzt.


## 5. Fragen an die Amication

Was ist Amication? Wie wird man ein amicativer Mensch? Wie kommen amicativ aufwachsende Kinder mit der Welt zurecht? Was bedeutet Amication für die Partnerschaft? Wie sieht eine amicative Schule aus? Gibt es Vorläufer der Amication? Worin liegt der Gewinn der Amication? Wie steht Amication zur Gewalt? Ist Amication egoistisch? Woher nehmen amicative Menschen ihre Sicherheit? Ist Amication nur etwas für Privilegierte? Wem dient Amication? Welche Quellen hat Amication? Was ist für Amication Wahrheit? Wie sieht die amicative Gesellschaft aus? Können amicative Menschen Fehler machen? Wie lernt man Amication? Wer sagt, was Amication ist? Gibt es keinen Haß mehr in der Amication? Gibt es in der Amication Werte? Ist Amication autoritär? Wieso ist Amication keine Erziehung? Gibt es konkrete Auswirkungen amicativer Kommunikation? Wie merken die Kinder die amicative Einstellung? Was sind die Eckdaten amicativer Ethik? Hat es Korrekturen innerhalb der Amication gegeben? Gibt es Essentials für die Amication? Sind die Aussagen der Amication Ziele? Lassen sich die Aussagen der Amication hier und heute realisieren? Was muß man mitbringen, um amicativ leben zu können? Wie kann man Amication gut erklären? Wieso kommen nicht mehr Menschen auf amicative Gedanken? Welchen Einfluß hat Amication auf die Selbstliebe des Kindes? Welche gesellschaftlichen Auswirkungen hat die amicative Sicht? Gibt es neue Entwicklungen in der Amication? Gilt Amication schon bei Säuglingen? Wie würden amicative humanwissenschaftliche Institute der Universitäten aussehen? Welche gesellschaftliche Utopie entwirft Amication? Benötigt Amication Strafgesetze? Gibt es in anderen Kulturen amicatives Gedankengut? Gibt es im abendländischen Kulturkreis amicative Nischen? Was sagt Amication zu Krankheiten? Zu Krebs? Zu Aids? Welche Einstellung hat Amication zum Tod? Welchen Stellenwert hat für Amication der alte Mensch? Welche Bedeutung haben für amicative Menschen Verabredungen und Treue? Demut und Dienen? Warum engagieren sich Menschen für die Verbreitung der Amication? Wie lange wird es Amication noch geben? Ab welchem Alter kann man mit Kindern über die amicative Theorie reden? Worin sind die Widerstände gegen Amication begründet? Ruft Amication Ängste hervor? Mit welchen Argumenten kann Amication Andersdenkende überzeugen? Welche Argumente haben Andersdenkende gegen Amication? Muß sich der Erwachsene ändern, um amicativ leben zu können? Wem nutzt die Sicht der Amication, daß der Mensch konstruktiv ist? Wieso gibt es in der Amication keinen wirklichen Gegensatz von Gut und Böse? Haben Kinder ein amicatives Bewußtsein? Welche Fragen sind für amicative Menschen nicht mehr wert, daß über sie nachgedacht wird? Haben gesellschaftliche Faktoren Einfluß auf die amicative Position? Müssen erst gesellschaftliche Strukturen geändert werden, um amicativ leben zu können? Ist Amication ein gesellschaftlicher Faktor? Wird die amicative Erkenntnis bei ihrer Umsetzung in die Praxis verschlissen? Wieso ist Amication eine kulturelle Auswanderung? Welche Macht hat Amication? Kann Amication Ängste befrieden? Was ist amicativer Frieden?

## 6. Die Befreiung des Erwachsenen

Die Befreiung vom pädagogischen Denken erfaßt auch den Erwachsenen selbst. Auch Erwachsene mußten nicht erzogen werden, und auch Erwachsene müssen nicht mehr an sich arbeiten, um bessere Menschen zu werden. Erwachsene sind als Kinder vollwertige Menschen von Anfang an gewesen, und diese Vollwertigkeit gilt auch heute und für den Rest des Lebens. Ein jeder war und ist zu hundert Prozent ein vollwertiger Mensch, verantwortlich für sich selbst von Anfang an und kann sich lieben, so wie er ist.

Alles, was die Amication über Kinder sagt, gilt auch für Erwachsene. Amication ist für Erwachsene unmittelbar von Gewinn, nicht nur in ihren Beziehungen zu Kindern. Sie sind die Kinder, um die es ihr Leben lang in Wahrheit geht: »Ich bin für mich verantwortlich. Wie soll mein Leben aussehen? Meine nächsten drei Minuten? Meine nächsten drei Stunden? Meine nächsten drei Tage? Was will ich – was will dieses Kind, das ich bin – wirklich? Wie könnte ich es erreichen?«

Amication wird oft zunächst im Blick auf die heutigen Kinder erfaßt. Aber es geht um alle Kinder, auch um die großgewordenen. Es ist, als ob ein junger Mensch zu den heutigen Erwachsenen tritt und ihnen etwas von ihrem verschütteten Wissen der eigenen Kindheit mitteilt. Dieses Kind erinnert die großgewordenen Kinder an die Wahrheiten ihrer Kindheit – Wahrheiten, die durch Erziehung und pädagogische Tradition verloren gingen: die Selbstliebe, die Vollwertigkeit, die Selbstverantwortung, die Souveränität, die Gleichwertigkeit, die Subjektivität, die Fehlerlosigkeit, die Sozialität, die Achtung vor der Inneren Welt, die Selbstbehauptung in der Äußeren Welt, die Empathie, die Erziehungsfreiheit. Der Erwachsene, der von diesen Dingen hört, wird stets direkt angesprochen. Und wenn er sich darin wiederfindet, dann setzt er den amicativen Impuls für das Kind um, das ihm zuallererst anvertraut ist: für sich selbst.

## 7. Einladung zur Selbstliebe

»Ich liebe mich so wie ich bin« – das ist eine große Vorgabe. Gelernt hat jeder in der Kindheit anderes. Man soll erst ein vollwertiger Mensch werden, an sich arbeiten und sich verbessern. Die Idee der Selbstliebe stößt das alles um und eröffnet eine andere Sicht auf sich selbst. Selbstliebe zeigt den Weg zu innerer Harmonie und zum Frieden mit sich. Doch aus der alten Sichtweise kommt ein verborgener Einwand, gekleidet in Selbstakzeptanz und zugleich voll lähmender Anforderung: Wenn man es denn für möglich, für gestattet, für moralisch, für erstrebenswert hält, sich selbst zu lieben, wie immer man gerade ist – wenn man es nicht für überspannt und lebensfremd hält, dann ist man auf einmal sich selbst gegenüber im Wort, sich nun lieben zu dürfen und zu sollen.

Man soll so viel zum eigenen Wohl! Ein gutes Leben führen, sich gesund ernähren, entspannt und fröhlich sein, die Seele baumeln lassen, wild und gefährlich leben, und jetzt auch noch sich selbst lieben ...

Doch die Amication errichtet keine neue Norm, nach der man sich richten sollte. Es wird vielmehr eine Einladung ausgesprochen und eine Freude angeboten: Es gibt die Möglichkeit zur Selbstliebe. »Ich liebe mich so wie ich bin« ist eine Perspektive und enthält keinerlei Verpflichtung. Die Idee der Selbstliebe ist Aufatmen, Trost, Lächeln und Einladung. Amication ist ein »Kann man machen. Jeder kann sich lieben, nichts spricht wirklich dagegen«. Die alte Weltsicht hat tausend Dinge, die dagegen sprechen. Doch hier wird das anders gesehen. Amication ist die Information und die Gewißheit: »Ein jeder kann sich lieben, so wie er ist.« Man kann! Und Amication ist dann noch ein bißchen mehr, ohne jegliche Pflicht, ein »Mach doch – Komm mit – Du bist willkommen«.

Selbstliebe wächst ohne Selbsterziehung, mit beiläufiger Freundlichkeit sich selbst gegenüber. Und auch die pädagogischen Anteile des Ich müssen nicht verändert werden, sondern sind als Teil der eigenen Biographie geachtet. Alles hat seinen Platz in einem jeden Menschen – Vergangenes und Widersprüche ebenso wie Aufbruch und neuer Weg.

Selbstliebe ist ein buntes Mosaik mit vielen Elementen. Selbstliebe beginnt mit dem Vertrauen zu sich, flutet in alle Facetten des Selbst und endet im Unendlichen.


Ich traue mir.
Ich vertraue mir.
Ich lasse mich gewähren.
Ich stehe mir zur Seite.

Ich setze auf mich.
Ich bin mit mir im Einklang.
Ich trage Frieden in mir.
Ich bin wertvoll.

Ich gehöre mir selbst.
Ich bin mein eigener Souverän.
Ich gehe durch dieses mein Leben.
Ich lebe mir zur Freude.

Ich bin nur für mich verantwortlich.
Ich bin nicht für andere verantwortlich.
Ich halte nach anderen Ausschau.
Ich bin für andere da.

Ich mache alles und nichts.
Ich handle weder falsch noch richtig.
Ich bin ein Teil des unendlichen Sinns.
Ich bin und ich bin und ich bin.

Ich erfahre die Welt nur auf meine Weise.
Ich wache morgen früh wieder auf.
Ich vertraue mich meinem Tod an.
Ich bin der Mittelpunkt des Universums.

Ich liebe mich so wie ich bin.

## 8. Müssen Kinder wirklich erzogen werden?

Es gibt viele Konzeptionen für den Umgang mit Kindern. Die Palette reicht von autoritärer Erziehung über Gewährenlassen bis zu antiautoritärer Erziehung, und meist wird ein partnerschaftliches Verhältnis als erstrebenswert angesehen. Die Grundlage aller verschiedenen Methoden ist stets diese: »Kinder müssen erzogen werden.« Es fragt sich nur, wie.

Amication fragt anders: Müssen Kinder wirklich erzogen werden? Vielleicht sind sie ja gar keine »Erziehungs-Menschen«, sondern ganz normale Leute? Vielleicht sind Kinder ja schon von Geburt an Menschen – vollwertige Menschen, und müssen nicht erst dazu gemacht werden, auch nicht auf die progressivste Art und Weise? Vielleicht ist die Idee, Erziehung müsse sein, eine falsche und gefährliche Sicht vom Menschen? Wem dient dies wirklich? Steht da nicht einer über dem anderen? Wird da nicht »zu Deinem Besten« geformt? Muß da nicht einer etwas einsehen? Hat da nicht einer immer recht?

Das alles erinnert an die Art, wie Europäer mit Afrikanern und Indianern, Männer mit Frauen, Kommunisten mit Bürgern umgingen. Es wird deutlich, daß das Oben-Unten-Denken im Umgang mit Kindern eine breite, historisch gewachsene und lange Zeit unbefragte Basis hat. Wobei die Mächtigen aus ihrem Selbstverständnis heraus nicht von vornherein böse, sondern gut, liebevoll und verantwortungsbewußt sind, wie Eltern zu ihren Kindern: Europa missioniert den Rest der Welt, Männer enthalten Frauen das Wahlrecht vor, die Partei beschließt, was »objektiv« gut ist.

Amication verläßt diese Welt des »einer steht über dem anderen«, und das gilt auch gegenüber jungen Menschen. Die existentiellen Aussagen über Kinder werden auf neue Weise gedacht: »Mach mich nicht zu einem Menschen, ich bin es von Anfang an. Sag mir Deine Erfahrungen, aber sag nicht, daß Du besser weißt als ich, was für mich gut ist, denn das spüre ich selbst am besten. Liebe mich, aber sei nicht für mich verantwortlich, denn das bin ich selbst. Ich brauche Deine Loyalität und Solidarität, Deine Unterstützung, und wenn Du nicht anders kannst, Dein ehrliches Nein – niemals aber Erziehung.«

## 9. Das Menschenbild der Gleichwertigkeit

Unter Menschenbildern werden psychische Grundhaltungen verstanden, die sich im Laufe des Lebens entwickeln und welche die innere Position zum anderen beinhalten. Dabei kommt es darauf an, was man fühlt, nicht darauf, was man fühlen sollte oder was nach »objektiven« Kriterien richtig sein soll. In der Amication geht es um ein spezielles Menschenbild: das Fühlen der Gleichwertigkeit. Fühlt man als jüngerer Mensch, daß einem Greise gleichwertig sind? Fühlt man als Weißer, daß einem Schwarze gleichwertig sind? Fühlt man als Mann, daß einem Frauen gleichwertig sind? Es geht nicht um Theorie – danach wird wohl jeder der Gleichwertigkeit zustimmen. Es geht um das, was sich innen ereignet, was man fühlt, wenn man mit einem anderen Menschen in Beziehung tritt. Die emotionale Grundhaltung ist dann entweder die einer übergeordneten Position oder die der Gleichwertigkeit.

Die Grundhaltung ist wichtig. Denn sie bestimmt den Umgang im Alltag und das politische Verhalten. Der eine tritt in Südafrika für die Gleichberechtigung der Schwarzen ein, der andere nicht. Der eine läßt seine Kinder mit türkischen Kindern spielen, der andere nicht. Der eine ist für das Wahlrecht der Frauen, der andere nicht. Menschenbilder bestimmen das Verhalten der Menschen, und diese tief verwurzelten Gefühle – »ich empfinde Dich als gleichwertig« oder »ich empfinde Dich nicht als gleichwertig« – teilen sich auf den psychischen Kommunikationskanälen mit. Durch die Gestik, die Mimik, den Tonfall der Stimme, die ganze Art. Menschenbilder lassen sich nicht wirklich verbergen, jeder lebt nach ihnen. Und sie können gänzlich entgegengesetzt sein. Es gibt zu Recht nur subjektive Richtigkeiten, niemand kann dem anderen sein eigenes Menschenbild aufzwingen. Veränderungen der Menschenbilder sind möglich, sie liegen in der persönlichen Entwicklung des einzelnen, welche Gründe sie auch haben mögen.

## 10. Das Menschenbild der Selbstverantwortung

Nach amicativer Auffassung gilt:

*Menschen können sehr wohl von Geburt an das eigene Beste selbst spüren.*

Diese Fähigkeit haben Menschen. Sie können von Anfang an für sich selbst verantwortlich sein. Niemand kann an ihrer Stelle entscheiden, was ihnen wirklich nutzt und was ihnen wirklich schadet. Niemand muß stellvertretend für sie Verantwortung tragen. Erwachsene sind nicht verantwortlich für Kinder, denn das sind sie selbst – zu 100 Prozent. In Bezug auf die Selbstverantwortung besteht völlige Gleichwertigkeit zwischen jungen und erwachsenen Menschen.

Selbstverantwortlich zu sein bedeutet zweierlei:
- die Welt zu deuten und zu bewerten nach der je eigenen, subjektiven Perspektive – und hier gibt es so viele Realitäten, wie es Lebewesen auf diesem Planeten gibt, und Menschenkinder bilden in dieser Fähigkeit keine Ausnahme.
- entsprechend der jeweiligen Perspektive handeln zu wollen.

Selbstverständlich gibt es sowohl in der Erkenntnisebene als auch in der Handlungsebene zwischen Erwachsenen und Kindern immer wieder Unterschiede und Konflikte, und sie werden auf die vielfältigste Art und Weise bewältigt. Beispielsweise wird sich kein Erwachsener der Sicht, Deutung und den Gefühlen eines Kindes anschließen, wenn es das Fenster öffnet und sagt: »Ich bin eine Taube, ich kann fliegen!« und Anstalten macht, hinauszuspringen. Der Erwachsene wird zu seiner Sicht und Deutung und seinen Gefühlen stehen: »Es gibt die Schwerkraft, ich will kein totes Kind!« Und er wird das Kind vom Fensterbrett holen. Doch bei aller Unterschiedlichkeit im Erkennen, Deuten und Fühlen und bei allem verstellten Weg im Handeln – alle Perspektiven sind von gleichem Rang: die Perspektive eines Kindes, nach der es handeln will, ist stets von gleicher Wertigkeit wie die eines Erwachsenen, nach der dieser handeln will. Was nicht bedeutet, den Perspektiven anderer zustimmen und sich ihren Handlungen unterordnen zu müssen!

Menschen sind selbstverantwortlich von Anfang an: Dies ist eine anthropologische Hypothese, ein Menschenbild. Es existiert heute als mögliche Sicht vom Menschen und wird vom einen akzeptiert, vom anderen abgelehnt – wie das stets bei Menschenbildern ist.

Das amicative Menschenbild der Selbstverantwortung ist von eindeutiger Klarheit: Man kann entweder der Auffassung sein, Menschen seien zu 100 Prozent selbstverantwortlich von Anfang an, oder man ist nicht dieser Meinung. Wer etwa auf 99 Prozent Selbstverantwortung setzt, behält sich einen Rest Verantwortung für andere vor, *sein Gleichwertigkeitsgefühl ist in dieser Frage um ein entscheidendes Element anders, mit einem Vorbehalt versehen*. Heute verstehen sich viele Erwachsene als großzügige demokratisch-partnerschaftliche Erzieher, die die Verantwortungsleine, an der sie ihre Kinder halten, recht lang machen. Aber sie halten die Leine letztlich doch in der Hand, während Amication diese Ich-bin-für-Dich-verantwortlich-Leine endgültig durchgeschnitten hat.

Das amicative Menschenbild (Menschen können von Geburt an das eigene Beste selbst spüren, sie sind zu 100 Prozent selbstverantwortlich von Anfang an) ist für die Menschen, die entsprechend denken, fühlen und handeln, zu einer persönlichen Wahrheit und Grundüberzeugung geworden. Sie haben diese Position aus einer Vielzahl von Erkenntnissen und emotionalen Erfahrungen gewonnen, für die sie in ihrer gegenwärtigen Lebenssituation gerade offen sind. Die Botschaft des Kindes »Ich bin für mich selbst verantwörtlich« hat sie erreicht. Dabei sind diese Menschen nicht nur davon überzeugt, daß so das Wesen des Menschen realistisch erfaßt wird, sondern vor allem fühlen sie es, und sie leben danach.

## 11. Selbstverantwortung von Anfang an

Traditionellerweise fühlen sich Arzt und Hebamme dafür verantwortlich, daß bei der Geburt die Umstellung des Neugeborenen von der Sauerstoffaufnahme aus dem Blut hin zur Luftatmung gelingt. Sie schneiden die Nabelschnur durch, kaum daß das Kind da ist, und zwingen es so zur Luftatmung. Amication hingegen sieht die Selbstverantwortung des Kindes: Jeder neugeborene Mensch kann die Umstellung selbst regeln!

In einer amicativen Geburt wird das Kind unmittelbar nach dem Geborensein auf den Bauch und die Brust der Mutter gelegt nahe an ihrem Herzen. Die Nabelschnur wird nicht durchschnitten, das Kind somit nicht zur Luftatmung gezwungen. Auch wenn das Kind schon geboren ist, pulsiert das Blut noch einige Minuten lang durch die Nabelschnur von der Plazenta zum Kind und bringt mit jedem Herzschlag den benötigten Sauerstoff. Langsam, in eigener Regie, kann sich das Neugeborene parallel dazu auf die Luftatmung umstellen. Das Blut in der Nabelschnur wird vom Körper des Kindes nach und nach vollständig aufgenommen, es wird zur langsamen Entfaltung der Lunge und für den Lungenkreislauf benötigt, die Nabelschnur wird leer und durchsichtig und kann schließlich durchtrennt werden.

Bereits vorgeburtlich werden die Menschen zur Selbstverantwortung ausgebildet. Mit Hormonen, biochemischen Möglichkeiten und vielen anderen vom kindlichen Organismus selbst gesteuerten Prozessen regeln die Embryos ihren Nahrungs- und Sauerstoffbedarf, ihren Schlaf, ihre gesamte

Entwicklung. Immer wieder entscheiden *sie selbst*, unendlich viele große und kleine Dinge in ihrem beginnenden Leben. Wann soll zum Beispiel die erste Bewegung erfolgen, mit dem Finger, der Hand, dem Arm, dem Bein, dem Kopf, dem Rumpf, dem Körper ... Und schließlich sind sie es, die ihre Geburt einleiten, nicht die Mutter oder gar der Arzt mit der Spritze: Nach etwa neun Monaten der Entwicklung spürt jeder selbst, wann der rechte Zeitpunkt für ihn gekommen ist, und das Ungeborene gibt den entscheidenden Hormonausstoß in den Körper der Mutter, um damit die Wehentätigkeit auszulösen. Alle Kinder kommen als hochwertig ausgebildete und trainierte Selbstverantworter auf die Welt und rufen den Erwachsenen zu: »Ich bin für mich selbst verantwortlich! Das ist jeder Mensch, vom Anfang bis zum Tod! Ich habe es gut gelernt, für mich verantwortlich zu sein, es gehört zu meinem Wesen, zum menschlichen Wesen! Erkennt und achtet es!«

## 12. Der psychologische Unterschied

Gefühle begleiten das Tun. Emotionalität lebt in den Menschen und in ihren Beziehungen. Die Wirklichkeit enthält für den Menschen neben der physikalischen immer auch eine psychologische Dimension. Die Reduzierung der Wirklichkeit auf Fakten und Dinge mag in der Naturwissenschaft und in der Welt der Gegenstände korrekt sein, nicht aber bei menschlichem Tun. Der eine fällt hin (Tun) – und ärgert sich über sein Mißgeschick (Gefühl). Der andere fällt hin (Tun) – und freut sich, daß er nicht verletzt ist (Gefühl).

Der Unterschied zwischen amicativem und pädagogischem Sinn liegt *in der Gefühlsebene*, der inneren Einstellung – nicht jedoch in der Handlungsebene, wie immer wieder mißverstanden wird. Von außen gesehen kann ein amicativer Mensch genau das gleiche tun wie ein pädagogischer Mensch. Das ist verwirrend und nur schwer zu verstehen. Immer wieder wird nach konkreten Verhaltensunterschieden gesucht, woran man doch den Unterschied der beiden Auffassungen und Lebensarten erkennen müsse. Doch dieser Unterschied ist nicht äußerlich faßbar, er ist psychischer Art. Er ist unsichtbar, denn Gefühle kann man nicht sehen.

Aber Gefühle entziehen sich nicht der Wahrnehmung: man kann sie spüren. Mit der eigenen Emotionalität lassen sich die Gefühle der anderen wahrnehmen. Man kann die Gelassenheit des anderen spüren, oder seinen Streß, seine Sympathie oder Antipathie. Man kann merken, ob das, was jemand tut, freudig, gelangweilt oder mit Ärger getan wird. Das Miteinander ist stets von Emotionen umgeben, was immer im Bereich der Dinge auch geschehen mag.

Wer als innere Grundposition fühlt »Ich bin für andere (Kinder) verantwortlich«, wird von diesem Gefühl begleitet. Sein Verantwortungsgefühl läßt sich nicht abschalten, es gehört zu ihm, und es läßt sich von den anderen wahrnehmen. Für jemanden, der sich selbstverantwortlich fühlt, wird das vom anderen kommende »Ich bin für Dich verantwortlich« nach amicativer Auffassung als eine unzulässige Einmischung in seine eigene Selbstverantwortung wahrgenommen. Kinder spüren das Verantwortungsgefühl der Erwachsenen, und die Amication erkennt, daß die Kinder es als psychische Aggression erleben. Ein amicativer Mensch hingegen hat nichts von diesem Verantwortungsgefühl in sich, mithin umgibt ihn auch nicht der im »Ich bin für Dich verantwortlich« enthaltene seelische Angriff.

Gleiches äußeres Verhalten wird von verschiedenen Emotionen umgeben. Entweder ist das Verantwortungsgefühl (neben vielfältigen anderen Gefühlen) dabei und entfaltet seine negative Wirkung – oder es ist nicht dabei und die Folgen einer solchen psychischen Aggression bleiben aus. *Dieser psychologische Unterschied ist es,* worauf zu achten ist, wenn man verstehen will, worin sich die amicative Lebensführung von der pädagogischen Tradition unterscheidet.

## 13. Selbstverantwortung und Zuständigkeit

Das Erkennen der Selbstverantwortung bedeutet das Ende der Verstrickungen, die dadurch entstehen, daß jeweils der andere verantwortlich dafür gemacht wird, wie es einem geht. Wenn man gewohnt ist und nicht anders denken kann, als daß andere für einen verantwortlich sind, dann gilt in den Beziehungen das »Du bist schuld« und »Wegen Dir geht es mir schlecht«. Amicative Menschen orientieren sich von dieser Sicht fremder Verantwortung fort und hin zur eigenen Zuständigkeit. Im Bereich der psychischen Wirklichkeit, der Bewertung und Gewichtung der Außenwelt, zu der auch das Verhalten des anderen gehört, erleben amicative Menschen ihre ungeschmälerte Selbstverantwortung: »Was andere mit mir tun, unterliegt der Bewertung von mir«. Für die Innenseite der Beziehung gilt das Andere-sind-für-mich-verantwortlich-Muster nicht mehr.

Amicative Sicht ist: »Auf *Dein* Verhalten kann ich mit Freude oder Schmerz reagieren – dies ist *meine* Zuständigkeit. Für *meine* Reaktionen auf *Dein* Tun bist nicht Du, sondern *bin ich selbst verantwortlich.*« Und ebenso: »Auf *mein* Verhalten kannst Du mit Freude oder Schmerz reagieren – dies ist *Deine* Zuständigkeit. Für *Deine* Reaktionen auf *mein* Tun bin nicht ich, sondern *bist Du selbst verantwortlich.*« Auf einen Wutausbruch etwa kann der andere ebenfalls mit Wut oder auch gelassen reagieren, für beide Reaktionsmöglichkeiten wird er seine Gründe haben. Es gilt aber nicht mehr, den anderen für die eigene Reaktion verantwortlich zu machen.

## 14. Das Wiederfinden der psychosozialen Macht

Die Erkenntnis, daß die Verantwortung für das, was sich psychisch in einem Menschen ereignet, bei diesem selbst liegt, bedeutet neben vielem anderen auch, daß niemand wirklich psychisch gezwungen werden kann, zu nichts. Wie man die Welt und ihre Erscheinungen deutet, bewertet und gewichtet, ist einzig die Sache des einzelnen. Ob ein Freiheitskämpfer dem Exekutionskommando entgegenruft »Es lebe die Revolution!« oder ob er apathisch und demoralisiert auf das Ende wartet – das ist seine Sache, seine Verantwortung für sich.

Eine Kultur, die Herrschaft zur Grundlage hat, muß den Menschen diese gesellschaftlich hochwirksame Potenz nehmen. Denn nur der ist beherrschbar, der dem Beherrschtwerden auch zustimmt, der sich auch unterwerfen *will*. Es gibt immer gute Gründe, lieber seinen Nacken zu beugen als sich den Kopf abschlagen zu lassen – aber ein jeder hat tatsächlich die Wahl zu leben oder zu sterben, jeden Augenblick. Es ist immer die Frage, wo man für sich den größeren Vorteil erkennt. Hierüber trifft man selbst die Entscheidung, niemand sonst.

Es ist leicht, Menschen zu beherrschen, die das Gefühl für ihre Selbstverantwortung verloren haben, die daran gewöhnt sind, andere für ihr Schicksal verantwortlich zu machen: die Eltern, die Gesellschaft, die Verhältnisse. Das Wiederfinden der Selbstverantwortung ist eine befreiende Botschaft der Amication für jeden Erwachsenen und bedeutet im gesellschaftlichen Bereich das *Wiederfinden der psychosozialen Macht* des einzelnen. Es ist dies eine Macht, die durch nichts wirklich ausgehebelt werden kann und die jedem, der herrschen will, seine Grenze zeigt.

## 15. Zumutung und Einladung

Amication sagt, daß jeder für sich selbst verantwortlich ist. Dies ist erstens schwer zu verstehen, da es der erlernten Sicht vom Umgang miteinander widerspricht: »Der andere ist aber doch verantwortlich für mich!« Und es ist zweitens schwer verdaulich, da der einzelne dadurch unmißverständlich in die Pflicht für sich selbst genommen wird. Es ist dies eine Pflicht, die den Menschen seit ihrer Kindheit genommen wurde und die zu tragen sie nicht gewohnt sind. Es ist ja so viel leichter, Schuld zuzuweisen und andere für das eigene Befinden verantwortlich zu machen ... Welcher Erwachsene will sich diese Pflicht zumuten, die er als Kind noch lange Zeit als Lust und nicht als Last erlebte, diesen Wunsch, über sich selbst bestimmen zu wollen und sich ganz und gar selbst zu gehören? Amication tritt mit genau dieser befreienden Zumutung an die Erwachsenen heran.

Allerdings: Amication verpflichtet niemanden dazu, diese Pflicht zu übernehmen. Es gilt das Prinzip der Freiwilligkeit. Niemand *muß* sich selbstverantwortlich fühlen. Niemand *muß* sich um sich selbst kümmern. Niemand *muß* sich in die Pflicht für sich selbst nehmen. Aber jeder *kann* das tun. Amication ist eine *Einladung* – eine Einladung sich selbst (wieder) in den Mittelpunkt seines Lebens zu stellen.

## 16. Liebe und Verantwortung

Amication bedeutet in der Kommunikation mit den Kindern einen radikalen Bruch mit der Tradition. Die Botschaften der Kinder werden anders verstanden. Sie sagen den Erwachsenen in ihren Herzen: »Liebe mich, aber nimm mir nicht meine Verantwortung für mich selbst. Denn ich bin ein selbstverantwortliches Wesen von Anfang an. Hilf mir, unterstütz mich, sage ehrlich, wenn Dir etwas zuviel wird. Aber maße Dir nicht an, besser zu wissen als ich, was für mich wirklich gut ist. Deine subjektive Wahrheit ist mir willkommen und meiner subjektiven Wahrheit gleichwertig, niemals aber kann Deine Wahrheit über meiner stehen.« Die amicative Antwort ist: »Ich liebe Dich und ich bin nicht für Dich verantwortlich, denn dies bist Du selbst von Anfang an, zu 100 Prozent.« Liebe ja – Verantwortung nein.

## 17. Die Sozialität des Menschen

»Wer bin ich? Was will ich wirklich? Was kommt dem Kind zu, für das ich *wirklich* verantwortlich bin und das mir *wirklich* anvertraut ist – was kommt *mir* zu?«

An dieser Stelle taucht die Frage auf, ob das nicht egoistisch und unsozial ist. Gegenfrage: »Sind Menschen soziale Wesen oder müssen sie erst dazu gemacht werden?« Die Amication fällt hier, in der Frage nach der Sozialität des Menschen, eine weitere Grundentscheidung, die sich radikal von der Tradition unterscheidet (neben dem Grundsatz, daß Menschen von Anfang an zur Selbstverantwortung befähigt sind): *Menschen sind konstruktive soziale Wesen von Geburt an.*

Nach amicativer Auffassung ist ein jeder selbstverantwortlich von Anfang an, und ein jeder kann sich lieben, so wie er ist. Selbstverantwortung und Selbstliebe enthalten einen sozialen Automatismus: Nächstenliebe ist deswegen in den Menschen, weil ihnen das selbst gut tut. Der Mensch will vom anderen Menschen – dessen Lächeln. Die Gewogenheit der Gemeinschaft, der Eltern, Partner, Freunde, das Angenommensein durch andere liegen jedem am Herzen. Menschen sorgen für die Zufriedenheit anderer Menschen, weil ihnen die Zufriedenheit der anderen selbst gefällt. Menschen sind soziale Wesen um ihres eigenen Vorteils willen. Dies muß niemandem erst beigebracht werden, sondern es ist ein konstitutiver Teil jedes Menschen. Menschen sind fürsorgend, freundlich, hilfsbereit, solidarisch, aufopfernd, weil sie sich selbst lieben und sich um ihren Vorteil kümmern – und weil dieser Vorteil in den sozialen Angelegenheiten die Freude des anderen Menschen ist, die einem selbst gut tut.

Aber wenn Menschen entsprechend dem traditionellen Menschenbild erst noch zu vollwertigen Menschen erzogen werden müssen, werden sie in ihrer Selbstliebe gestört. Und wer sich nicht so lieben kann, wie er ist, dem fällt es schwer, in natürlicher Spontanität auf den anderen zuzugehen und sich ungezwungen um ihn zu kümmern – nicht nur vordergründig oder anerkennungssüchtig. Wer sich selbst nicht richtig liebt, kann sich kaum in friedenstiftender Nachhaltigkeit um den eigenen Vorteil kümmern – in diesem Fall um das Lächeln des anderen, das einem selbst gut tut. Seine soziale Dimension verkümmert, er verfehlt den anderen immer wieder. Egoismus ist die Folge, mit den entsprechend mühevollen Lernprogrammen zu seiner Eindämmung und Überwindung. Selbstliebe jedoch ist dem Egoismus entgegengesetzt: Sie ist der Schlüssel zur Sozialität des Menschen und zu konstruktiven sozialen Strukturen.

## 18. Das pädagogische Menschenbild

Die amicative Analyse hat offengelegt, daß *alle* pädagogischen Theoretiker und Praktiker eine gemeinsame Basis haben – so verschieden ihre Positionen auch sein mögen. Diese übergreifende Basis ist das pädagogische Bild vom (jungen) Menschen, das sich in den Büchern und Konzeptionen der pädagogischen Autoren, Wissenschaftler und Theoretiker findet und in jeder Handlung eines pädagogischen Menschen lebt.

Die pädagogische Welt hat eine einheitliche Basis. Über die Frage aber, wie man den Umgang mit Kindern von dieser Grundlage aus gestalten soll, wird gestritten. Da gibt es viele

Richtungen: antiautoritäre Erziehung, autoritäre Erziehung, demokratisch-partnerschaftliche Erziehung, sozialistische Erziehung, christliche Erziehung, Montessoripädagogik, Waldorfpädagogik, permissive Erziehung, emanzipatorische Erziehung, Laissez-faire-Erziehung, Situationspädagogik, usw.

Wie ist das pädagogische, das traditionelle Bild vom jungen Menschen? Es geht um das Fühlen der Gleichwertigkeit, jedoch nicht um ein allgemeines Gleichwertigkeitsgefühl. Daß Kinder gleiche Würde wie Erwachsene haben – dies wird sicher von pädagogischen Erwachsenen ebenso gefühlt wie von amicativen. Es geht um etwas Spezielles im Bereich des Gleichwertigkeitsgefühls. Es geht um die folgende traditionelle, die pädagogische Grundposition:

*Menschen können nicht von Geburt an das eigene Beste selbst spüren.*

Diese Fähigkeit haben Menschen nicht. Sie können nicht von Anfang an für sich selbst verantwortlich sein. Andere können und müssen an ihrer Stelle entscheiden, was ihnen wirklich nutzt und was ihnen wirklich schadet. Andere müssen für sie die Verantwortung tragen. In Bezug auf die Selbstverantwortung besteht keine Gleichwertigkeit von Erwachsenen und Kindern.

Die Mutter ist für ihr Kind verantwortlich, der Vater ist für sein Kind verantwortlich, der Lehrer ist für seine Schüler verantwortlich. Allgemein ist die Erwachsenenwelt für die Kinder verantwortlich. Es gilt: »Ich, der Erwachsene, weiß besser als Du, das Kind, was für Dich gut ist«. Dieser Unterschied wird nicht nur theoretisch behauptet, er wird gefühlt und gelebt. Es ist eindeutig und anders ist es nicht vorstellbar: *Erwachsene sind für die Kinder verantwortlich.*

Wer diese Position teilt, wird aus amicativer Sicht ein »pädagogischer« Mensch genannt. Er stellt seine Beziehung zum Kind auf die Grundlage, die auch für die Pädagogik maßgebend ist: Daß Erwachsene für Kinder die Verantwortung tragen, weil diese das eigene Beste nicht selbst spüren können.

## 19. Das Verlieren der Selbstverantwortung

Junge Menschen sind auf die Liebe ihrer Eltern angewiesen und öffnen sich vertrauensvoll für deren Werte und Normen. Diese lehren sie in pädagogischer Tradition, daß sie noch nicht vollwertige Menschen sind, daß sie besser werden müssen, daß sie erzogen werden müssen, und daß diese Sicht vom Menschen die richtige sei. Da die Kinder aber nach amicativer Überzeugung tief in sich darum wissen, daß sie so, wie sie sind, ganz und gar o.k. sind, daß sie eben *nicht* besser gemacht und erzogen werden müssen, daß sie bereits jetzt schon vollwertige Menschen sind, und da diese innere Gewißheit in scharfem Gegensatz zur Überzeugung ihrer Eltern steht, verwirrt sie diese Widersprüchlichkeit. Und sie werden voll von innerer Abwehr gegen die Menschen, deren Liebe sie doch brauchen.

Die Kinder gehen hiervon nun nicht zugrunde: Ihre mitgebrachte Selbstverantwortung zeigt ihnen wie immer den Weg zum Überleben. Sie übernehmen nach und nach die Sicht ihrer Eltern vom Kind und lernen zu glauben, daß nicht sie selbst sondern andere für ihr Glück und Leid verantwortlich seien. Sie passen sich an die pädagogische Umgebung an und weisen es – aus Verantwortung für sich selbst – mehr und mehr zurück, für sich selbst verantwortlich zu sein, bis sie schließlich selbst glauben, daß sie nicht für sich selbst die Verantwortung tragen *können*.

In der Amication finden diese Verstrickungen nicht statt. Die Erwachsenen fühlen sich auf einer psychologisch gleichwertigen Basis wie die Kinder: Jeder ist von Anfang an zu 100 Prozent selbstverantwortlich.

## 20. Die psychische Aggression der Erziehung

Bereits vorgeburtlich werden die Menschen zur Selbstverantwortung ausgebildet. Mit Hormonen und biochemischen Möglichkeiten steuern die Embryos ihren Nahrungs- und Sauerstoffbedarf. Und sie sind es, die die Geburt einleiten, nicht die Mutter oder gar der Arzt mit der Spritze. Nach etwa neun Monaten der Entwicklung spürt jeder selbst, wann der rechte Zeitpunkt für ihn gekommen ist: Das Ungeborene gibt den entscheidenden Hormonausstoß in den Körper der Mutter und löst damit die Wehentätigkeit aus. Jedes Kind kommt als hochwertig ausgebildeter und trainierter Selbstverantworter auf die Welt.

Jetzt bricht die traditionelle Grundeinstellung der Erwachsenen über das Kind herein: »Du bist kein selbstverantwortliches Wesen! Kinder, gar Neugeborene, können das eigene Beste nicht selbst wahrnehmen! Wir sind für Dich verantwortlich! Wir wissen besser als Du, was für Dich gut ist!« Das Neugeborene ruft den Erwachsenen zu: »Ich bin für mich selbst verantwortlich! Das ist jeder Mensch, vom Anfang bis zum Tod! Ich habe es gut gelernt, für mich verantwortlich zu sein, es gehört zu meinem Wesen, zum menschlichen Wesen! Erkennt und achtet es! Unterstützt mich loyal, doch erzieht mich nicht!« Aber die traditionelle, pädagogische Antwort ist unerbittlich, und sie teilt sich in der psychischen Kommunikation im Tonfall, der Mimik und Gestik mit: »Verantwortlich für die Kinder sind die Erwachsenen! Kinder *können* das eigene Beste nicht selbst wahrnehmen!«

Selbstverständlich lieben auch pädagogisch orientierte Eltern ihre Kinder. Doch bei aller Liebe – ihre Grundhaltung in der Frage der Selbstverantwortung *ist nach amicativer Auffassung für das Kind psychische Aggression*. Das Kind erlebt diesen seelischen Angriff auf sein Selbstbild Tag für Tag, denn die Grundhaltung »Wir sind für Dich verantwortlich« ist im

Gefühl der Erwachsenen verankert und stets präsent. Diese Aggression begleitet das Kind den ersten Tag, den zweiten Tag, den dritten Tag, die erste, zweite, dritte Woche, den ersten Monat, den zweiten, den dritten, das erste, zweite und dritte Jahr – die gesamte Kindheit über, 16, 17, 18 Jahre lang. Ununterbrochen und alternativlos erfährt der junge Mensch von den Erwachsenen ihren grundlegenden Vorbehalt. Er erfährt, daß er so, wie er ist, noch kein vollwertiger Mensch sei. Daß er nicht zur Selbstverantwortung befähigt sei, daß er erst ein soziales Wesen werden müsse, daß er dies und das lernen müsse, daß er erzogen werden müsse, so, wie andere meinen, daß es gut für ihn sei. Diese psychische Aggression wird zwischen den Zeilen des täglichen Umgangs über ihn geschüttet und hat Folgen.

Wenn man jemandem etwas abspricht, wovon er aber überzeugt ist und von dem er meint, daß es ihm zukommt, dann erlebt er diese Position als Angriff. Wenn Erwachsene Kindern aufgrund der pädagogischen Tradition absprechen, daß sie selbstverantwortlich sind – sie sich jedoch so fühlen –, dann erleben sie dies als psychische Aggression, als Angriff auf ihr Selbstverständnis. Sie erleben die pädagogische Nicht-Anerkennungs-Haltung als ein psychisches Gift, dem sie sich ausgeliefert fühlen.

Dieses Gift wirkt langsam aber unaufhaltsam. Es zersetzt das mitgebrachte Selbstverantwortungsgefühl und damit das grundlegende Selbstvertrauen – das Vertrauen darin, daß man selbst Grund aller Dinge ist und sich getragen weiß vom Sinn des Ganzen. Und es zersetzt auch das Vertrauen in die anderen, in die Erwachsenen, in die Sozialität und Gemeinschaft: Denn von ihnen kommt ja der Angriff, und ihre loyale Unterstützung in die selbstverantwortlich erspürten und mitgeteilten Wichtigkeiten bleibt ja immer wieder aus, »weil wir besser wissen als Du, was für Dich gut ist«. Mißtrauen zu sich selbst und zur Gemeinschaft baut sich auf.

Verborgener oder offener *Selbsthaß* und *sozialer Haß* bis hin zur Bereitschaft, sich und andere zu töten (*Kriegsbereitschaft*), sind die Langzeitfolgen der pädagogischen Mentalität.

Und aus Kindern werden nach einer langen Reihe von Jahren voller psychischer Aggression Erwachsene, die voll von großen und kleinen, offenen und verdeckten Minderwertigkeits- und Schuldgefühlen sind, abhängig vom Urteil anderer, mutlos, den eigenen Weg zu gehen, vorbeigeschleust am eigentlichen Leben.

### 21. Amication und pädagogischer Automatismus

Wer für sich selbst verantwortlich ist und sich selbst liebt, den erfüllt es, nach dem anderen zu suchen. Selbstverantwortung und Selbstliebe enthalten einen sozialen Automatismus: *Nächstenliebe ist deswegen in den Menschen, weil ihnen das selbst gut tut.*

Aus amicativer Sicht stört die pädagogische Welt diesen sinnvollen Zusammenhang:

Die pädagogische Welt spricht den Kindern die Selbstverantwortung ab. Sie stößt damit die Selbstliebe der Kinder, die immer auch eine soziale Dimension hat, aus dem Gleichgewicht. Die Kinder verlieren nach und nach die feine Balance, sich selbst und zugleich die anderen zu lieben. Sie verlernen, daß es für sie selbst von Nutzen ist, wenn sie sich um das Lächeln der anderen kümmern. Sie erkennen nicht mehr den Weg, für den eigenen Vorteil so zu sorgen, daß ihnen daraus kein Nachteil entsteht.

Kinder, die in einer pädagogischen Umgebung großwerden, überhören – verwirrt und belastet durch die psychische Aggression der pädagogischen Einstellung – die leisen und lauten Warnsignale der anderen. Sie beginnen, die Grenzen der anderen zu überschreiten – so, wie die pädagogischen Erwachsenen es ihnen gegenüber vorleben. Sie geraten in egoistische Bahnen, die ihnen selbst und den anderen schaden. Aus amicativer Sicht erleben sie ihr Selbst nicht mehr als Teil des Ganzen, sondern als Gegensatz zu den anderen und der Welt: ihre Harmonie zerbricht.

Die pädagogische Welt reagiert auf diese von ihr selbst hervorgerufenen Veränderungen der Kinder mit um so intensiverer pädagogischer Einflußnahme, mit dem *pädagogischen Automatismus*: Erziehung zur Selbstverantwortung, Erziehung zur Mündigkeit, Erziehung zur sozialen Verantwortung, Erziehung zur Nächstenliebe, usw. Die pädagogische Welt erkennt nicht, daß sie den Unfrieden des Menschen mit sich, den anderen und der Welt selbst ausgelöst hat.

## 22. Amication und Andersdenkende

So sehr die Amication von ihrer Position auch überzeugt ist – es gilt die Subjektivität der Erkenntnis. Das amicative Prinzip, daß *niemand besser als ein jeder selbst spürt, was für ihn das Beste ist*, gilt auch gegenüber Andersdenkenden. Die amicative Deutung und Bewertung der Welt ist ohne Objektivitätsanspruch. Und obwohl die Dinge des Lebens radikal anders gesehen werden als in der Tradition, steht Amication nicht über anderen Sichtweisen der Welt, sie ist ihnen gleichwertig und enthält – bei aller Gegensätzlichkeit im Deuten und Bewerten, Fühlen und Handeln – keine Mißachtung. Doch bei aller Gleichwertigkeit: die traditionelle Welt wird entsprechend dem eigenen amicativen Selbstverständnis zurückgelassen, ein neuer Weg beginnt.

# II Aspekte zu Praxis und Erleben

## 23. Der amicative Realismus

»Was will ich wirklich?« ist die Frage, die den Weg zur amicativen Praxis zeigt. »Was will ich wirklich?« leitet jemanden, der sich selbstverantwortlich fühlt. So zu denken bedeutet keine lange innere Diskussion, sondern ist ein selbstverständlicher Reflex, gelegentlich ein kürzeres Innehalten, wenn etwas unklar ist. Die jeweilige Entscheidung orientiert sich am *Insgesamt* aller Faktoren: Erfahrung, Wissen, Gefühle (Ängste, Mut, Zögerlichkeit, Hoffnung, Freude usw.), Situation, körperliche Verfassung, Perspektiven, Finanzen, Zeit, Risiken, Gewinn ... was immer eine Rolle spielen mag. Amicative Entscheidungen beziehen sich auf das, was das *Insgesamt* nahe legt. Es geht nicht um die vordergründig annehmlichste Lösung. Den Arbeitsplatz zu verlieren, weil das schöne Wetter zu ungenehmigtem Urlaub lockt: Ist dies wirklich von Vorteil? Wohl kaum.

Korrekturen an der Gesamteinschätzung sind jederzeit möglich. Dann will man etwas anderes als eben noch. Dabei war das Eben nicht falsch. Eben war die Einschätzung so, jetzt ist sie anders. Die Vergangenheit wird nicht herabgesetzt. Was jemand tut, ist vor ihm verantwortet, es entspricht seiner Bewertung und Moral und ist eine subjektive Entscheidung, die sich nicht zu recht von außen messen läßt. Bei aller Korrektur: niemand hat einen wirklichen Fehler gemacht. Denn der Gedanke, etwas könne falsch sein, mißt den, der aber so entscheidet, von außen und setzt ihn und seine Entscheidung herab. Wer eine Entscheidung trifft, tut dies, weil es seiner Sicht der Dinge entspricht – und (dieser) seiner Sicht gebührt Achtung, denn sie ist ein Teil von ihm. Auch wenn er sie gleich ändern sollte.

»Was will ich wirklich?« ist nicht die Frage nach den Fantasien und Träumen (zu ihnen führen andere Fragen), sondern nach der Wirklichkeit, in der ein jeder lebt: in Abwägung der Vorstellungen und Wünsche mit den vorhandenen Möglichkeiten hier und heute. Es ist ein Realismus, der nicht nach Verrat der Träume schmeckt, sondern es entsteht ein konstruktiver Umgang mit den Realitäten, so daß man mit sich und der Welt in Übereinstimmung leben kann.

Die Kinder kennen lange Zeit den Weg zur Kongruenz, denn sie sind einerseits sehr realistisch und andererseits sehr nah bei ihren Träumen, und wenn sie amicativ aufwachsen, gelingt es ihnen, die Balance zu halten. Zum Beispiel: Wer nicht zur Schule geht, wird letztlich mit Polizeigewalt hingeschafft und ist ein buntes Huhn unter seinen Spielkameraden. Welches Kind wird sich das zumuten? Amicativ aufwachsende Kinder sind Realisten. Aber Realisten, die stets Ausschau danach halten, wie sich ihre Wünsche verwirklichen lassen. Sie sind nicht demoralisiert angepaßt, sondern ihre Anpassung ist konstruktiv und kommt aus dem Gespür für die Grenzen um sie herum. Diese Grenzen sind flexibel, und was jetzt nicht geht, ist vielleicht später doch möglich. Aber wenn etwas jetzt nicht geht, dann geht es eben jetzt nicht, und darauf stellen sich die Kinder ein. Wenn sie an einer Grenze angekommen sind, leben sie mit dieser Grenze und verlieren sich nicht in endlosem Lamentieren, gemischt mit Selbstmitleid, Schuld- und Ohnmachtsgefühlen. Sie lassen sich auf Grenzen ein – und sind offen für die Chancen, sie zu verändern. Sie geraten durch ein Nein nicht aus dem Gleichgewicht. Ihre innere Harmonie wird nicht gestört, wenn sie nicht tun können, was sie wollen.

## 24. Der Unterschied liegt in der Welt der Gefühle

Die amicative Praxis ist mit denselben Fragen und Problemen konfrontiert, wie sie in allen Familien auftauchen. Eine Herdplatte ist heiß, die Straße ist gefährlich, die Schulpflicht besteht, zu spät ins Bett gehen ist ungesund, Zucker verdirbt die Zähne, zu viel Fernsehen ist schädlich, Hustensaft ist nötig, im Auto wird sich angeschnallt, an den Haaren ziehen tut weh, zu spät kommen bringt Ärger, und so weiter und so fort.

»Lassen Sie Ihr Kind verhungern, verbrennen, ertrinken, überfahren, andere schlagen, Sachen zerstören ...?« Tausend Fantasien. »Nein, lasse ich nicht.« Eine einzige, klare Antwort.

Die amicative Sicht katapultiert niemanden aus der Wirklichkeit. Und dennoch ist es anders als in der Wohnung nebenan, in der die Eltern mit der pädagogischen Sicht vom Kind leben. Was den Unterschied ausmacht, ist die amicative Einstellung – und ihre Auswirkung.

Es ist zu einseitig, wenn man die Praxis nur unter dem Aspekt der anfaßbaren Dinge und der körperlichen Abläufe sieht. Denn Menschen existieren nicht allein im Bereich des Gegenständlichen, wie Roboter. Zu jedem Menschen gehört auch eine unsichtbare Welt: die Welt der Gefühle, der Wertungen und Interpretationen. Alles Dingliche und jede Handlung wird mit dieser Inneren Welt begleitet. Die Wirklichkeit von Robotern ist die Äußere Welt. Die Wirklichkeit des Menschen ist mehr. Sie besteht aus zwei Dimensionen: Außen und Innen, Dinge und Gefühle, Körper und Seele. Zusammen ergeben sie die Wirklichkeit des Menschen.

Jemand kommt nach Hause und will die Tür aufschließen, doch der Schlüssel paßt nicht. Das ist etwas zum Anfassen, aus der Welt der Dinge: Dieser Schlüssel paßt nicht. Wenn man mit dem Schlüssel vor der Tür steht, ereignet sich auch in einem selbst etwas. Wie fühlt sich das an, mit einem Schlüssel, der nicht paßt, vor der Tür zu stehen? »Der Schlüssel paßt nicht« ist der eine Teil der Wirklichkeit, der physische Teil. »Ich bin verärgert« ist ihr psychischer Teil. »Der Schlüssel paßt nicht, und ich bin verärgert« ist die ganze Wirklichkeit.

Die Wirklichkeit des Beispiels besteht aus einem dinglichen Teil (nicht passender Schlüssel) und aus einem emotionalen Teil (verärgert sein). Die amicative Praxis ist nicht – wie immer wieder vermutet wird – in ihrem dinglichen Teil verschieden von der Praxis pädagogischer Menschen. Wie in der pädagogischen Welt gibt es auch in der amicativen Praxis bei einem Problem entweder vielfältige oder stets dieselben Lösungen. Auch bei amicativen Menschen ist es so, daß sie ihre Kinder uneingeschränkt Süßigkeiten essen lassen oder eingeschränkt oder gar nicht (Vielfalt der Lösungen), auch bei amicativen Menschen verhindert jeder, daß sein Kind unter den Lastwagen kommt (Gleichheit der Lösungen).

Wenn man nur die Äußere Welt betrachtet, sieht die amicative Praxis sehr oft genauso aus wie die pädagogische, in der Vielfalt oder Gleichheit der Lösungen konkreter Probleme. Wie in einem Stummfilm erkennt man die Handlungen. Die eine Mutter holt ihr Kind von der Steckdose fort, die andere auch. Welche von beiden ist die amicative Mutter? Das läßt sich so nicht herausfinden. Nicht, wenn man die Welt der Gefühle unberücksichtigt läßt, nur auf die Handlung sieht und keinen Ton beim Film hört.

Erst wenn man sich die Szene als Tonfilm vorstellt, wird es deutlich. Jetzt gibt es Informationen über die Gefühle, die sich in der Wahl der Worte und in der Höhe und Tiefe der Stimme, ihrer Klangfarbe und ihrem Ausdruck mitteilen. Nun werden die anderen Körperbotschaften der Seele (Koordination, Mimik, Gestik) erst richtig verständlich, und man kann etwas über die Einstellungen der beiden Mütter erfahren. Man erkennt, daß sie zu sich selbst, zu ihren Kindern und zur Welt grundlegend verschiedene Haltungen haben:

eine amicative oder eine pädagogische Haltung. Und was immer wieder gleich aussieht, ist doch im Grunde verschieden.

## 25. Das Wiederfinden der Selbstliebe

Das Vertrauen in sich selbst, die Selbstverantwortung, die Selbstliebe, die soziale Kraft: Konstruktive Potenzen des Menschen werden durch die Amication nicht nur für Kinder, sondern auch für Erwachsene wieder denkbar und verfügbar. Der Erwachsene wird auch stets direkt angesprochen, und wenn er sich in amicativen Positionen wiederfindet, dann setzt er den amicativen Impuls für das Kind um, das ihm zuallererst anvertraut ist: für sich selbst. Er beginnt, die Verhexung der eigenen Kindheit aufzuheben, wieder an sich zu glauben und sich zu lieben.

Wenn man amicativen Überlegungen zustimmt, bedeutet das jedoch noch nicht, daß man sich sofort so akzeptieren und lieben kann, wie man gerade ist. Es geht erst einmal um eine neue Perspektive, um eine Ablösung der alten Sicht. Wie kommt man dann aber weg vom »Ich kann mich nicht leiden« und vom »Ich kann dies oder jenes an mir nicht leiden«, vom »Ich muß besser werden« und vom »Ich muß an mir arbeiten«? Wie setzt man die amicative Erkenntnis um? Wie fühlt man wieder, daß man sich mag? Wie macht man es, sich zu lieben?

Es ist nicht zu »machen«. Beim einen ruht dieses Wissen unter der Oberfläche, und wenn man davon hört, wird es lebendig: »Ja, so fühle ich auch, eigentlich schon lange, nur fehlte mir der Mut, aber jetzt bin ich mir sicher, ich werde den Glauben an mich nie mehr verlieren.« Der Impuls reicht aus, um die Selbstliebe, die ja nicht wirklich verloren geht, wieder zu fühlen.

Bei vielen anderen aber ist es nur eine schöne Idee, und sie sehen keine Möglichkeit, daß ein solches konstruktives Denken auch für sie eine gefühlsmäßige Wirklichkeit werden kann. »Wie soll ich denn dahin kommen?« Die erlernten Unterlegenheitsgefühle, das »Ich bin ja doch nichts wert«, der ganze Jammer der verloren geglaubten Selbstliebe steigen auf, man wird traurig, vielleicht auch ärgerlich über diese »Sprüche«.

Die Antwort ist stets so: »Sieh erst einmal, ob diese Auffassungen etwas für Dich sind. Willst Du so über Dich denken? Wirklich?« Wer der Selbstliebe schon von der Idee her nicht wirklich zustimmt oder ihr skeptisch gegenübersteht, für den gibt es kaum Rat. Wer aber wirklich zustimmt (was ja niemand muß), nur nicht weiß, wie er das hinbekommen soll, für den gilt: »Laß Dich in Ruhe«. Doch er kann sich ja nicht in Ruhe lassen. »Vertrau Dir doch einfach, daß Du es eines Tages schaffst«. Doch er kann sich nicht vertrauen.

Es ist wie bei einem ungeduldigen und sich mißtrauenden Kind. Was ist dabei? »Du kannst so ungeduldig sein und so mißtrauisch, wie Du willst. Das ist Dein Sinn. Das ist nicht gut. Das ist nicht schlecht. Es ist. Es ist in Dir, ein Teil von Dir.« Aber Ungeduld und Mißtrauen gegen sich selbst werden ja nicht gemocht und sollen verschwinden.

Dann ist es wichtig, darauf aufmerksam zu machen, daß die Idee des Bösen *endgültig* nicht mehr gilt, *niemals*, auch nicht in Bezug auf sich selbst, auch nicht in Bezug auf irgendwelche Teile von sich. »Deine Ungeduld und Dein Mißtrauen gegen Dich sind Teile von Dir. Sie sind nicht böse. Hast Du das Recht, sie zu diskriminieren? Was meinst Du, was sie davon halten, wenn Du sie beschimpfst? Wenn Du sie bekämpfst? Wenn Du sie verbessern, erziehen willst? Amication ist unteilbar. Das Achten gilt auch Deinen Teilen gegenüber, auch den Teilen, die Du überhaupt nicht leiden kannst.«

»Wie bitte?«

»Die Achtung vor der Inneren Welt gilt jedem Phänomen gegenüber, auch den Dingen, die in Dir sind. Deine Ungeduld und Dein Mißtrauen – sie warten auf Dich. Alles von Dir, Dein ganzes Universum (dazu gehören auch diese ärgerlichen Teile in Dir) wartet auf Deine Akzeptanz, wenn Du schon keine Liebe für sie aufbringen kannst.«

»Aber ich kann das alles an mir nicht leiden. Muß ich das jetzt können?«

»Natürlich nicht. Deine Gefühle werden doch auch nicht verraten. Aber: Ist es wirklich nötig, das, was Du an Dir nicht leiden kannst, auch noch obendrein zu mißachten, als unsinnig zu diskriminieren, als verbesserungsnotwendig abzustempeln? Was zwingt Dich denn, diese Pädagogik gegen Deine eigene Innere Welt zu machen? Schön, Du magst Deine Ungeduld und Dein Mißtrauen nicht. Aber laß sie gelten! Auch wenn Du sie nicht magst. Sie sind sinnvoll! Nichts ist sinnlos. Sie sind in Dir gewachsen. Wenn Du sie rausreißt, verblutest Du. Sie sind ein Teil von Dir.«

»Dann gehen sie nie.«

»Vielleicht gehen sie nie und bleiben ein Leben lang bei Dir. Aber wenn Du sie bekämpfst und beschimpfst, dann gehen sie erst recht nicht. Wenn Du auch ihnen gegenüber die amicative Idee lebst und sie achtest, dann hast Du eine Chance – keine Garantie –, daß diese unangenehmen Gefühle in Dir, die ihrem Sinn folgen, zu ihrer Zeit gehen.«

Es geht also darum, nicht doch noch irgendwo auf der Welt eine Ecke für das Böse zu reservieren, diesmal: in sich selbst. Von der Idee her. Wer erkannt hat, daß er sich selbst tatsächlich und ohne Einschränkung lieben könnte, wie immer er ist, aber dies nicht hinbekommt – für den bleiben zwar Schmerz, Ärger, Ungeduld und Mißtrauen. Aber Verzweiflung, Hoffnungslosigkeit und Ohnmacht gehen. Wer es nicht schafft, sich zu lieben – obwohl er diese Idee gut findet und es sehnlichst möchte –, der schafft es nicht. Das tut weh, natürlich. Aber es ist gänzlich überflüssig, sich dies auch noch zum Vorwurf zu machen. Das ist so etwas wie der erste Schritt. Wer ihn nicht schafft, muß sich auch dies wieder nicht zum Vorwurf machen. Wer aber auch das nicht schafft, muß sich auch das wieder nicht zum Vorwurf machen. Und so fort. Selbstakzeptanz und Selbstliebe sind letztlich immer möglich.

Neben diesem Grundsätzlichen gibt es auch andere Hilfen.

Zunächst: Das Erinnern. Wenn man in eine solche Fallgrube gefallen ist (man kann sich nicht leiden, man gibt dem anderen die Schuld, man demütigt die Kinder), kommt stets der Moment des Innehaltens. Früher warteten dort die Schuldgefühle und das schlechte Gewissen. Doch das Innehalten – vielleicht nach einer Minute, einer Stunde, einem Tag – öffnet auch dem Erinnern die Tore: daß es die amicative Idee gibt, daß solche Bücher geschrieben wurden, daß es solche Menschen gibt. Die Verbindung kann wieder hergestellt werden. »Niemand macht Dir einen Vorwurf, daß Du in eine Fallgrube gefallen bist. Das Herausklettern beginnt, wenn Du Dich erinnerst, an all diese Dinge.« Vielleicht mit dem Stoßseufzer: »Ach, eigentlich bin ich ja doch ganz o.k., trotz allem«.

Und: Die amicative Welt existiert, hier und heute. Man kann diese Bücher lesen, diese Menschen kennenlernen. Man kann Kontakt herstellen. Gemeinsames Erleben mit anderen amicativen Menschen ist hilfreich, und die gemeinsamen neuen Erfahrungen bringen mehr und mehr Sicherheit.

Das Wichtigste aber: »Kümmere Dich ein bißchen mehr um Dich, schau hin, ob Dir etwas gut tut oder nicht, und tue Dir immer mal wieder etwas Gutes. Jeden Tag eine gute Tat – laß dieses Motto Dir gegenüber gelten, denn Du bist Dir anvertraut. Und wenn Du auf Dich acht gibst, wächst die Selbstliebe von allein.«

## 26. Fehler überwinden

Wenn jemand einen Fehler macht, so bedeutet das, daß er nicht so gut war, wie er aber hätte sein können oder sollen. Dann tauchen Rechtfertigungsüberlegungen auf. Eingeständnisse werden gemacht. Die dunkle Wolke Schuldgefühl zieht auf. Und fordernd scheint der helle Stern Gutsein, hinter dem man endlos herläuft. Doch in der Amication ist alles anders:

Ein jeder ist für sich selbst verantwortlich. Für sein Leben, dieses sein Leben, vom Anfang bis Ende, ganz und gar. Wenn man etwas tut, dann aus Verantwortung für sich, aus seinem jeweiligen Sosein. So, wie man gerade ist, denkt, fühlt – handelt man. Im Moment des Tuns, in der aktuellen Gegenwart, gilt jeder einzelne Sinn. Das ist nicht richtig, das ist nicht falsch. *Es ist.*

Wenn dann jemand dazu sagt, das sei ein Fehler – dann redet er eine fremde Sprache. Er schaut auf Einsichten, Normen, Daten, die er kennt, und daran mißt er den anderen. Das ist dann für ihn wichtig – aber mit dem anderen hat das nichts zu tun.

In der Amication achtet ein jeder seine Gegenwart, sich, seinen aktuellen Sinn so sehr, daß er ihn – diesen Sinn, der in ihm lebt – nicht im Nachhinein eines Fehlers bezichtigt. Der Sinn, der einen jeden handeln läßt, ist dann, wenn er geschieht, fehlerlos. Besser: Jenseits von richtig und falsch, weder richtig noch falsch. *Er ist.*

Man kommt nicht auf die Idee, seiner Vergangenheit Vorhaltungen zu machen. »Hättest Du aber doch ...« – dies ist fremd. »Hab ich aber nicht« ist die Antwort. Ruhig, kraftvoll, überzeugt. »Hab ich aber nicht.«

In der Amication gilt also: Niemand macht wirklich (existentiell gesehen) einen Fehler – man *kann* gar keinen machen. So, wie man auch nichts richtig machen *kann*. Was jemand macht, findet statt, sinnvoll, verantwortet vor sich: »Ich bin, ich lebe, und bin nicht an objektiven Kriterien zu messen.« Wohl an subjektiven: an den eigenen, an den fremden. Aber diese haben keine Macht über die Vergangenheit, über die Achtung vor sich selbst. »Du magst mich finden wie Du willst – ich aber bin«.

Ein jeder kann jetzt anders handeln als eben. Jederzeit. Aber das Eben wird dadurch nicht zum Fehler. Und das Jetzt nicht zum Richtigen. Man kann sich verändern ohne den Hintergrund und die Welt, die um den »Fehler« herum sind.

## 27. Amication mißverstehen

Ein charakteristisches Merkmal amicativer Lebensweise besteht darin, daß Schuldzuweisungen und moralisierende Vorwürfe nicht vorkommen. Denn wie kann einer dem anderen die Schuld geben, wenn jeder nur für sich spricht und wenn jeder stets sein Bestes tut? Beziehungen, die frei sind von den Tönen des »Ich habe mehr recht als Du« sind im Vergleich zu den Beziehungen, die mit solchen Tönen einhergehen, entspannter und streßfreier. Diese besondere, vom Moralisieren befreite Atmosphäre ist bei amicativen Menschen wahrzunehmen.

Soweit die Theorie. In der Praxis gibt es von dieser amicativen Umgangsform Abweichungen. Aber Achtung: Jede Abweichung, die passiert, *kann* pädagogisch sein, muß es aber nicht. Sie kann – trotz Abweichung – immer noch amicative Substanz haben.

Wenn Moralisieren auftaucht, dann kann eine innere Zustimmung zum Moralisieren dabeisein. Nach dem Motto: »Ich bin mein eigener Chef und ich kann alles tun, was ich will, nichts ist richtig, nichts ist falsch.« Wer so hinter seinem Moralisieren steht, kann den Kontakt zu den befreienden Aussagen von Amication verloren haben. Der eigentlich kraftvolle und konstruktive psychische Rundumschlag »Endlich kann ich alles tun, was ich will, denn ich bin o.k.« kann sehr mißverstanden werden.

Wenn man auf amicativem Boden stehen und amicative Aussagen nicht für eigene Zwecke umdeuten will, dann kann man schon alles tun, was man will – *jedoch nur im Geist von Amication*. Die Befreiung von alten Zwängen geschieht nicht in den luftleeren Raum hinein, sondern *in die Richtung, die Amication aufweist*. Es wird immer wieder mißverstanden, daß Amication dazu legitimiere, nun endlich alles tun zu können, was man will – ohne Bezug zur Gesamtidee. Viele Zeitgenossen nehmen Amication für einen Ausstieg aus ihren Zwängen, nicht jedoch für einen Umstieg in die amicative Lebensart.

Aussteiger finden nichts dabei, wenn sie moralisieren. »Kann ich ja tun«. Und sie sind damit im Grunde noch in der alten Welt. Umsteiger finden schon etwas dabei, wenn sie moralisieren: sie haben ein Gefühl das Bedauerns. Keine neuen Selbstzweifel, kein erschrecktes Selbstermahnen. Einfach Bedauern. Mit dem Impuls, sich durch das Moralisieren nicht irre machen zu lassen auf dem Weg, das Moralisieren vielleicht doch eines Tages verlassen zu können.

Dieser Impuls geht nicht in Richtung Selbsterziehung (ich muß an mir arbeiten, damit ich mit dem Moralisieren aufhöre). Es ist der Kontakt zu der Gesamtphilosophie, eine Ehrlichkeit sich selbst gegenüber: Daß mir etwas unterläuft, was ich eigentlich nicht gut finde, was ich an mir aber nicht wegerziehen muß, was damit aber auch nicht willkommen geheißen wird. Es ist ein feines amicatives Gefühl: Etwas an sich bedauern zu können, ohne sich deswegen weniger zu mögen. »Auch mein Moralisieren gehört zu mir. Aber die Überzeugung, daß es *ohne* Moralisieren schöner ist und der Wunsch danach, ist ebenfalls ein Teil von mir.«

Man kann in seiner Praxis also überhaupt nicht amicativ sein, obwohl es so aussieht. Zum anderen kann die eigene Praxis überhaupt nicht amicativ aussehen, obwohl man amicativ ist. Das Bekenntnis zur Amication ist wenig. Es kommt darauf an, in Kontakt zu ihrem Sinn zu sein, auch wenn man etwas (immer noch, immer wieder) tut, das pädagogisch aussieht. Dann ist auch Moralisieren kein wirkliches Problem.

## 28. Auf den Umgang achten

Viele kommen in Berührung mit amicativen Aussagen, sind davon begeistert und wollen so leben. Aber sie erfahren dann das Auseinanderklaffen von den Vorstellungen und Möglichkeiten einerseits und dem, was sie praktisch tun andererseits. Mit der Zeit schleicht sich eine gewisse Enttäuschung darüber ein, daß es nicht so gut klappt mit der Amication. Die Idee ist ja o.k. – aber Umsetzung und Praxis gelingen nicht. Was steht zwischen der Idee und der Praxis, was hemmt die Umsetzung?

Wahrscheinlich wird einfach übersehen, daß das Hinüberwechseln von der pädagogischen zur amicativen Lebensweise nicht einfach automatisch abläuft. Wobei das Vertrackte darin besteht, diese »Arbeit« nicht pädagogisch zu betreiben. Also nicht ein Selbst-Umerziehungs-Programm zu machen. Aber wie sehen solche Bemühungen zum Erobern der amicativen Lebensführung aus?

Zum Beispiel ist ein bewußtes Achtgeben auf den Umgang hilfreich. Daß man also ganz bewußt nicht zu bestimmten Leuten hingeht und sie besucht, wenn sie mit ihrer Ausstrahlung die alte Welt zu sehr vermitteln und beispielsweise immer wieder moralisieren. Das Wegbleiben *ist* sicher oft ungewöhnlich bis unhöflich und ungehörig. Aber es kann hilfreich sein, für eine bestimmte Zeit. »Also, mit diesen Leuten will ich nichts mehr zu tun haben. Ich bin froh, daß ich das sagen kann und dazu stehe. Was hat mich der Kontakt mit ihnen für Kraft gekostet.«

Wenn man sich gelegentlich so abschottet von störenden Einflüssen, gibt es von den Ausgeschlossenen Vorwürfe: Sektierer, verbohrt, ausgestiegen. Das auszuhalten ist anstrengend. Aber sonst gibt es bei den mühsamen Gehversuchen in der Praxis zu viel Irritation. Wenn man sicherer geworden ist, stören die pädagogischen Leute dann weniger.

Solche Ausgrenzungen werden ergänzt durch den Kontakt zu den Gleichgesinnten. Mit ihnen kann man von derselben Basis aus über alles reden, fühlt sich nicht angegriffen und muß sich nicht verteidigen. Man sieht, daß jeder seinen eigenen Weg zur Amication geht, vergleicht sich, macht sich gegenseitig Mut und lernt voneinander.

### 29. Fragen (nicht) beantworten

Fragen und Antworten. Antworten auf Fragen. Da gibt es eine Norm, eine Moral, ein Soll: Eine Frage (wenn sie nicht unverschämt, unpassend, überflüssig, daneben, unsinnig, verrückt ist) wird beantwortet, hat sozusagen das Recht auf eine Antwort. Wir antworten auf Fragen. Eine Frage hat eine große Macht: Sie nimmt uns in die Pflicht, wir bemühen uns. Wir verlassen die Denkbahn, auf der wir gerade noch waren, um der Frage gerecht zu werden. »Wie spät ist es?« Die Fragewörter, die einen Fragesatz einleiten, machen uns wach: aufpassen, es gibt eine Frage, es wird eine Antwort erwartet: Was ...? Wer ...? Wo ...? Wie ...? Womit ...? Warum ...? Wohin ...? Wodurch ...? Oder diese indirekten Fragen: Kannst Du ...? Würdest Du ...? Hast Du ...? Bist Du ...? Machst Du ...? Kommst Du ...? Sagst Du ...?

Was macht uns eigentlich so antwortbereit? Wer sagt uns, daß Fragen zu beantworten sind? Die Frage als solche hat uns im Griff. Es ist kaum vorstellbar, eine Frage nicht zu beantworten. Extra nicht beantwortet, souverän verweigert, nicht angebissen. Und doch wäre dies zu können eine Tugend: etwas, das uns dient, uns selbst dient. Denn alle Zeit meines Lebens ist immer meine Zeit, nie die des anderen, des Fragenden. Das Antworten auf Fragen gehört mir – ich antworte nur, wenn ich es will, für richtig halte, wenn es ein ehrliches Geschäft reinen Herzens ist, Dir Deine – *Deine* – Frage zu beantworten. Ich muß das nicht tun, ich soll das nicht tun, ich kann – *kann* – das tun: Wenn ich es will.

Fragen ziehen uns in Denkbahnen. In die Bahnen, die die Frage bewirken, die sie umgeben, in die die Fragen eingewoben sind. Fragen öffnen ein spezifisches Tor: Das Tor zur jeweiligen Fragewelt. Will ich dahin? Will ich dort sein? Will ich dort verweilen, suchen (Antworten) – und die andere, die eigene Welt, in der ich gerade bin (vor der Frage), verlassen? Wer bestimmt hier? Bin ich noch souverän genug, eine, diese, jede Frage abzuweisen, ihr Tor zu übersehen, mich nicht hindurchziehen zu lassen?

Ich gehe gern auf Fragen ein. Ich antworte gern. Fragen sind ein Teil des Hin und Her in lebenden Beziehungen. Sie bringen viel, sie zeigen von der Welt des Fragenden, sie regen mich an, Antworten zu finden. Fragen sind wichtig, und Antworten sind so etwas wie Respekt davor, daß es Fragen und Frager gibt. Es ist selbstverständlich (und höflich), auf eine Frage zu antworten. Auch zu sagen, daß mir keine Antwort einfällt, ist der Respekt der Frage gegenüber: ein achtungsvolles Nein.

Und trotzdem: Bei allem Respekt – der Chef meines Lebens bin ich. Über mir steht niemand. Meine Geburt, mein Leben, mein Tod. Und: meine Entscheidung, eine Frage aufzunehmen, in sie einzuschwingen, sie in mir zu wiederholen, sie in mich einzulassen. Vor jeder Antwort. »Will ich diese Frage?« *Diese Frage* vor der (Deiner) Frage gehört mir, ist Teil von mir, stört (noch) nicht meine gerade gezogen Kreise. Diese Frage vor der Frage ist die Macht, die alle anderen Fragen auf den Platz verweist, der ihnen zukommt: Den ich ihnen zuteilen will. Deine Frage gehört zu Dir – nicht (schon) zu mir. Deine Frage dort – mein Leben hier. Will ich eine Verbindung? Diese Verbindung? Jetzt? Will ich mich Dir und Deiner Frage öffnen und zuwenden? Will ich wirklich?

Amication ist gebaut auf die Identität, das Selbstbild, das So-Sein des einzelnen, und auf das So-Will-Ich-Sein des einzelnen. Auf die Vielfalt bei aller Gleichwertigkeit – und auf die Entscheidung: Der – *der* – will ich sein.
Wenn ich ein Frage-Annehmer sein will, bin ich ein Frage-Annehmer.
Wenn ich ein Antworter sein will, bin ich ein Antworter.
Wenn ich kein Frage-Annehmer sein will, bin ich kein Frage-Annehmer.
Wenn ich kein Antworter sein will, bin ich kein Antworter.
Ich entscheide. Niemand sonst.

Ich weiß, daß die Souveränität im Umgang mit der Frage eines anderen Menschen mehr Wunsch als Wirklichkeit ist. Daß unser Leben uns auch in diesem Punkt gehört, ist so gut wie nicht klar, präsent, verfügbar. Denn Fragen sollten beantwortet werden ... Wir haben als Kinder gelernt, wie die Welt beschaffen ist. Wir haben auch gelernt, daß eine Frage eine Antwort zur Folge hat. Und daß wir, wenn die Frage uns galt, zu antworten hatten. Egal, ob richtig oder falsch, Wahrheit oder Lüge. Antworten hatten wir auf jeden Fall. Schweigen als Reaktion auf Fragen: das war verheerend für die gute Stimmung, das war ein heftiger Verstoß gegen alles, was sich gehört. Frage – Antwort. »Ich habe Dich etwas gefragt!« »Kannst Du nicht antworten!« »Ich warte – auf die Antwort!«

Respekt den Kindern gegenüber – auch in der Frage-Angelegenheit: Wir haben keine Legitimation, uns in ihre Innere Welt mit der Forderung einzumischen, sie müßten so oder so reagieren (auf Fragen eben antworten). Doch mit dem Wunsch, der Bitte, der Angst, der Not, ihre Antwort zu erhalten – damit können wir durchaus in ihre Welt erst einmal vorpreschen, bei allem Respekt. Und dann wieder gehen, wie die großen und kleinen Wellen des Meeres, die den Strand hinauflaufen. Fragen kann ich stellen – Antworten bekomme ich geschenkt. Wie Liebe. Wie Leben.

Wenn mir heute jemand eine Frage stellt, dann antworte ich, wie stets in meinem Leben, gelernt von klein auf, trainiert durch die Schule, und eben einfach so, wie das Leben halt läuft: Man antwortet auf Fragen.

Aber.

Heute gibt es für mich bei dem Antworten auf die Fragen ein Aber. Ich sehe mich am Regiepult meines Lebens, und die Fragen von anderen werden schnell und tief geprüft: Ob sie mir gut tun. Ob sie mir helfen. Ob sie mich achten.

Ob sie mich freuen. Ob sie es wert sind. Ob sie liebevoll sind. Ob sie mich anlächeln. Ob sie freundlich sind.

Bei Fragen, die diesen Test nicht bestehen, und bei Fragern, die diesen Test nicht bestehen, stelle ich die Ampel auf rot. Keine Antwort. *Keine Antwort.* Die Frage wohl hören, aber nicht in mir nachschwingen lassen. Die Frage durch mich hindurch gehen lassen. Die Frage nicht annehmen. Den Frager dabei nicht verlieren – aber es ist seine Sache, jetzt enttäuscht, verärgert, genervt zu gehen. Ich bleibe zugewandt – nur eben ohne mich auf die Fragerei und das dazugehörende Antworten einzulassen. *Deine Frage. Deine. Ich bin jemand anders.*

Es ist schwer, dem Frager klarzumachen, daß ich voller Respekt bin. Daß ich ihn nicht mißachte, wenn ich seine Frage nicht aufnehme. Auf mein »Ich möchte darauf nicht antworten« kommt sofort die nächste Frage: Wieso, warum, ja aber. Es ist schwer, Freundlichkeit bestehen zu lassen, wenn ich eine Frage nicht aufnehme. Der Frager fühlt sich unhöflich behandelt, abgewiesen, herabgesetzt. Was tun? Deswegen doch in seine – *seine* – Fragewelt einsteigen, die Frage annehmen und nach einer Antwort suchen und sie dann geben? Wer ist da eigentlich der Chef im eigenen Haus? *Ist das mein Leben oder Deins?*

Ausflüchte gibt es genug: »Ich finde es nicht sinnvoll, auf Deine Frage jetzt einzugehen«, »Das erklär ich Dir nachher«, »Das weiß ich nicht so genau« usw. Klartext ist: »Nein« – Was heißt das? – »Nein« – Ich habe Dich gefragt ... »Nein« Wenn ich dann noch freundlich bin (und warum sollte ich es nicht sein), dann noch: »Ich will mich mit Deiner Frage nicht beschäftigen.« Und Punkt.

Und dann geht das Leben weiter – so, wie es mir gut tut. Und von dieser Basis aus gelingt unsere Beziehung. Und lassen sich alle Fragen beantworten.

## 30. Amication und Glück

Kann man mit Amication glücklich werden? Ist Amication eine Garantie für Glück? Jemand, der die amicative Lebensführung gutheißt, kann durchaus Erwartungen in diese Richtung haben. Daß das Leben jetzt leichter wird, daß alles besser klappt, daß eben allgemein mehr Glück stattfindet.

Durch die Amication verschwinden nun tatsächlich viele Belastungen. Man glaubt wieder an sich und an seinen Wert und daran, daß man niemals wirklich Fehler machen kann. Und erkennt seine letztlich eben doch vorhandene Konstruktivität. Man sieht die Kinder mit diesen anderen – amicativen – Augen: Daß sie ihre eigene Innere Welt haben, die man grundlegend achtet. Man erkennt ihre Würde und Einmaligkeit. Das alles befreit und bringt Leichtigkeit und Lächeln, als verfügbare Grundstimmung. So etwas wird bewußt, wenn man andere Familien mit dem traditionellen Umgang erlebt oder wenn man sich an alte Zeiten vor der amicativen Wegmarke erinnert. Also: Da ist durchaus Glück.

Aber dieses Glück ist kein Donnerschlag wie die große Liebe oder der Ausbruch des Weltfriedens. Nichts gegen die großen Glücksdonner – aber das leistet Amication nicht. Amication verschafft nicht solches Glück – das kommt von woanders her. Glück fällt entweder vom Himmel oder man muß etwas dafür tun. Selbstverantwortlich von Geburt – die Grundposition der Amication – gilt auch in der Glücksfrage, und das bedeutet, daß ein jeder auch für sein Glück selbst zuständig ist. Man muß sich schon selbst um sein Glück bemühen. Und da gibt es unzählige persönliche Wege, denn das Glück des einen ist nicht das Glück des anderen.

Doch wenn auch ein jeder sein Glück auf seine Weise realisiert – amicative Menschen verbindet der amicative Glücksstaub zwischen den Zeilen des Lebens.

## 31. Amicative Partnerschaft

»Ich bin für Dich, Dein Glück und Dein Leid verantwortlich, und Du bist es für mich.« Die traditionelle Basis der Partnerschaft.

Eine Frau kommt nachts nicht nach Hause, sie war bei einem anderen Mann. Ihr Partner ist verletzt und es geht ihm nicht gut. Am nächsten Morgen ist klar, daß sie für seinen Schmerz verantwortlich ist. Denn wenn sie nicht zu einem anderen Mann gegangen wäre, würde es ihm nicht so schlecht gehen. Sie weiß das. Er weiß das. Sie hat ein schlechtes Gefühl und ein schlechtes Gewissen. Schuldgefühl. Schuldzuweisung. Die Stunde danach ist häßlich.

In der Nachbarwohnung lebt das amicative Paar. Auch sie kommt eines nachts nicht nach Hause, auch ihm geht es schlecht. Kein Unterschied zum Paar nebenan. Doch am nächsten Morgen ist der Unterschied groß: Denn sie ist in keiner Weise für seinen Schmerz verantwortlich – dies ist er selbst. Er ist selbstverantwortlich. Von Geburt an. Auch für seine Reaktionen. Auch in dieser Situation. Auch für seinen Schmerz. Sie weiß das. Er weiß das. Sie hat kein schlechtes Gefühl und kein schlechtes Gewissen. Kein Schuldgefühl. Keine Schuldzuweisung. Die Stunde danach ist nicht häßlich.

»Ich liebe Dich, doch ich bin nicht für Dich verantwortlich. Ich nehme Dir nichts von Deiner Verantwortung für Dich fort« – dies gilt auch in der Welt der Erwachsenen, auch in der Partnerschaft. »Ich wünsche mir Deine Liebe, aber nicht, daß Du mir meine Verantwortung für mich absprichst«. Die amicative Basis der Partnerschaft.

Die amicative Partnerschaft ist ohne Schuldgefühl und ohne Schuldzuweisung. Denn nach amicativer Auffassung können Menschen einander nicht wirklich psychisch weh tun. »Mein

Schmerz ist meine Wahrnehmung, meine Reaktion auf Dich, und für alle meine Reaktionen trage ich selbst die Verantwortung, nicht Du.« Damit ist der Schmerz nicht aus der Welt geschafft, es werden aber die Zuständigkeiten zurechtgerückt. Gleichwertigkeit wird an die Stelle von oben (im Recht sein) und unten (im Unrecht sein) gesetzt.

In der Nacht läßt sie ihre Blumen blühen. Und er reagiert darauf mit Schmerz. Er könnte auch anders reagieren: gelassen, sich mit ihr freuen. Aber er fällt in den Schmerz. Dies ist verständlich, aber dafür ist nicht sie verantwortlich. Das weiß er, und er macht sie nicht für seinen Schmerz verantwortlich. Und sie? Sie läßt so viel Liebe und Wärme zu Hause zurück, wie sie kann. Warum sollte sie kalt und teilnahmslos sein? Amicative Partner kümmern sich umeinander, denn der andere ist Teil des eigenen Ichs.

Was passiert am Morgen danach bei dem amicativen Paar? Sie kommt, weil sie wirklich will. Sie ist nicht verstrickt in Abwehr gegen Schuldvorwürfe, da er nicht mit Schuldzuweisungen reagiert. Sie ist offen für ihn, sie trägt die Energie der Nacht zu ihm, sie steht ihm in seinem Schmerz bei. Sie reagiert mit Empathie, nimmt ihn in den Arm und tröstet ihn. Sie liebt ihn – aber das hindert sie nicht, ihre Wege zu gehen, auch, wenn dies für ihn Schmerz bedeuten sollte. Und er? Er liebt sie, und bei allem Schmerz über ihr Wegbleiben erfüllt es ihn doch mit Freude, vielleicht mit Stolz, daß er diesen geliebten Menschen *nicht* behindert, trotz all seiner Angst und Not. Seine Liebe trägt sie, und ihre Liebe trägt ihn.

Doch wenn der Schmerz zu groß wird, trennen sich die Wege. Das kann er ihr sagen, ohne den lieblosen Druck, sie mit seinem Schmerz zum Bleiben zu bewegen. Wohl aber mit dem Wunsch und der Hoffnung, daß sie bleibt. Er weiß, respektiert und achtet, daß *sie* entscheidet, wie *ihr* Leben weitergehen wird. So wie er das auch für sich erkannt hat. Sie kann seine angekündigte Reaktion mit dem Abenteuer der Nacht abwägen – ohne sich unzulässig unter Druck gesetzt oder herabgesetzt zu fühlen. Wenn sie geht, geht auch er. Wenn sie bleibt, bleibt auch er. Fortgehen oder bleiben – beide Partner entscheiden sich, ein jeder in seiner Verantwortung für sich selbst – wie stets in einer amicativen Lebensführung.

Der Schmerz des einen hindert den anderen nicht automatisch, den eigenen Weg zu gehen. Doch selbstverständlich *kann* man auch auf den angestrebten Weg verzichten, auch in der Partnerschaft. Die Frau *kann* auch bleiben. Sie fragt sich: »Was will ich wirklich, angesichts aller Umstände?« Und sie bleibt oder sie geht. Sie muß nicht gehen, sie muß nicht bleiben: sie *will* bleiben oder sie *will* gehen. Und sie *will* zurückkommen. Weil sie wirklich will, nicht aus Verantwortung.

Liebe *und* Verantwortung jedoch führen immer wieder zu Verzicht und Verrat der Träume und Wünsche, eben »aus Verantwortung«. Und wenn man doch seinen Träumen folgt, dann mit dem schlechten Gewissen, sein Wort nicht zu halten und seiner Verantwortung für den Partner nicht gerecht zu werden. Es kommen Schuldgefühl und Schuldzuweisung, Entschuldigung und Vergebung. Es existiert eine Beziehung mit gut und böse, richtig und falsch, oben und unten, ohne gleiche Wertigkeit der Partner.

Diese Denk- und Gefühlswelt gibt es in der Amication nicht. Niemals steht einer über dem anderen, tut der eine das Richtige, der andere das Falsche, ist der eine gut, der andere böse – auch nicht in der Partnerschaft, auch nicht bei Leid und Schmerz. Von gleich zu gleich gehen amicative Partner aufeinander zu und miteinander um, auch wenn sie getrennte Wege gehen, auch wenn des einen Glück des anderen Schmerz ist. Amicativen Partnern ist Liebe fremd, die aus Verantwortung füreinander kommt und immer wieder »Nein« zu sich selbst sagen muß. Die amicative Liebe der Partner zueinander kommt aus dem »Ja« zu sich selbst und aus der Freude über den anderen.

## 32. Sich nicht für Kinder verantwortlich fühlen

»Wie verhalten sich die Kinder, wenn ich aufhöre, mich für sie verantwortlich zu fühlen?« Bei dieser Frage schwingt das alte Verantwortungsgefühl mit. Wer sich solche Gedanken macht, hat sich noch nicht gelöst aus dem »Ich bin für mein Kind verantwortlich«. Das ist nicht weiter schlimm, aber es ist deutlich zu merken. »Wieso machst Du Dir Gedanken darüber?« Bei dieser Rückfrage wird das Verantwortungsgefühl bewußt.

»Sollen wir uns keine Gedanken mehr über das Verhalten und die Entwicklung unserer Kinder machen?« Die Antwort hierzu ist: »Sollen« sowieso nicht. Es gibt kein Sollen mehr. Nur noch: »Ich will«. Also: »*Willst* Du Dir Gedanken über Deine Kinder machen? Dann tu es. Wenn Du es eigentlich nicht willst: dann laß es.« »Aber man muß doch ...« »Wirklich? Wer sagt das?«

Amicative Menschen machen sich selbstverständlich auch Gedanken über das Verhalten und die Entwicklung ihrer Kinder. Diese Gedanken, diese Sorge, dieses Kümmern kommen von innen. Sie kommen nicht aus einem Sollen, einer Norm (was man als gute Eltern tun sollte). Sie kommen nicht aus Verantwortung für das Kind, sondern aus Verantwortung *für sich selbst*. Diese Gedanken sind Ausdruck des Kümmerns um sich selbst. »Meine Liebe zu mir umfaßt auch Dich, Kind. *Ich* habe ein Problem, *ich* habe eine Sorge. Und deswegen mache ich mir *meine* Gedanken, auch um Dich.«

Die Frage »Wie verhalten sich die Kinder, wenn ich aufhöre, mich für sie verantwortlich zu fühlen?« läßt sich aus zwei Grundpositionen heraus stellen: Weil man sich (immer noch) verantwortlich für die Kinder fühlt. Oder weil man sich für sich selbst verantwortlich fühlt. Wenn sich also jemand nicht mehr für andere verantwortlich fühlt – aus der gesamten amicativen Position heraus –, kann er sich durchaus die Frage stellen, was bei den Kindern geschieht, wenn man aufhört, sich für sie verantwortlich zu fühlen. Es ist eine subjektive Frage mit der Suche nach einer subjektiven Antwort – keine objektive Frage mit objektiver Antwort.

Bei allen Fragen: man kann seine Einstellung – in Kindern selbstverantwortliche Menschen zu sehen – nicht rückgängig machen und will dies nicht. Die Verantwortung für Kinder wird ja nicht deswegen aufgegeben, weil das gut für *sie* ist, sondern weil es gut für *einen selbst* ist. Diese Sicht entspricht der Achtung vor sich selbst: »Ich kann nicht mehr jemand sein, der sich für andere verantwortlich fühlt. Weil dies jeder Mensch selbst ist. Mich für andere verantwortlich zu fühlen würde für mich bedeuten, den anderen psychisch zu überfallen, in bester Absicht. Kinder haben wie alle Menschen eine eigene, souveräne Innere Welt, dies erkenne ich. Und dieser Wirklichkeit begegne ich mit Achtung. Dies bin ich *mir* schuldig.«

Es ist Angelegenheit der Kinder, wie sie darauf reagieren. So, wie es die Sache des Partners oder der Freunde ist, mit der anderen Einstellung umzugehen. Die Kompetenz und Verantwortung für die Reaktion auf eine Veränderung liegen nicht bei dem, der sich verändert, sondern bei denen, die reagieren. Nicht, daß einen das nicht interessiert und kalt läßt. Nur: die Zuständigkeiten werden nicht verwischt. Hier die Entscheidung zur Amication – dort die Reaktion darauf.

Wie verhalten sich nun die Kinder? Die Erfahrung ist, daß es nach einiger Zeit des erstaunten Aufmerkens und der Nagelprobe einen erleichterten Umschwung gibt. »Endlich verstehst Du. Endlich hörst Du auf, meine Innere Welt nach Deinem Bild zu formen.« Es gibt einen unbeschwerteren Alltag. Die Kinder bieten immer das Abenteuer gleichwertiger souveräner Beziehungen an – die Erwachsenen sind es, die endlich verstehen und annehmen.

## 33. Konflikt: Die psychische Dimension

Konflikte kommen im Alltag oft vor. Selbst wenn man sich in Konflikten mit Kindern nur zehnmal am Tag durchsetzt, dann sind das 3650 Steine, die im Lauf eines Jahres in den Weg eines Kindes gerollt werden. Bei 18 Kinderjahren sind das 65 700 Steine, bei beiden Eltern 131 400, hinzu kommen Verwandte, Bekannte, Erzieher, Lehrer: rund 200 000, vielleicht sogar eine viertel Million Steine warten auf jedes Kind, Behinderungen, Niederlagen. Es gibt kein Patentrezept, wie sich dieser riesengroße Steinhaufen verringern läßt. Unzählige Steine sind die Realität jedes Kindes. Sie sind mal kleiner, mal größer, in jungen Jahren mehr, später weniger – aber sie sind da.

Es wird oft erwartet, daß amicative Menschen die Kinder tun lassen, was diese selbst verantworten und entscheiden. Das sei doch die Quintessenz aller amicativen Theorie! Sicher, es ist schön, wenn man den Steinhaufen seines Kindes verringern kann, aber es geht in der amicativen Praxis vordringlich nicht um die Äußere Welt, den Abbau von Behinderungen auf der Handlungsebene, sondern um die psychische Ebene:

Muß ein Stein, müssen alle diese vielen Steine nicht nur behindernd, sondern auch noch giftig sein? Behaftet mit dem seelischen Gift »Sieh das ein! Das kannst Du nicht richtig beurteilen! Ich bin für Dich verantwortlich! Ich weiß es besser als Du!« Dieses Gift gibt es in der Amication nicht, auch nicht im Konfliktfall.

»Setz die Mütze auf!« – »Ich will nicht!« Eine Mutter ist im Konflikt mit ihrer dreijährigen Tochter. Sekundenschnell wird die Welt der Dinge interpretiert: Körpertemperatur, Wohnungstemperatur, Außentemperatur, Wind, Regen, Erkältungsanfälligkeit, Anorak, Schal, Handschuhe, Mütze und vieles mehr. Wer interpretiert richtig? Die amicative Antwort ist unmißverständlich: Jeder interpretiert auf seine Weise, der eine hat soviel recht wie der andere. Niemals steht im Interpretieren und Bewerten der eine über dem anderen. Die Mutter sagt der Tochter ihre Sicht der Dinge, die Tochter sagt der Mutter ihre Sicht der Dinge. Die Mutter sagt sie vielleicht mehrmals, das Kind antwortet mehrmals. Dann kann es sein, daß sie übereinstimmen: »Ich setz die Mütze auf« oder »Na gut, dann geh ohne«.

Oder sie bleiben bei ihren entgegengesetzten Beurteilungen. In diesem Fall *läßt die Mutter dem Kind seine eigene Sichtweise*, sie überschreitet *nicht* die Grenze zu seiner Inneren Welt. Sie pflanzt *nicht* in die Seele des Kindes ihre eigene Erkenntnis – genau das aber ist Aufgabe und Verpflichtung für jeden pädagogischen Menschen. Denn er trägt für Kinder und für ihre »richtige« innere Entwicklung, die »richtigen« Beurteilungen und Erkenntnisse die Verantwortung. Amicative Menschen hingegen respektieren, daß die Kinder in der Erkenntnis- und Beurteilungsfrage sich selbst gehören, wie alle Menschen. Das schließt Erklärungen und Angebote nicht aus – aber die Kinder entscheiden selbst, was sie davon übernehmen wollen, welche Erkenntnisse und Bewertungen zu ihnen gehören und welche nicht. Ein amicativ aufwachsendes Kind ist kein Gefangener in eigenen Land, sondern der ursprüngliche und uneingeschränkte Souverän seiner Inneren Welt.

In der psychischen Dimension liegt der Unterschied der Systeme. Hier die Anerkennung der souveränen Inneren Welt des Kindes, Beziehung und Austausch mit einem vollwertigen Menschen – dort das Feststellen des Nichtvorhandenseins einer souveränen Inneren Welt beim Kind, Erziehung und Unterweisung eines zur Vollwertigkeit reifenden Menschen. Amicative Menschen werden durch die Anerkennung der inneren Souveränität des Kindes nicht handlungsunfähig – ihre Handlungen sind jedoch von anderer psychischer Qualität.

### 34. Konflikt: Durchsetzen, Macht, Empathie

Verantwortlich in seinem Leben ist ein jeder für sich selbst: »Was will ich? Was will ich wirklich?« Jeder bringt in seine Entscheidungen sein Wissen ein, seine Erfahrungen, seine Gefühle. Situative Faktoren kommen hinzu, Perspektiven, Ziele, Wünsche, Grenzen und vieles mehr. Alle Größen und Befindlichkeiten bilden das *Insgesamt*, aus dem heraus ein jeder handelt, vor Ort, jetzt. Das gilt auch im Konfliktfall.

Man *muß* sich nicht durchsetzen, aber oft ist es doch unverzichtbar. Als Erwachsener gelingt das in den Konfliktbereichen, wo man die besseren Machtmittel hat: zum Beispiel bei Argumentations-Konflikten, Finanz-Konflikten, Muskelkraft-Konflikten. Die Kinder hingegen können vor allem die Konflikte zu ihren Gunsten zu entscheiden, bei denen sie den Erwachsenen psychosomatisch und emotional überlegen sind.

Dies betrifft rein körperliche Größen wie das biologisch wirksame Kindchenschema, das jeden Erwachsenen zum Nachgeben drängt, oder die kindliche Stimme, Körperhaltung, Gestik und Mimik. Vor allem aber haben Kinder emotionale Machtmittel, fein abgestimmte Töne für die jeweiligen Empfindlichkeiten ihrer Erwachsenen. Sie beherrschen genau die Stimmlage, die bei diesem Erwachsenen so, beim anderen anders zum Erfolg führt. Man kann dieses Verhalten als »Jammern« und »Nörgeln« diskriminieren, doch tun die Kinder nichts anderes als die Erwachsenen: Sie setzen ihre vorhandenen Machtmittel für das Kind ein, das ihnen anvertraut ist – für sich selbst.

In einer amicativen Beziehung geht es jedoch nur selten um das Sich-Durchsetzen. Wiewohl Machtmittel da sind und sowohl Erwachsene als auch Kinder sich durchsetzen könnten, kommen Machteinsatz und Durchsetzen wirklich selten vor. Das klingt paradox.

Doch: Bei aller Gegensätzlichkeit im Handlungsbereich – auf der psychischen Ebene findet kein Angriff gegen die Innere Welt des Kindes statt. Das Nein des Kindes wird als Ausdruck eines Menschen mit innerer Souveränität verstanden, der einen anderen Weg gehen will – den der Erwachsene aus seinen Gründen heraus aber nicht zulassen kann. Für den Erwachsenen geht es dabei nur um das handlungsmäßige »Tu es« oder »Laß es«. Es geht nicht um das »Sieh das ein«, nicht um Trotz, den es zu brechen gilt, nicht um das Teufelchen, das man zum Besten des Kindes austreiben muß, nicht um das Abendland, das in der Seele des Kindes gerettet sein will. In den amicativen Konflikten gibt es keinen Angriff auf die Seele des Kindes und deswegen auch nicht eine entsprechend vehemente Verteidigung dagegen. Amicative Konflikte verlaufen in anderen Bahnen, jenseits von missionarischem Eifer und innerer Not des Erwachsenen und jenseits von Wut, Haß und Verzweiflung des Kindes.

Frei von Trotzbrechen, Teufelaustreiben und Abendlandretten wird für den Erwachsenen anderes möglich: psychisches Hören – *Empathie*. In gleicher Weise kann das Kind den

Erwachsenen wahrnehmen – da es nicht angegriffen wird und seine Kraft nicht in der Verteidigung gegen den Erwachsenen aufreiben muß. Beide können deswegen die jeweilige Dringlichkeit des anderen – ebenso wie die eigene – mitbekommen. Beide sind offen zu merken, wie wichtig für den anderen sein Interesse wirklich ist, auf der emotionalen und existentiellen Ebene. Sie nehmen einander auch im Konflikt wahr, sie erfahren auch im Konflikt, wer der andere nach seinem Selbstverständnis ist. Solch grundlegende Empathie gehört zum amicativen Alltag.

Der Erwachsene und das Kind informieren sich also auf der äußeren Ebene über ihre Interessen und zugleich auf der emotionalen Ebene über ihre Dringlichkeiten. Dies geht ein paarmal hin und her, mal mit Worten, mal mit Erklärungen, mal ohne. Dann kann es zwar vorkommen, daß sich einer durchsetzt, *aber die Regel ist, daß der eine den anderen machen läßt.* Denn die Dringlichkeiten zweier Menschen sind selten genau gleich groß. »Dann mach Du« – dies liegt näher. Das geht aber nur, wenn nicht existentielle Wichtigkeiten im Zentrum des Konflikts stehen: Gehorsam und Einsicht, die der Erwachsene vom Kind einfordert, Würde und Selbstachtung, die das Kind vom Erwachsenen respektiert wissen will. Und wenn in der gesamten Beziehung grundlegende Achtung und ungebrochene Wertschätzung – auch im Konfliktfall – leben.

Die amicative Praxis funktioniert tatsächlich genau so. Konflikte werden nicht mit aufreibendem Einsatz und viel Mühe gelöst, sondern sie lösen sich meistens von selbst auf! Das wird nicht irgendwie gemacht, vorbereitet, erarbeitet oder ähnlich angestrebt. Der amicative Alltag mit Kindern läßt sich nicht inszenieren. Es ist ein authentisches Geben und Nehmen gleichwertiger Partner.

Daß Konflikte sich wie von selbst auflösen können, kennt jeder aus der Erwachsenenwelt, wenn grundlegende Achtung und keinerlei Erziehung im Spiel sind. Wie zum Beispiel bei einer gut funktionierenden Partnerschaft. Wenn es Samstag Nacht entweder ins Kino oder auf die Party gehen soll, und sie ins Kino, er aber auf die Party will. Wie geht so ein Konflikt aus?

Arbeiten die beiden am Konflikt? Das wäre viel zu hoch gegriffen. Sie sagen sich zwei- oder dreimal ihren Wunsch, dann ist der Konflikt auch schon vorbei, und sie gehen zusammen ins Kino oder auf die Party. Sie spüren beide ohne Mogeln und mit reinem Herzen, wessen Wunsch wichtiger ist. Ihr Gefühl füreinander läßt sie diese einfache Lösung finden: »Wenn es Dir wichtiger ist als mir, dann gehe ich mit Dir Deinen Weg.« So kompliziert wird nicht geredet, es heißt nur: »O.k., ich komm mit ins Kino« oder »O.k., ich komm mit zur Party«. Genau diese empathische Konfliktlösung erleben amicative Eltern und ihre Kinder. Und ohne Groll, sondern mit dem Gefühl, dem anderen eine Freude zu machen, gehen sie weiter zusammen durchs Leben.


## 35. Konflikt: Sieg, Niederlage, Einsicht

Wenn in einer amicativen Beziehung die Interessen mit ihren emotionalen und existentiellen Dringlichkeiten hundert Prozent gegen hundert Prozent stehen, dann setzt sich jeder mit Nachdruck für sich ein. Bei aller gegenseitigen Achtung – niemand wird psychisch angegriffen, niemand muß sich in Abwehr aufreiben –, mit vollem Einsatz kämpft jeder um den Sieg. Dieses Ringen geht sekundenschnell, durch Blicke, Körpersprache, Töne, Worte, körperliche Auseinandersetzung. Es ist rasch vorbei, entschieden, je nach Machtmitteln und realistischer Einschätzung der Situation und der eigenen Möglichkeiten. Die Konfliktpartner kennen sich – sie leben ja nicht den ersten Tag zusammen –, und wenn ein Einsatz nicht Erfolg verspricht, wird die Niederlage als Realität akzeptiert. W*enn* er nicht Erfolg verspricht: Sonst geht es zur Sache, die so oder so ausgeht.

Für den, der sich in einem dieser seltenen Hundert-Prozent-Konflikte nicht durchsetzen kann, bleibt kein Stachel des Erniedrigtseins, keine Demütigung zurück. Denn bei allem verstellten Weg: Die Würde blieb unangetastet, es erfolgte kein Angriff gegen das Selbst, die gegenseitige Wertschätzung wurde nicht vermindert.

Jedem sind solche von Herabsetzung und Demütigung freie Niederlagen bekannt – aus Situationen, in denen ganz unzweifelhaft keinerlei pädagogische Mission im Spiel ist: wenn Dinge oder die Natur sich in den Weg stellen und uns einschränken. Niemand fühlt sich von einem nicht startenden Auto herabgesetzt, von einem abgestürzten Computer gedemütigt, von einem Regenschauer zurechtgewiesen. Diese Behinderungen können zwar sehr wütend machen, aber sie werden ohne wirkliche innere Niederlage erlebt. Und genauso ist es bei den Konflikten, die amicative Menschen miteinander austragen.

In der modernen Pädagogik wird auf »sanfte« Durchsetzungstechniken Wert gelegt, um dem Kind die »Einsicht« in die »Notwendigkeiten« – das heißt allemal Erwachsenenvorstellungen – zu »erleichtern«. Wie »freundlich«, »demokratisch«, »partnerschaftlich« es dann »in Augenhöhe« mit »Ich-Botschaften« in »Kreisgespräch« und »Rollenspiel« und in der »Familienkonferenz« und der »Lehrer-Schüler-Konferenz« »menschenkundlich« und in »vorbereiteter Umgebung« auch zugehen mag: Die verheerende psychische Herabsetzung des Kindes bleibt, da der pädagogische Erwachsene nach wie vor – aus seinem Selbstverständnis heraus – die innere Führung beansprucht und dem Kind die Fähigkeit, das eigene Beste selbst wahrzunehmen, abspricht. Die heutigen »Freundlichkeiten« kaschieren lediglich die bestehende grundlegende Oben-Unten-Struktur, die Angriffe auf das Selbst des Kindes und die psychische Missions-Aggression des Erwachsenen und entziehen sie effektvoll der Thematisierung und Diskussion.

Diese »sanfte« Pädagogik hat eine lange Tradition. Schon der französische Philosoph und Pädagoge Jean-Jacques Rousseau forderte 1760 in seinem Buch »Emile oder Über die Erziehung«: »Laßt ihn (den Zögling, H.v.S.) immer im Glauben, er sei der Meister, seid es in Wirklichkeit aber selbst. Es gibt keine vollkommenere Unterwerfung als die, der man den Schein der Freiheit zugesteht. So bezwingt man sogar seinen Willen ... Zweifellos darf es (das Kind, H.v.S.) tun, was es will, aber es darf nur das wollen, von dem ihr wünscht, daß es es tut.« (J.-J. Rousseau, Emile oder Über die Erziehung, Reclam UB 901, 1963/2001, S. 265f.)

In der amicativen Beziehung fühlen sich die Kinder nicht angegriffen – da sie nicht angegriffen werden. Sie können die vom Erwachsenen kommenden Informationen sachlicher und emotionaler Art auf ihren Gewinn für sich überprüfen. Die meisten Informationen, die Eltern ihren Kindern mitteilen, sind wertvoll und interessant, wie stets, wenn Menschen in Kontakt und Austausch sind, wenn sie sich nahestehen und miteinander vertraut sind. Das ist banal und gilt sowohl für amicative wie auch für pädagogische Eltern. Doch während die pädagogischen Eltern ihren Kindern den Zugang zu ihren Mitteilungen durch die gleichzeitige psychische Aggression (»Sieh das ein; ich weiß es besser als Du; ich bin für Dich verantwortlich; ich habe recht«) verstellen, können amicativ aufwachsende Kinder ungeschmälert von dem profitieren, was ihre Eltern ihnen an Erfahrungen, Erkenntnissen, Werten, Beurteilungen, Gefühlen als ihre subjektive Wirklichkeit berichten. Diese Kinder befinden souverän, welche Einsichten sie übernehmen wollen.

Amicativ aufwachsende Kinder können also leicht tun, was man ihnen sagt – und ebenso leicht können Erwachsene den Wünschen der Kinder den Vortritt lassen. Die Kinder handeln dabei stets aus sich heraus und nicht deswegen, weil sie zur »Folgsamkeit« »begleitet« und »geführt« oder sonstwie zur »Selbsteinsicht« manipuliert werden. Beide handeln, weil *sie* die Mitteilungen des anderen überzeugend finden, weil sie *selbst* dahinterstehen. Das ist unendlich befreiend und entlastend.

## 36. Konfliktbeispiel Rutsche

Ein amicativer Vater und seine dreijährige Tochter Anne kommen im Winter zum Spielplatz. Anne klettert die Leiter zur Rutsche hoch und will rutschen. Ihr Vater sagt ihr, daß sie dies nicht tun soll, da Schneematsch auf der Rutsche liegt, sie eine nasse Hose bekomme und sich erkälten könne. Anne will dennoch rutschen. Der Vater steigt rasch die Leiter hoch und holt Anne herunter. Kurz darauf kommen ein pädagogischer Vater und seine dreijährige Tochter Karin zum Spielplatz. Auch Karin klettert die Leiter zur Rutsche hoch und will rutschen. Ihr Vater sagt ihr, daß sie dies nicht tun soll, da Schneematsch auf der Rutsche liegt, sie eine nasse Hose bekomme und sich erkälten könne. Karin will dennoch rutschen. Der Vater steigt rasch die Leiter hoch und holt Karin herunter.

Beide Kinder erleben, daß sie nicht tun können, was sie wollen, was sie als das Beste für sich erkannt haben: nämlich zu rutschen, auch wenn dort Schneematsch liegt und der Vater eine Erkältung kommen sieht. Beide Kinder sind Schneematsch-Rutsche-Kinder. Beide Kinder können nicht realisieren, was sie für richtig halten, beide erleben den Vater als Verhinderer der Verwirklichung ihrer Interessen, so, wie sie diese sehen.

Im Unterschied zum amicativen Vater trägt der pädagogische Vater die Verantwortung für sein Kind. Was er tut, geschieht aus seiner Sicht zum Besten des Kindes, besser, als es das selbst wahrnimmt. Für die Beziehung von Karin und ihrem Vater gilt, daß der Vater im Herausfinden des Richtigen und im richtigen Bewerten dem Kind übergeordnet ist: *Ich weiß besser als Du, was für Dich gut ist.* Karin erlebt diese Haltung ihres Vaters als psychischen Angriff auf ihre Bewertung. Sie erlebt, daß sie nicht ein Schneematsch-Rutsche-Kind sein darf, daß ihr Wille nicht richtig sein, daß ihre Weltdeutung falsch sein soll. Die Anspruchshaltung ihres Vaters erreicht Karin im Tonfall der Stimme, in der Art, wie er die Leiter hochkommt, wie er sie anfaßt, wie sein Gesicht aussieht, auf den psychischen Kommunikationskanälen. Und sie setzt sich innerlich zur Wehr, daß sie psychisch nicht das Kind sein darf, das sie sein will, sie ist verstrickt in psychischen Angriff und ihre Abwehr, sie fühlt, daß ihre Position geringer wertvoll sein soll, sie fühlt sich *demoralisiert.* Zur Verhinderung im Außenbereich kommt der psychische Angriff durch die pädagogische Anspruchshaltung.

Die Tochter des amicativen Vaters erlebt *dies* nicht. Auf der Innenseite der Beziehung gibt es kein objektiv besseres Wissen des Erwachsenen darüber, was gut für das Kind ist. Annes Vater interveniert aus seinen subjektiven Gründen, die er nicht als objektiv wertvoller einstuft als die Gründe des Kindes. Es gilt: *Jeder spürt selbst am besten, was für ihn gut ist.*

Die Gründe von Annes Vaters sind: *Seine* Angst und Sorge, daß Anne sich erkälten könnte, *sein* Wunsch, daß es seinem Kind gut geht. Er trägt Verantwortung für sich und tut etwas, um dieser Verantwortung gerecht zu werden. Er tut etwas, damit *seine* Angst und Sorge geringer werden, damit *sein* Wunsch erfüllt wird. *Deswegen* greift er ein und verhindert, daß das, was Anne will, Wirklichkeit wird. *Ohne* den Anspruch, daß dies zum objektiv Besten des Kindes geschieht, besser als es das selbst wahrnimmt. *Dies erspart Anne die Demoralisierung, die Karin erlebt.* Anne bekommt mit, daß ihr Bewertungssystem vom Vater nicht geändert werden will. Daß er zwar anders bewertet und dies auch mitteilt und sie einlädt, seiner Bewertung zu folgen, daß er ihr aber ihre abweichende Bewertung auch wirklich lassen kann. Sie erlebt sich auf der psychischen Ebene als gleichwertig. Ihr »inneres Königtum« wird nicht angetastet. Der Vater geht entschlossen gegen sie vor im Außenbereich und zwar aufgrund seiner eigenen Interessen (Angst und Sorge verringern, Wunsch erfüllen) – aber im Innenbereich schwingt die Achtung mit vor ihrem Selbst und ihrer Fähigkeit, das eigene Beste selbst spüren zu können. Nur, daß er dies aus seinen Gründen heraus jetzt nicht Realität werden lassen kann.

Die äußere, physikalische Aktion ist dieselbe – die innere, psychische Dimension ist grundverschieden: die Realität ist gänzlich anders. Väter und Töchter verlassen den Spielplatz, und was so zum Verwechseln ähnlich aussieht, ist doch völlig verschieden. Zwei Kinder können nicht tun, was sie wollen – das eine wird zusätzlich belastet mit psychischem Angriff und Demoralisierung, das andere erlebt sich trotz der Verhinderung seines Wunsches als geachtet und anerkannt.

## 37. Die positiven Wirkungen

In der Amication muß die Innere Welt des Kindes niemals irgendwelchen Werten, Erfahrungen und Einsichten der Erwachsenen untergeordnet werden, sondern sie kann vorbehaltlos geachtet werden. Und die Kinder können ganz grundlegend gemocht werden, wie immer sie sind. Achtung und Wertschätzung kommen aus der Selbstakzeptanz und Selbstliebe der erziehungsfreien Erwachsenen. Sie sind keine Norm, derentwegen sich die Eltern zugunsten ihrer Kinder in die Pflicht nehmen. In den Konflikten begegnen sich gleichwertige Könige. Eine andere Einschätzung, die Ablehnung eines Verhaltens, Ärger, Ungeduld, ein Wutausbruch – all das ist anstrengend, kappt aber nicht die positive emotionale Verbindung. Die pädagogische Mission (»Sieh das ein«, »Es ist zu Deinem Besten«, »Ich bin für Dich verantwortlich«) mit ihren verheerenden Folgen (sich nicht geliebt fühlen, sich herabgesetzt fühlen, nicht mehr an sich und die anderen glauben) gibt es in der erziehungsfreien Familie nicht. Eine neuartige Entspannung charakterisiert den Alltag.

Positive Mitteilungen aus dem erziehungsfreien Zusammenleben klingen oft unglaubwürdig. Aber erziehungsfreie Menschen erleben eine beiläufige Harmonie, die in all den vielen Jahren erziehungsfreier Praxis – die ältesten erziehungsfrei aufgewachsenen Kinder sind heute erwachsen und haben selbst Kinder – Bestand hat. Jeder Tag ist in seinen vielen kleinen Situationen die Verwirklichung des Traums, hier und heute glücklich mit den Kindern zu leben.

Was bedeutet das konkret? Es sollen aus der Fülle der täglichen Ereignisse einige Beispiele aufgezählt werden. Diese Beispiele amicativer Praxis sind nicht gelungene Ausnahmen, sondern Alltag. Ein Alltag allerdings nur bei den amicativen Familien, in denen beide Eltern Amication schon lange als ihre Lebensphilosophie angenommen und in ihrer Beziehung grundlegend verankert haben. Beide Eltern haben bereits vor der Geburt ihres Kindes eine amicative Einstellung gewonnen, die das Kind vom ersten Tag an erlebt. Je mehr pädagogische Positionen und Handlungen im Alltag amicativer Familien (noch) existieren, desto mehr Abweichungen gibt es in den positiven Wirkungen.

Amicative Kinder sind selbstverantwortlich von Geburt an, werden so von ihren Eltern gesehen und hierin nicht gestört. Die Entscheidungen, die sie treffen, bringen sie nicht in Gefahr, und Unfälle sind selten. Sie sind nicht in Versuchung, ihre Fähigkeiten zu überschätzen. Wenn sie sich für eine Beurteilung überfordert fühlen, delegieren sie an ihre Erwachsenen die Befugnis, für sie zu entscheiden. Sie schätzen die Erfahrung, Kompetenz und Körperkraft ihrer Eltern und machen ungezwungen davon Gebrauch.

Amicative Kinder nicht über die Stränge. Sie sind nicht ungezogen, sondern sie wachsen erziehungsfrei auf, das heißt, sie sind nicht in Abwehrhaltung gegen pädagogische Überfälle »trotzig« und »unartig«, sondern frei von solchen Überfällen in ungehindertem Kontakt zu ihrer Sozialität. Es kommt einfach nicht vor, daß sie sich mit Messer, Gabel, Schere, Licht verletzen, Wasser durch die Wohnung schütten, Lebensmittel für Spiele mißbrauchen, Blumen abreißen, Tiere quälen, Wände beschmieren, Spielzeug zerstören. Sie sind in beiläufiger Selbstverständlichkeit achtsam.

Amicative Kinder haben wie andere Kinder auch immer wieder miteinander Konflikte, aber dies gerät ihnen nicht zu häßlichem Zank. Ihre Konflikte explodieren nicht in wilden Körperattacken, Haß, Häme, Schuldzuweisungen und Ohnmachtsgefühlen. Die Geschwister achten sich, der Ton ihrer Beziehungen ist auch im Konflikt einfach überwältigend.

Amicative Kinder kennen nicht Rücksichtnahme im Sinne einer Pflicht, um deren Erfüllung man sich immer wieder bemühen sollte. Sie sind im Austausch mit den Wünschen und Gefühlen der anderen, und es liegt ihnen daran, daß diese auch zufrieden sind. Ihre soziale Weisheit ist faszinierend und jenseits jeglicher Pflicht hierzu.

Amicative Kinder sind klar in ihrem »Nein«. Ihr »Nein« ist nie gegen andere gerichtet, sondern Ausdruck dafür, daß sie einen anderen Weg gehen wollen. Ihr »Nein« ist deswegen leicht zu respektieren, die gesamte Problematik »Aufsässigkeit« und »Uneinsichtigkeit« taucht überhaupt nicht auf. Wenn

Eltern ihr »Nein« nicht gelten lassen können (aus ihren subjektiven Gründen heraus) und sich darüber hinwegsetzen, beschwört das keine Katastrophe herauf, und das gilt auch umgekehrt. Kinder und Eltern reagieren – vielleicht nach einem Versuch, doch noch zum Zuge zu kommen –, schlicht mit Akzeptanz, und manchmal sind sie darüber auch betrübt, selten verärgert.

Amicative Kinder essen so viel, wie ihnen gut tut, und sie essen das, was ihnen schmeckt. Sie essen Vollkornbrot oder Weißbrot, Salat oder Pudding, Nudeln mit Ketchup oder ohne. Sie nehmen bittere Medizin und naschen süße Gummibärchen. Wir sind in dieser Frage sehr entspannt miteinander.

Amicative Kinder werden weder zur Reinlichkeit gedrängt noch dürfen sie die Wohnung beschmutzen. Es gibt Windeln zum Waschen oder zum Wegwerfen. Und wenn die Kinder das wollen, den Topf, später den Aufsatz auf der Toilette. Eines Tages ist es dann von allein soweit, daß sie ohne unsere Hilfe zurechtkommen.

Amicative Kinder bekommen genug Schlaf, wann immer sie ins Bett gehen. Wenn ihre Eltern sagen, es sei Zeit, ins Bett zu gehen, dann gehen sie. Allerdings werden sie damit nicht zur Unzeit gestört. Die Eltern begleiten die Kinder in den Schlaf, so wie sie es gern haben. Die Kinder bleiben nicht bis Mitternacht auf, sondern sie haben ganz normale Schlafenszeiten wie andere Kinder auch. Der Unterschied liegt darin, daß es hierüber kein Theater gibt.

Amicative Kinder sind beliebte Spielkameraden. Sie sind am »Unsinn« anderer Kinder nicht uninteressiert, aber sie treiben solche Dinge nicht voran, und sie weigern sich, offensichtlich gefährliche und andere schädigende Aktionen mitzumachen. Sie petzen nicht, aber wenn sie wirklich schwere Bedenken haben, vertrauen sie sich ihren Eltern an. Sie halten sich von aggressiven Kindern fern und setzen sich gegen solche Kinder energisch zur Wehr, wenn sie von ihnen belästigt werden.

Amicative Kinder sind gern gesehene Gäste in anderen Familien, und in der Schule werden sie als wertvolle Stützen der Klassengemeinschaft geschätzt. Sie erhalten im Hinblick auf ihr Sozialverhalten auffallend positive Beurteilungen, und ihre schulischen Leistungen sind wie bei anderen Kindern mal besser und mal schlechter.

Amicative Kinder reiten, fahren Schlittschuh, hören Discomusik, essen Pommes und Schokolade und Biokost, lesen Comics und »5 Freunde«, hören Kassetten und sehen »Das Dschungelbuch«, sie malen, basteln, backen – sie leben ein ganz normales Kinderleben, nur eben von einer Qualität, die wirklich beglückend ist.

## 38. Die pädagogische Umwelt

Wie kommen die amicativ aufwachsenden Kinder mit pädagogischen Erwachsenen zurecht? Sind sie ihnen und ihrem »Sieh das ein« und »Ich habe recht« nicht schutzlos ausgeliefert?

Amicative Kinder kennen pädagogische Erwachsene aus dem Bekannten- und Verwandtenkreis, aus den Kontakten zur Nachbarschaft, als Eltern ihrer Freunde, aus dem Kindergarten und der Schule, vom Einkaufen und vom Arztbesuch. Amicative Menschen leben nicht isoliert, sondern wie alle Familien mitten in dieser – pädagogischen – Gesellschaft.

Amicative Kinder erfahren jedoch im Unterschied zu pädagogisch großwerdenden Kindern in ihrem Zuhause Beziehungen, die frei sind von der pädagogischen Einstellung und allen ihren destruktiven Konsequenzen. Amicative Kinder werden in ihrer Selbstverantwortung, ihrem Selbstvertrauen, ihrer Selbstliebe und ihrer Sozialität nicht gestört. Mit der ursprünglichen Ich-Kraft treffen sie auf pädagogische Haltungen und sind für diese Zusammenstöße bestens gerüstet.

Amicative Kinder merken, daß weder gutgemeinte Erziehungsbemühungen noch Herabsetzungen in Wirklichkeit etwas mit ihnen zu tun haben. Sie spüren, daß ein »netter« Erwachsener, der sie erziehen will, bei aller Freundlichkeit im Grunde etwas Inakzeptables, ja Ungehöriges von ihnen will. Sie merken, daß ein unfreundlicher und schimpfender Erwachsene in Not ist und *seine* Geschichte herausschreit, daß sein »Wie kannst Du nur!« und sein »Sieh das ein!« trotz seines Anspruchs, recht zu haben, nur *seine* Sicht der Dinge ist. Andere Kinder hingegen fühlen sich von solchen »Freundlichkeiten« bedrängt und von Herabsetzungen bedroht, und eine aktuelle Schuldzuweisung ist nur ein weiterer Stein, der auf ihnen lastet.

Es gibt in der Welt der Dinge viele Gefahren, und die Kraft, mit ihnen erfolgreich umzugehen, kommt von innen. Das ist mit den inneren Gefahren – den »freundlichen« und unfreundlichen Angriffen auf das Selbst – nicht anders. Die amicativ großwerdenden Kinder stützen sich auf ihr Selbstvertrauen und kommen mit der pädagogischen Welt um sie herum gut zurecht. Sie sind bei pädagogischen Anfällen gelassen und nachsichtig. Sie lieben doch ihre Tante, sie können doch den Vater ihres Freundes eigentlich gut leiden – warum sollen sie ihnen dann nicht ihre Belehrungen und ihr Gemecker nachsehen und sich die Hände waschen und die Tür zumachen? Der Lehrer, der wegen der unerledigten Hausaufgaben eine Standpauke hält, ruft bei ihnen kein Schuldgefühl hervor sondern Anteilnahme: »Was hat er denn nur? Schlecht geschlafen? Krach zu Hause?«

Die pädagogische Haltung zeigt sich jedoch nicht nur in sichtbaren Erziehungsbemühungen oder Schimpfkanonaden. Sie lebt *in* den pädagogischen Erwachsenen und wirkt subtil durch ihren missionarischen Anspruch. Die pädagogische Haltung enthält eine gefährliche Dynamik, die auf die schleichende Zersetzung der Identität und des Selbstwertgefühls des Kindes hinausläuft. Aber auch dies prallt an den amicativ großwerdenden Kindern ab. Denn die Welt, die sie in ihrem Glauben an sich selbst stützt, erfahren sie ja zu Hause, Tag für Tag, rund um die Uhr, in verläßlicher Sicherheit. *Die Kontinuität ihres Gefühls, voll- und gleichwertig zu sein, geht durch die Erlebnisse mit pädagogischen Menschen nicht verloren.*

Die pädagogischen Erwachsenen ihrerseits mögen die amicativ aufwachsenden Kinder. Diese Kinder beeindrucken sie, weil sie ich-stark, aber nicht egoistisch, ruhig und ausgeglichen, aber nicht apathisch, weil sie einfach angenehm und freundlich, aber nicht anpäßlerisch und leisetreterisch sind. Sie sind offen für die Gefühle anderer Menschen, und das tut auch den Eltern ihrer Freunde und der Lehrerin gut.

### 39. Kinder und Grenzen

»Kinder brauchen Grenzen. Man muß Kindern Grenzen setzen.« In einer solchen Aussage schwingt mit, daß es ohne Grenzen nicht gehe, und daß es falsch und unrealistisch sei, so etwas zu fordern.

Aber Grenzen gibt es immer, denn niemand ist allein im Universum, und das gilt auch für Kinder. »Man muß Kindern Grenzen setzen« ist von daher überflüssig.

Es fragt sich etwas anderes: Wie kann man mit Grenzen umgehen? Wie gehen Kinder mit Grenzen um? Wie gehe ich mit Grenzen um? Ist eine Grenze wirklich unverrückbar? Soll sie hingenommen werden? Wann? Heimlich? Verletzt die äußere Grenze auch meine Gefühle? Demoralisiert mich eine Grenze? Ist sie mir gleichgültig? Finde ich sie unangenehm, aber nicht weiter tragisch? Wer hilft mir, eine Grenze zu verrücken? Welche Grenze ertrage ich nicht? Akzeptiere ich, daß eine Grenze zu Recht besteht? In wessen Interesse gibt es diese Grenze? Kann ich auf diese Grenze, die ich anderen setzen will, nicht doch verzichten?

»Kinder brauchen Grenzen.« Brauchen Kinder Grenzen? Brauche ich Grenzen? Wer hat das schon gern? Grenzen lassen sich nicht vermeiden. Aber vielleicht verringern. Ich erlebe Grenzen als unangenehm. Kinder auch. Wenn ich Grenzen als Teil der Wirklichkeit erkenne, die es immer wieder gibt, dann kommt es darauf an, dies erst einmal zu akzeptieren. Welche Grenze sich im konkreten Einzelfall ändern kann, muß ich dann von Fall zu Fall sehen. Aber daran zu leiden, daß ich überhaupt Grenzen habe, ist überflüssig und kostet nur Kraft.

Der amicative Ansatz entdramatisiert die Grenzproblematik, ohne wehrlos zu machen. Ich bin nicht verstrickt in eine Abwehrhaltung gegen die Grenzen, die zu nichts führt, weil sich die Grenzen ja doch immer wieder einstellen. Aber wir sind aufmerksam, ob eine konkrete Grenze wirklich so bestehen muß, und was sich zu ihrer Veränderung tun läßt.

Wie gehen die Kinder mit den Grenzen um, die sie von amicativen Eltern bekommen, und die ihre Eltern nicht *gegen sie* setzen (oder gar für sie), sondern stets *für sich selbst*?

Da amicative Menschen nicht die innere Unterwerfung anderer wollen, wenn sie ihre Grenzen ziehen, können die anderen, ohne sich innerlich angegriffen zu fühlen, sehen, was denn diese Grenze soll: was sie für den Grenzzieher bedeutet. »Du grenzt mich ein – wie wichtig ist das für Dich?« Und nicht: »Du grenzt mich ein, und damit setzt Du mich herab«.

In meinem Zusammenleben mit Kindern erlebe ich diese von seelischer Verletzung freie Art der Grenzen. Sie nehmen mir *meine* Grenzen nicht übel. Und sie überlegen und intervenieren, um die Grenzen, *meine* Grenzen, zu verändern. Da ich mich dabei in meinem Grenzensetzen ernst genommen fühle (ohne daß sie über meine Grenzziehung begeistert sind oder ihr zustimmen), kann ich ihnen oft in der Grenzfrage entgegenkommen und Grenzen zurücknehmen oder ganz aufheben.

## 40. Die Grenzen der Kinder

Im Zusammenhang mit »Kinder und Grenzen« wird meist darüber nachgedacht, welche Grenzen den Kindern gezogen werden sollten. Mit geht es aber jetzt einmal um die Grenzen, die Kinder (wie alle Menschen) um sich selbst haben. Wenn Grenzüberschreitungen den Kindern gegenüber passieren, und wie man das verhindern kann.

Wenn man es merkt, daß Kinder auch Grenzen haben, ist man schon den ersten Schritt gegangen. Natürlich haben sie viele Bereiche, wovor ihr Stoppschild steht. Wenn man jedoch meint, daß Kinder (noch) keine vollwertigen Menschen sind, sondern erst richtige Menschen werden, kommt man kaum auf die Idee, ihnen richtige individuell-spezielle Grenzen zuzubilligen. Aber natürlich: jedes Lebewesen hat seine Grenzen. Allgemeine und spezielle.

Die allgemeinen Grenzen der Kinder werden heutzutage ganz gut bedacht: Kinder dürfen nicht in zu dünne Zonen von Liebe, Achtung, Würde und äußeren Lebensumständen (Essen, Kleidung, Wohnen usw.) geraten.

Es geht mir aber um die speziellen Grenzen: um die Stoppschilder dieses Kindes, dieses einzelnen Menschen. Jeder hat da andere, manche/viele sind gemeinsam.

Klaus (5) ist ein Acht-Uhr-Ins-Bett-Geh-Kind: Es macht keinen Sinn, von ihm zu verlangen, um Sieben ins Bett zu gehen.
Ulrike (3) ist im Gummibärchen-Fan-Club: Es macht keinen Sinn, von ihr die Herausgabe der Club-Karte zu verlangen.
Moritz (9) ist ein Ich-Räume-Nicht-Auf-Kind. So geworden im Laufe der Jahre, bei diesen Eltern, bei dieser Oma. Es macht keinen Sinn, darauf zu bestehen, daß erst aufgeräumt wird, bevor ...
Monika (14) raucht, und zwar eine Menge: Ihr das Rauchen zu verbieten macht keinen Sinn. Doch? Was passiert, wenn sie raucht, weiß sie längst. Aber sie hat ihre Grenze eben anders gezogen. Zigaretten gehören zu ihr, zu ihrem Selbstbild. Wie bei ihrer Tante. Und dem Klassenlehrer. Ihr die Zigaretten zu verbieten, mißachtet ihre Grenze: mißachtet sie.
Die Beispiele lassen sich unendlich fortsetzen.

Eine Grenzüberschreitung ist eine Grenzüberschreitung. Da sollte man sich nichts vormachen. Unzulässig aus der Sicht des Betroffenen. Aber ich sage nicht, daß man nun alles hinnehmen soll: Hinnehmen, wie mein Kind zuwenig Schlaf bekommt (meine Grenze »Er braucht aber 12 Stunden Schlaf« wird mißachtet). Hinnehmen, wie der Süßkram die Zähne kaputtmacht (meine Grenze »Sie soll gesunde Zähne haben« wird mißachtet), usw.

Ich will etwas anderes: Wenn einem präsent ist, daß die Kinder da vor einem auch Grenzen haben, berechtigte Grenzen – dann wird man etwas einfühlsamer, umgänglicher, streßfreier in dieser Frage. Ich habe das immer dabei gehabt, dieses Wissen: daß Kinder vollwertige Grenzen-Menschen sind. Und daß Fingerspitzengefühl dazugehört, mit ihren

Grenzen umzugehen. Wie bei »allen« Menschen und Lebewesen (ich halte keine Katze gegen ihren Willen fest, ich hänge mich nicht an einen zu dünnen Ast).

Wenn ich eine Grenzüberschreitung nicht vermeiden will (ich verstoße gegen Deine Grenze, damit dies nicht mit mir passiert), dann ohne Lüge. »Ich weiß, daß ich Deine Grenze mißachte. Hier stehe ich und kann nicht anders.« Ohne Tricks. Ohne »Sieh das ein. Es ist besser für Dich«.

Menschen haben vielfältige Liebenswürdigkeiten oder Behinderungen (beides ist dasselbe, je nach Perspektive): lila Haare, Gurken zum Frühstück, krank im Hirn, zu kurzes Bein, Bus statt Auto, Auto statt Bus.

Es macht keinen Sinn, von jemandem zu verlangen, er soll sein Bein nachwachsen lassen. Es macht keinen Sinn, einen Hund zum Unterricht zu schicken, damit er Staubsaugen lernt. Es macht keinen Sinn, von der Schwerkraft zu verlangen, daß sie aufhört, damit ich fliegen kann. Realitäten. Kennen wir. Können wir mit umgehen.

Klaus geht um Acht ins Bett. Ulrike ißt Gummibärchen. Moritz räumt nicht auf. Monika raucht. Realitäten. Kennen wir. Können wir mit umgehen. So einfach ist das.

Was will ich wirklich? (Die Praxisfrage von Amication!) Mit diesem Kind leben? »Ja.« Es ist ein Acht-Uhr-Ins-Bett-Geh-Kind und kein Sieben-Uhr-Ins-Bett-Geh-Kind. »Es soll sich ändern.« Soll sein Bein nachwachsen? »Das ist nicht zu vergleichen. Niemand muß morgens Gurken essen.« Wirklich? Wer sagt das? Vergleicht doch. Was passiert, wenn man vergleicht? Geht die Welt unter? Was steht auf dem Spiel?

Ich habe immer gemerkt, daß Krieg oder Frieden auf dem Spiel stehen. Natürlich kann ich in den Krieg ziehen, und ich habe auch oft gewonnen. Und oft verloren. Aber: Ich muß nicht in den Krieg ziehen. Nicht für eine Stunde eher ins Bett, für noch gesündere Zähne, für 30 Minuten Aufräumen, für körpergesund und dafür seelenkrank.

Ich habe mich eingependelt im Grenzland, wo die Grenzen aufeinandertreffen. Und da ich über mich bestimme, bin ich auch der Souverän, der die eigenen Grenzlinien hin- und herschieben kann. Das ist kein Nachgeben! Das ist Augenzwinkern, Halb-So-Wild, Friede, Harmonie. Es sieht so aus, als wäre ich großzügig, einfühlsam, tolerant. Es ist eine andere Quelle: Ich billige mir alle möglichen Liebenswürdigkeiten zu, ich liebe meine Macken – und das kann ich auch den anderen lassen. Auch den Kindern. Ich weiß, wie gut das tut. Ich habe Grenzen, die flexibel sind. Je nachdem. Und wenn sie hart sind, dann ist es eben so ein Tag. Wir nehmen uns unsere Grenzen nicht so übel, weil sie keiner zur heiligen Kuh macht.


### 41. Wenn es unordentlich ist

Es ist klar, daß jeder die Ordnung macht oder eben nicht macht, bei der er sich wohl fühlt. Und es ist auch klar, daß es hierbei die verschiedensten Vorstellungen gibt, besonders zwischen Erwachsenen und Kindern.

Was soll man machen, wenn die Kinder nicht eigene Zimmer haben? Wo sie die (Un)Ordnung machen können, die sie wollen? Wenn also zwei Lebensarten kollidieren? Wenn die Kinder sich in den Räumen der Erwachsenen aufhalten und wie einen Kometenschweif ihre (Un)Ordnung hinter sich herziehen? Oder wenn die Kinder in ihren eigenen Zimmern ein unerträgliches Chaos anrichten?

Wenn man dann den Kindern sagt, wie man es gern hätte – na gut. Wenn es nur eine Information ist. Aber was solls? Die

Vorstellungen der Eltern von Ordnung – von der Erwachsenen-Ordnung – kennen die Kinder längst. Das nochmal auszusprechen ist doch meist nur der Beginn, Druck auszuüben, damit die Kinder tun, was man will. Wenn es nicht das notwendige Signal ist, eine Vereinbarung zum Aufräumen anzumahnen, der die Kinder dann auch zustimmend nachkommen.

Auch amicative Eltern können in der (Un)Ordnung ihrer Kinder eine Grenzüberschreitung erleben, die sie nicht hinnehmen wollen. Die Macht, die sie dann zur Durchsetzung ihrer Ordnung ausüben, erfolgt ohne Demütigung und Herabsetzung der Kinder. Denn die Kinder müssen nicht einsehen, daß der Erwachsene recht hat. Er besteht auf seiner Ordnung nicht deswegen, weil er wertvoller als das Kind ist, über ihm steht und recht hat, sondern weil er in Not ist und seine Grenze verteidigt.

Aber es gibt für amicative Eltern auch noch eine andere Möglichkeit: Man kann selbst die Ordnung herstellen, die einem wichtig ist – ohne sich dann herabgesetzt und ausgenutzt zu fühlen. Weil man weiß, daß die Kinder ihre (Un)Ordnung nicht aus irgendwelcher bösen Absicht, Nachlässigkeit oder sonst einer Unart machen, sondern weil sie als souveräne und selbstverantwortliche Menschen ihren eigenen Weg gehen – auch in der Ordnungsfrage. Und dem begegnet man mit Respekt und ohne Ärger. Man sorgt dann dafür, daß die eigene Ordnung entweder nicht gestört wird (indem man die Kinder an bestimmte Sachen nicht mehr heranläßt) oder man läßt die Kinder spielen und räumt dann selbst in seinem Sinne auf.

Die Gedanken solcher amicativer Eltern sind etwa diese: »Was hat es für einen Sinn, andere *meine* Ordnung herstellen zu lassen, außer dem, daß ich diesen Ordnungskrieg gewinne? Die Unordnung der Kinder in meinem Bereich provoziert mich nicht. Ich freue mich doch, daß die Kinder da sind und daß sie bei mir leben. Und klar – das hat auch Auswirkungen, eben Kometenschweife. Einem Hund sehen wir nach, wenn er Dreck in die Wohnung bringt – aber die Kinder sollen unsere Ordnung halten? Ich liebe die Kinder und auch ihre Unordnung, ihre Botschaften, ihre Symbole, daß sie bei mir leben. Ich habe dadurch am Tag ein paar Minuten Mehrarbeit, stimmt. Ja und? Wieviel Energie und Zeitverschwendung würde es kosten, einen Ordnungskrieg zu führen?« Und konkret: »Ich habe diese ganze Ordnungsproblematik hinter mir, ausdiskutiert. Ich finde mich zurecht in unseren verschiedenen Welten. Und ich finde immer wieder etwas, das mir wirklich hilft: Bei mir gibt es eine Kiste, in die alle Kindersachen reinkommen, die herumliegen. Mein Aufräumen geht mir von der Hand.«

Solche amicative Eltern räumen auf, so wie sie Windeln wechseln, Brei kochen, Wäsche waschen, Hausaufgaben nachsehen, die Kinder zum Reit- und Klavierunterricht fahren. In beiläufiger Freundlichkeit, ohne Anstoß zu nehmen und ohne sich dabei zu überfordern. Und die Erfahrung solcher Familien hat gezeigt, daß die Kinder nach und nach ihre Zimmer selbst aufräumen *wollen* – wenn sie nicht bedrängt werden. Und zwar so, daß auch ihre Eltern mit der dann erreichten Ordnung zufrieden sind.

### 42. Wenn es mir zuviel wird

»Was soll ich machen, wenn es mir zuviel wird, freundlich zu den Kindern zu sein?« Je mehr man sich vornimmt, desto höher wird oft der Anspruch an sich selbst, nun tatsächlich freundlich und achtungsvoll zu sein. Und dann kommt der Punkt, an dem man sich überfordert fühlt. »Eigentlich müßte ich mehr Zeit und Ruhe haben. Ich will mein Kind doch nicht vernachlässigen.« Aber das Kind geht einem jetzt gerade so sehr auf die Nerven, daß man einfach nicht die Kraft hat, sich seiner Wünsche anzunehmen. »Jetzt nicht!« – »Laß mich in Ruhe!« Und dann geht man fort und nimmt ein schlechtes Gewissen mit.

In der Amication kommt man ohne schlechtes Gewissen zurecht. Ja – ich gehe weg von diesem nach mir rufenden Kind und kümmere mich *jetzt nicht* um seine Wünsche. Es geht nicht darum, über die eigenen Kräfte hinaus für andere da zu sein – auch nicht für Kinder. Wenn Erwachsene die Kinder in ihren Bedürfnissen und Wünschen ernst nehmen und achten wollen, dann geht das wirklich nur, wenn sie sich selbst in ihren Bedürfnissen und Wünschen auch ernst nehmen. Und das heißt hier: Was ich tue – den Wünschen der Kinder *jetzt nicht* nachzugeben –, ist vor mir verantwortet und ich brauche deswegen kein schlechtes Gewissen zu bekommen. Einmal ganz abgesehen davon, daß Kinder ein ehrliches *jetzt nicht* viel leichter vertragen können als die aufreibende »Nimm doch Rücksicht«-Forderung von Erwachsenen, die ihre Wünsche denen der Kinder nicht offen gegenüberstellen.

Wenn es einer Mutter oder einem Vater zuviel wird, sich um ihr Kind zu kümmern, dann haben sie das Recht, sich um sich selbst zu kümmern. Eigentlich könnte man sogar sagen, daß dann die Pflicht besteht, sich um sich selbst zu kümmern. Zu entspannen, eigene Dinge zu verfolgen – denn dann können Energie, Kraft und Gelassenheit auch wieder zurückkommen. Wenn Kinder anstrengend sind, ist es wichtig, irgendwo aufzutanken. Und dies wird oft nur so gehen, daß die Kinder nicht mit dabei sind. Es wird vielleicht schwer zu machen sein – aber es kann dabei überhaupt kein schlechtes Gewissen geben.

Wer den Kindern zuliebe auf sich verzichtet – obwohl er eigentlich gar nicht verzichten will –, der tut weder den

Kindern noch sich selbst einen Gefallen. Er tut eigentlich etwas, das sowohl den Kindern als auch dem Erwachsenen selbst Schaden zufügt. Es ist in der Amication gerade umgekehrt, wie es so oft zu hören ist: Daß man sich für die Kinder aufopfern sollte. Wer dies aus echter Überzeugung tut, für den entsteht kein Problem, und der mag dies auch tun. Wer sich aber nach dieser »Grundregel« richtet, obwohl es in ihm rumort und er sich eigentlich gar nicht aufopfern will, der ist schlimm dran. Es käme darauf an, ihm zu helfen, von so einer wirklichkeitsfremden Position herunterzukommen. »Kaufst Du mir noch ein Eis?« – »Liest Du mir noch eine Geschichte vor?« – »Spielst Du mit mir?« – »Wann gehen wir denn endlich zum Einkaufen?«

Wenn es Eltern zuviel wird und sie an sich selbst denken, bedeutet das, daß man das Kind (jetzt) zurückweist und sich seiner (jetzt) erwehrt. Man wird den Kindern dann oft nicht vermitteln können, daß man sie *nicht* ablehnt. Denn man tut ja nicht, was sie von einem wollen, und das kann sie schon sehr wütend machen. »Du bist richtig gemein.« Doch wenn sie ärgerlich werden, hat das denselben Stellenwert wie die Rückzugsgefühle der Erwachsenen. Aber niemand sollte sich wegen des – berechtigten – Ärgers der Kinder davon abbringen lassen, sich um sich selbst zu kümmern, wenn dies ansteht.

### 43. Was tun, wenn Kinder streiten?

Zu dieser Frage gibt es viele Antworten. Warum aber überhaupt diese Frage? Kinder atmen, spielen, rennen, sie tun unendlich viele Dinge, und eine Sache ist eben: Streiten. Wieso machen wir uns so viele Gedanken darüber? Es sind sehr anstrengende Gedanken, voll Drang nach einer Lösung, nach einer guten Lösung. So, als wären wir aufgerufen, anstelle der Kinder ihren Streit zu beenden. Wenn Kinder rennen, kann man sich auch Gedanken machen, wie sie rennen, wohin, wie schnell, wie schön oder wie häßlich. Aber das sind Gedanken von anderer Art. Das Nachdenken über die Streiterei bei den Kindern springt uns an, davon kommt man nicht los, das scheint nötig zu sein.

Wenn Katzen streiten, wenn Hunde streiten – da können wir zusehen und es ihnen überlassen, wie sie das regeln (es sei denn, sie sind dabei, sich schwer zu verletzen, aber davon ist jetzt nicht die Rede; es geht um den normalen Kleinkrieg, bei den Tieren, bei den Menschen). Sind Kinder weniger wert, in Ruhe gelassen zu werden? Was verstrickt uns Erwachsene in den Streit der Kinder?

Wenn wir die Kinder in Ruhe lassen, wird das Leben weitergehen. Sicher. Aber wir können sie nicht in Ruhe streiten lassen. Weil ...? Weil sie etwas Unschönes tun, etwas, das sie nicht tun sollten. Genau *so* darüber nachzudenken haben wir gelernt, als wir Kinder waren. Wir erlebten, daß die Erwachsenen sich einmischten, wenn wir stritten. Das ist so gelernt, wie wir gelernt haben, daß man »Guten Tag« sagt. Kinder streiten – Erwachsene greifen ein.

Ist das sinnvoll, nötig, unabänderlich? Bevor man darangeht, sich Gedanken darüber zu machen, wie man (am besten) eingreift, kann sich jeder darüber klar werden, ob es ihn überhaupt zum Handeln drängen *muß*, wenn Kinder streiten.

In der Streitfrage hängen wir an einem Marionettenfaden, gesponnen in unserer Kindheit: »Du mußt etwas tun, wenn Kinder streiten. Das gehört sich so für Erwachsene.« Diesen Faden habe ich nun selbst in der Hand. Ich gewinne Souveränität über mich zurück. Wenn Kinder streiten, ist es meine Sache, ob ich überhaupt darauf reagieren und etwas tun will. Ich *muß* dies nicht.

Ich *könnte* etwas tun, wenn Kinder streiten. Aber was will ich erreichen? Ruhe im Kinderzimmer? Frieden? Versöhnung? Gerechtigkeit?

Das sind schöne Ziele. Doch werden die Kinder jetzt dafür ein offenes Ohr haben, wo es um ihren Bauklotz geht? Den Kindern geht es um »ihren« Bauklotz. Mir geht es um diese Ziele. Ich sage nicht, daß meine Ziele unsinnig sind, ich überlege nur, daß ich mit meinen Zielen ganz woanders bin als die Kinder. In einer anderen Welt, der Welt der Ethik und Moral. Während die Kinder in der Welt der Dinge sind und dort streiten.

Wenn ich auf der dinglichen Ebene der Kinder sein möchte, dann ist das einfach: Ich verbünde mich mit einem von ihnen und sorge dafür, daß es gewinnt, also den Bauklotz bekommt. Und fertig. Und das andere Kind? Es hat verloren und keinen Bauklotz. Und fertig. Aber wie soll es das finden? Will ich auf der moralischen Ebene verhandeln? Ihm beibringen, daß es nicht Recht hatte, daß es der kleinen Schwester auch mal etwas abgeben sollte? Meine ich im Ernst, daß *meine* Moralvorstellungen für den Verlierer von Interesse sind? Es sind die Moralvorstellungen des Siegers, und es ist nicht gelungen, den Verlierer zusätzlich zum Verlust des Bauklotzes auch noch um seine Moralvorstellungen bringen zu wollen.

Wenn ich nichts erreichen will – dann lasse ich die Kinder in Ruhe.

Wenn ich aber etwas erreichen will – dann könnte ich mir klar machen, daß es um meine eigenen Vorstellungen geht (nicht um die der Kinder), wie die Situation weitergehen soll. Ich tue also etwas für mich selbst, nicht für die Kinder. Die sind zwar davon betroffen, aber zunächst geht es um mich selbst. Das zu wissen befreit und entlastet. Denn wenn es um *mich* geht, wenn Kinder streiten, geht der Streß zurück, jetzt aber die richtige Lösung *für die Kinder* zu finden.

Ich schaue also wie stets in der Amication zunächst zu mir: »Was will ich wirklich, was kommt *mir* zu?« Ich kann versuchen, das *für mich* Beste beim Streiten der Kinder herauszufinden und ins Spiel zu bringen, was immer das ist. Was immer das ist! Ich kann Partei ergreifen, humorvoll reagieren, eine Belohnung aussetzen, meckern, besänftigen, einen Kompromiß suchen, schlichten, verurteilen, tricksen, ablenken, wütend sein, mitfühlend sein, den Überblick behalten, ihn verlieren – tausend Möglichkeiten.

Der Punkt, auf den es ankommt, ist: Ich bin der Chef meines Lebens. Auch hier. Auch, wenn Kinder streiten. Was immer ich tue – es ist sinnvoll. Die Kinder werden sofort rückmelden, wie sie mein Eingreifen finden. Und dann kann ich dabei bleiben oder es verändern. Wieder mit dem Gefühl, mein eigener Chef zu sein.

## 44. Freundliche Neutralität beim Streit der Kinder

Zwei Dreijährige streiten. Ines reißt Melanie an den Haaren. Melanie beißt. Sie schreien und heulen sich an. Ich bin dabei, knie vor ihnen und sehe sie vor mir. Ich nehme auf, was sie tun, und mein Gesicht drückt aus, daß mich ihr Streit angeht und wie er mich angeht. Ich spüre ihr Leid und das Gewitter ihres Zusammenstoßes. Es geht darum, daß Ines auch mal Melanies Rad mit Stützrädern benutzen will. »Ist meins«, sagt Melanie, und sie will nicht.

Ich habe keine Aufforderung zum Schlichten erhalten. Weder Ines noch Melanie wenden sich an mich, ihr Problem zu lösen. Und selbstverständlich lasse ich sie ihren Streit führen. Wie hätte ich das Recht, mich in ihre Angelegenheiten einzumischen, unaufgefordert? Ihre Angelegenheiten sind gerade sehr laute Angelegenheiten, mit Schmerz und Leid, Wut, Zorn und Ärger.

Soll ich mich als Oberschiedsrichter betätigen und »Frieden stiften«? Frieden stiften: Ich habe oft genug erlebt, daß »friedenstiftende« Erwachsene ihre Macht ins Spiel brachten, um einen Konflikt zu beenden. Da stoppt jemand mit seinen Machtmitteln – mit lauter Stimme, körperlicher Überlegenheit, psychischem Druck – den Krach der anderen. Er wird aggressiv, um Aggressivität zu beenden. Er führt den Superkrieg, um den Krieg der Kleinen zu befrieden. »Alles hört auf mein Kommando« – die Ordnungsmacht hat gesprochen. Wer sich so den Kindern gegenüber verhält, lebt den Kindern vor: Mit Herrschaft und noch mehr Aggressivität und Macht kann man einen Konflikt beenden. So ein Erwachsener stiftet nicht Frieden, sondern er stiftet eigentlich zum nächsten Krieg an.

Ich will uns Erwachsenen dies nicht zum Vorwurf machen. Wir sind schließlich in einer Tradition des erzieherischen Befriedens großgeworden. Wir haben Angst vor aggressiven Auseinandersetzungen und wünschen uns den Frieden so sehr, daß wir schnell bereit sind, ihn mit kriegerischen Mitteln herzustellen. Unsere Angst und Unfähigkeit, aggressive Konflikte als menschliche Realität zu akzeptieren, machen uns hilflos und uneffektiv.

Mit einer erziehungsfreien Einstellung läßt sich erkennen, daß Kinder mit ihrem Streit leben können – schlicht und einfach. Streit wird nicht zu dem Problem, das Erwachsene darin sehen. Man kann von den Kindern den unverkrampften Umgang mit dem Streit wiederentdecken, wie man ihn selbst als Kind praktiziert hat, und man hat die Möglichkeit, sich *nicht* in ihren Streit einzumischen.

Wenn ich mich so vor Ines und Melanie hinknie und »da bin« (emotional und konzentriert anwesend bin), dann bringe ich ein, was ich an friedenstiftenden Dingen geben kann: »Ich mag euch. Jeden von euch. Ich mag euch, auch wenn ihr streitet.« Und ich bin schon ein Stück weiter: »Ich mag euch – ob ihr streitet oder nicht streitet. Es ist nicht wichtig für das Mögen, was ihr tut: streiten oder nicht streiten. Ich mag euch ohne Vorbedingungen. Ich mag euch als Streitende und als Nichtstreitende, wie es kommt.« Ich habe Platz in mir für ihre Aggressivität, die mir in den Ohren gellt. Und für ihre Wut und ihren Zorn, die in mir tiefe Gefühle aufrühren. Ich lasse mich auf ihren Streit auch mit meinem Gefühl ein, dies verwirrt mich nicht. Ihr Geschrei, ihr Weinen und ihre Tränen sind für mich nicht das Signal, besorgt einzugreifen. Sie vertrauen mir ihren Streit an, ihre Tränen und ihre Wut. Es ist ein kostbares Anvertrauen. Und nicht geeignet für »befriedendes Helfen«.

Für mich gibt es den streitenden Kindern gegenüber die Möglichkeit zu freundlicher Neutralität. Neutral: Ich mische mich nicht in die streitenden Angelegenheiten von Kindern ein. (Es sei denn, ich kann ihren Streit nicht mehr mit ansehen, er ist mir zu wild, zu ungerecht, zu gefährlich.) Freundlich: Ich stehe nicht abseits, sondern ich fühle mich in die Situation einbezogen, ich bin konzentriert und präsent. Ich bin da für die Ansprache der Kinder: »Hilf mir« – »Ich mische mich nicht ein« – »Was können wir machen, um uns zu einigen?« – »Ich schlage vor ...« – »Der ist so gemein« – »Ja (ich spüre deinen Ärger und Zorn)«. Und: Es gibt keine »bösen« Streiter. Schuldzuweisungen haben in einer erziehungsfreien Beziehung nichts zu suchen, auch nicht, wenn Kinder streiten.

Kinder lösen ihre Konflikte ohne Erwachsenenhilfe. Da gibt es Niederlagen und Siege und Einigungen. Wie es eben kommt. Das Verlieren enthält keine Dramatik, das Gewinnen auch nicht. Es kommt und geht, und schon kommt Neues. Ihre Grundeinstellung dem Konflikt gegenüber ist von anderer Art als unsere Erwachseneneinstellung hierzu.

Nachdem Ines das Rad nicht bekam, lief sie aus dem Hof in den Garten. Ich war mit Melanie allein. Sie sah mich an und ich merkte, daß sie das kannte: Die Angst, etwas angerichtet zu haben und bestraft zu werden. »He, Du, hallo«, sagte ich und sah sie aufmerksam an. In ihren Augen lebte das Vertrauen zu mir, und sie wandte sich um und ihrem Rad zu. Ich ging zu Ines, setzte mich in ihre Nähe und sprach sie nicht an. Wozu etwas sagen? Ich brachte ihr Wichtigeres als Gerede mit: Mein »Ich bin da und habe Zeit für Dich«. Sie merkte, daß ich gekommen war, kam aber nicht zu mir und sah auch nicht zu mir hin. Ich setzte mich an den Zaun und dachte über dies und das nach. »Schaukelst Du mich?« Das Leben geht immer wieder auch liebevoll weiter, wenn wir seine Erscheinungen akzeptieren und kein Drama daraus machen.

## 45. Rote Karte

Wer beim Fußballspielen gegen die Regeln verstößt, bekommt schließlich die Rote Karte. »Rote Karte« bedeutet eine Auszeit, der Spieler sitzt am Rand und darf nicht mehr mitspielen. Die Rote Karte hat etwas mit der Thematik Grenzen, Regeln, Strafe, Unterordnung, Einsicht, Sinn, Würde, Achtung zu tun. Mit einem ganzen Themenbereich. Ich denke darüber nach, was sich vom Fußballspiel und der Roten Karte auf die erziehungsfreie Beziehung übertragen läßt.

Es geht um Regeln und Regelverstoß und darum, wie man damit umgeht. Wer stellt die Regeln auf? Wir Erwachsene. Was sind das für Regeln? Sie sind das Ergebnis unserer Erfahrung, unseres Wissens, unserer Ängste, unseres Muts, unserer großen und kleinen Befindlichkeiten. Die Regeln, die wir den Kindern vorsetzen, sind immer *unsere* Regeln. Sie sind wichtig, damit wir im Zusammensein mit den Kindern uns selbst nicht verlieren, nicht aus dem Gleichgewicht geraten, uns selbst wiederfinden in der Eltern-Kind-Beziehung. Sie schützen uns. Und viele dieser Regeln schützen auch die

Kinder. Vor Folgen, die sie nicht überblicken. Vor Folgen, die ihnen selbst oder anderen schaden können. Wie wir meinen. Wir Erwachsene bestimmen diese Regeln, in der Familie, im Kindergarten, in der Schule, in der Gesellschaft.

Egal, wie sinnvoll oder unsinnig die Regeln auch sein mögen. Sie stehen fest, bis wir sie ändern, und sie gelten für die Kinder. Die Kinder kennen die jeweiligen Regeln der jeweiligen Erwachsenen. Bei Mutter so, bei Vater so, bei Oma so, bei Lehrer Müller so. Viele sind gleich, viele sind anders. Sei's drum: Die Kinder wissen Bescheid, mit wem sie es zu tun haben, und wie es mit dessen Regeln beschaffen ist. So, wie sie viele Spiele und die zugehörigen Spielregeln kennen.

Wenn die Kinder sich an die Regeln der Erwachsenenwelt halten – das kann man gut finden, das kann man kritisch unter die Lupe nehmen. Je nach eigener Position wird man so oder so darüber denken. Für einen Erwachsenen, dessen Regeln von den Kindern eingehalten werden, ergibt sich ein solches Problematisieren selten, wer fragt sich schon, weshalb seine Kinder folgsam sind.

Wenn die Kinder sich nicht an eine Regel halten – was dann? Was gilt dann für erziehungsfreie Menschen? Für Menschen, die davon ausgehen, daß Kinder eine eigene souveräne Innere Welt haben? Daß Regeln niemals wirklich zu Recht für einen anderen erlassen werden können? Daß für uns unsere Regeln aber unverzichtbar sind?

Der Regelverstoß ist zunächst einmal nur ein Regelverstoß aus der Perspektive des Regelsetzers. Kinder *können* unsere Regeln als auch für sie gültig anerkennen. Aber sie können sie auch ablehnen, aus ihrem Königtum heraus. Das weiß und das achte ich. Jeder Mensch deutet die Welt nach seinen eigenen Gesetzen, und niemals steht einer dabei über dem anderen. Die Regelwerke der Kinder haben dasselbe Gewicht wie die der Erwachsenen. In der Bewertung der Regeln gibt es Gleichwertigkeit (meine Regel steht nicht über deiner) und Verschiedenheit (meine Regel ist anders als deine). Von daher – Gleichwertigkeit bei aller Verschiedenheit – gibt es auch keinen Regelverstoß, den wir Erwachsene irgendwo geltend machen könnten, bei einer über uns und den Kindern schwebenden Schiedsstelle. Es gibt im Spiel von Erwachsenen und Kindern keinen Schiedsrichter. Was nicht ausschließt, daß der eine von beiden »Regelverstoß« ruft. So können Erwachsene die Kinder sehen, und umgekehrt.

Wenn sich also ein Kind nicht an meine Regeln hält, was dann? Ich möchte meinen Regelfrieden wiederherstellen. Meine Regel hat etwas mit meiner Grenze zu tun. Mein Schild: »Bis hierher und nicht weiter« wurde nicht beachtet. Wenn mir das zuviel ist, muß ich etwas gegen diese Grenzverletzung tun. Ohne Herabsetzung dessen, der mein Stoppschild nicht als seins angesehen hat. Wenn ich nichts tue, wird sich das Kind in einem Bezirk aufhalten, wo es – für mich, meine Weltsicht, Identität – nichts zu suchen hat. Ich werde diese Grenzverletzung heilen, damit ich daran nicht krank werde. Ich sorge dafür, daß meine Regel als Stoppschild vor meiner Identität repariert wird: Sie wurde verletzt, aber sie soll weiterhin gelten. Eine Regelverletzung läßt sich rückgängig machen. Wirklich? Besser: Sie läßt sich heilen. Aber wie?

Im Fußball durch die Rote Karte. Auszeit. Im Alltag mit Kindern durch – durch was? Was sind unsere Roten Karten für die Kinder, wenn sie unsere Regeln verletzen? Wie verteidigen wir unsere Stoppschilder?

Ein Kind wirft mit Steinen, ärgert den Bruder, bleibt nicht an der Kreuzung stehen, ach, tausend Situationen. Die Kinder tun nicht, was sie sollen. Regelverstoß. Rote Karte. Nur: welche Karte funktioniert wirklich? Was ist die Zauberkarte?

Ich weiß das natürlich auch nicht. Jeder hat da seine eigenen Erfahrungen, und es ist auch bei allen Roten Karten immer so, daß sie etwas aus der jeweiligen Beziehung zwischen mir und dem Kind sind, und was in der einen Familie funktioniert, ist in der anderen völlig unangemessen.

Ich weiß aber, was alle Karten verdirbt, was keine Heilung, sondern nur noch mehr Unfrieden schafft. Es ist das freundliche oder ärgerliche »Ich habe recht« und das gutgemeinte oder missionarische »Sieh das ein«, ganz zu schweigen von dem unakzeptablen »Du bist böse/schlecht/unverschämt/dämlich ...« Es ist die Haltung, der Bessere zu sein, und die Kinder hätten aber doch dies und das zu tun. Rote Karten mit gutgemeinter oder nicht gutgemeinter Herabsetzung sind etwas anderes als Rote Karten ohne jegliche Herabsetzung. Wenn schon Rote Karten, dann mit Respekt und Achtung, die aus der Gleichwertigkeit kommen. Wie beim Fußball.

Sind die Kinder nicht den Regeln und den Roten Karten der Erwachsenen schutzlos ausgesetzt? Kinder sind Erwachsenen immer ausgesetzt. Das Rufen nach »Schutz« für die Kinder kommt von denen, die ihrerseits Regeln und Rote Karten, den Erwachsenen gegenüber festsetzen wollen. Und über diese (Schutz)Regeln und Karten ist in derselben Weise nachzudenken. So ein Gedanke liegt zwar nahe, der Willkür der Erwachsenenregeln etwas entgegenzusetzen, aber er bringt keine neue Erkenntnis. Wir werden immer Regeln und Rote Karten haben. Welche? Hier gibt es so viele Lösungen, wie es Menschen gibt. Es fragt sich also: Was sind *meine* Regeln und was sind *meine* Roten Karten? Hierüber kann man sich austauschen, durchaus auch mit den Kindern. Klar, es ist schön, wenn man »offen«, »großzügig« und »freundlich« in dieser Problematik ist. Aber auch der, der das alles enger sieht, muß für sich einstehen, oder er geht unter. Jeder hat da seinen eigenen Weg. Der sich immer auch verändern läßt.

Die Rote Karte wird das Verhalten der Kinder beim nächsten Mal kaum ändern können. Nicht die Rote Karte! Die Rote Karte ist etwas für jetzt, für die Heilung der Verletzung. Für das Wiederherstellen meines Regelwerks und meiner erbetenen und benötigten Achtung, die ich nicht gewahrt sah. Anders beim nächsten Mal wird es erst, wenn die Kinder das selbst wollen. Sie kennen alle Zusammenhänge, die Regeln sind bekannt. Auch die Roten Karten, die im Fall des Falles ins Haus stehen. Wer auf eine Änderung beim nächsten Mal aus ist, der betritt glitschigen Boden: Da schlittert man leicht in das Seele-Verändern, in das »So wie Du bist, bist Du nicht richtig«. Das Ändere-Dich kann nur ein Wunsch, eine Bitte, ein Hilferuf sein. Bitten werden nicht immer erfüllt. Steinewerfen ist doch super! Wozu sind Steine denn da? Das Auge, das in Gefahr ist: Das wird erst dann geschützt, wenn die Idee von Schützen und Achten in der gesamten Beziehung lebt, jenseits von Seele ändern, Vorschriften machen, Recht haben, gut und böse.

Wenn man länger erziehungsfrei lebt, wird diese Problematik immer unbedeutender. Und es gelingt mehr und mehr, die *Stoppschilder der Kinder* zu sehen und zu beachten: »Ich will nicht« – »Das ziehe ich nicht an« – »Das will ich haben« – »Das schmeckt mir nicht« – »Warum?« – »Wieso?« – »Später« – »Laß mich« – Jammern, Heulen, schrille Töne, sanfte Blicke, Clownereien, entschiedene Haltung, Humor, Lachen, absurde Ausreden, verzogene Münder, stampfende Füße, »Papa!!«, »Mama!!« – tausend Varianten, und immer die Möglichkeit zu verstehen, *ihre* Grenze zu sehen und zu achten. Die Kinder zücken keine Rote Karte, das ist im Spiel nicht vorgesehen, sie haben diese Macht nicht. Aber sie zeigen ihre Stoppschilder, unmißverständlich eigentlich. Man kann um diese Dinge wissen und, ohne Streß, daran denken und vielleicht, ohne Streß, ab und zu oder auch öfter mal halt machen. Sich selbst die Rote Karte verpassen, augenzwinkernd, aber wirksam.

## 46. Wer bist Du eigentlich?

Erwachsene sehen Kinder vor allem als Wesen, die *werden*, weniger als Wesen, die *sind*. Kinder wachsen und entwickeln sich. Wer sie *jetzt* sind, ist da nur am Rande wichtig. Doch als wir selbst Kinder waren, war es für uns selbstverständlich, daß wir sind – jetzt und gleich und eben. Wir lebten in der Zeit, mit ihr, nicht im Gegensatz zur Zeit. Nicht jenseits oder vor der Zeit, der eigentlichen Zeit. Wir waren Wesen, die nicht im Werden lebten, sondern im Sein.

Die Zukunftsperspektive drängt Erwachsene dazu, die Kinder zu ändern, damit sie werden, wie sie sein sollten. Da das aber immer wieder mißlingt, ärgern sich die Erwachsenen über die »schlimmen« Eigenschaften der Kinder, über ihren Ungehorsam und ihre fehlende Bereitschaft zur Einsicht. Über den Bruder, der die Schwester wegschubst, über die Schwester, die den Bruder an den Haaren zieht – zigtausend unakzeptable und schreckliche Varianten. Doch jeder noch so verzweifelte Hilferuf »Dieses Kind habe ich nicht bestellt« wird am himmlischen Nottelefon kurz und bündig mit »Hab ich aber geliefert« zurückgewiesen. Diese harsche Abfuhr stößt Erwachsene aus dem Wolkenkuckucksheim der Erziehung auf den Boden der Tatsachen. Auf daß sie die Realität erkennen können: daß nämlich Kinder die Wesen sind, die sie jetzt sind – und daß sie nicht vorkommen als Wesen, die erst in der Zukunft wirklich leben und jetzt nur zu Besuch da sind.

Doch wie lassen sich die Kinder als Menschen erkennen, die jetzt schon real existieren mit genau diesen jetzt real existierenden Eigenschaften? Welche Frage ist wichtig? Nun, meine Aufmerksamkeit gilt der Gegenwart. Ich habe die Zukunftsperspektive nicht aufgegeben, aber sie kommt mir nicht zur Unzeit dazwischen. Und so frage ich: »*Wer bist Du eigentlich?*« Ich weiß dabei, daß dies immer auch eine Antwort auf die

Frage »Wer bin ich eigentlich (im Umgang mit Kindern)?«
enthält. Also: Wer ist dieses Kind vor mir *jetzt?* Und da gibt es
zigtausend lebendige Antworten ...

Ein NochEinBrotKind.
Ein BinNichtMüdeKind.
Ein ErzählMirEineGeschichteKind.
Ein BinSchonFertigKind.
Kein HundeRausgehKind.
Ein DannSpielIchEbenGarNichtMehrKind.
Ein AmeisenTottretKind.
Ein LaßMichInRuheKind.
Kein AutoAnschnallKind.
Ein IchHelfeDirKind.
Ein TreppengeländerRutschKind.
Ein HonigSchmierKind.
Kein ZähnePutzKind.
Ein BruderSchlageKind.
Ein IchHabeSchlechtGeträumtKind.
Kein HändeWaschKind.
Ein MirIstKaltKind.
Ein WieSpätIstEsKind.
Kein TaschengeldSparKind.
Ein WannSindWirDaKind.
Ein SagIchNichtKind.
Ein HabIchAberWohlKind.
Kein FährtVernünftigMitDemRadKind.
Ein KlavierÜbeKind.
Ein BlumenPflückKind.
Ein DiskoBesucheKind.
Ein ZigarettenKind.
Kein IchZiehMichAnKind.
Ein IchEßDasNichtKind.
Ein FaxenMachKind.
Ein GeldKlauKind.
Ein WoIstMeinTeddySchuhBall...Kind.

Kein SonnencremeEinreibKind.
Ein JungenSindDoofKind.
Ein IchGehZumReitenKind.
Ein SchlüsselVerlierKind.
Kein ZimmerAufräumKind.
Ein GehWegSageKind.
Ein HabeKeineLustKind.
Ein DasZiehIchNichtAnKind.
Kein MeerschweinchenkäfigSaubermachKind.
Ein WiesoDennKind.
Ein IchWillZuerstKind.
Ein WoGehenWirHinKind.
Ein MachIchSpäterKind.
Kein KatzenFütterKind.
Ein DauerndWarumFrageKind.
Ein KeineHausaufgabenMachKind.
Ein MitTierenBehutsamUmgehKind.
Kein AnDerHandGehKind.
Ein WennEsSeinMußKind.
Ein WiderworteKind.
Kein NaseputzKind.
Ein JammerUndGeschreiKind.
Ein MeinZahnIstWegKind.
Ein KarateTrainingKind.
Kein IchDuschMichKind.
Ein SchrankAufräumKind.
Ein DasHabIchVergessenKind.
Kein BücherLeseKind.
Ein DaranHabIchNichtGedachtKind.
Ein BringMirWasMitKind.
Kein FrühstücksbrotAufeßKind.
Ein DasWarIchNichtKind.
Ein SpielstDuMitMirKind.
Ein KicherKind.
Kein DankeSagKind.
Ein IchGehJetztLosKind.

Ein DerHatAberMehrKind.
Kein PünktlichKind.
Ein SchonWiederAufstehKind.
Ein RotzeHochziehKind.
Ein DasIstMirZuWeitKind.
Kein HaareWaschKind.
Ein IchFreuMichAufKind.
Ein DasSchmecktMirNichtKind.
Kein GutInDerSchuleKind.
Ein DreckigeHoseKind.
Ein TretenBeißenKratzenSpuckenKind.
Kein FingernägelSchrubbeKind.
Ein DaumenLutschKind.
Ein InsBettMachKind.
Ein FrecheAntwortenGebeKind.
Ein EmpfindlicherMagenKind.
Kein GemüseEßKind.
Ein SchwesterÄrgerKind.
Ein IstMirDochEgalKind.
Ein MamaBleibHierKind.
Kein WeihnachtsgeschenkeBastelKind.
Ein KriegIchNochEinEisKind.
Ein DasSagIchAberMamaKind.
Ein LügenKind.
Kein BeimZahnarztDenMundAufmachKind.
Ein HerumalberKind.
Ein VerbotenesExtraTuKind.
Ein SpielsachenZerstörKind.
Kein BüchereibücherRückgebeKind.
Ein NachtsNichtNachHauseKommKind.
Ein ZuDünnAnziehKind.
Ein VerboteneSüßigkeitenKaufKind.
Kein MedizinEinnehmKind.
Ein FingernägelKnabberKind.
Ein EndlosTelefonierKind.
Ein FernsehenOhneEndeKind.

Kein NasseBadehoseAusziehKind.
Ein BierTrinkKind.
Kein ZahnspangenBenutzKind.
Ein TobeKind.
Ein KokelKind.
Kein IchEntschuldigeMichKind.
Ein MorgensZeitigAufstehKind.
Ein DenToasterDochBenutzKind.
Kein BedankeMichBriefSchreibKind.
Ein SchonWiederApfelImBettEßKind.
Ein ToterHaseAnfaßKind.
Ein SplitterRauziehSchreiKind.
Kein ComputerAusstellKind.
Ein MachNochEinenVersuchKind.
Ein IchMöchteDasNichtKind.
Ein IchHabDichLiebKind.


**47. Lisa**

Ich will mit den Kindern eine Radtour machen, mit Xenia (7), Felix (9) und Lisa (7). Xenia und Felix wollen mit, doch Lisa will lieber zu Hause bleiben. Aber nicht allein. »Was willst Du? Mitkommen oder dableiben?« Mir ist nicht wohl dabei. Wer ohne Lust eine Radtour macht, wird es nicht lange aushalten, und die anderen sind dann genervt. Das ist jedenfalls meine Befürchtung. Lisa kommt mit. Aber sie hängt nach und freut sich weder an den Kühen noch an den Fohlen. Sie zockelt hinterher. Die Fröhlichkeit von uns drei anderen nimmt nach und nach ab. Ihretwegen. Es ist nicht so, daß wir sie verurteilen. Nur: Wie sollen wir fröhlich sein, wenn einer betrübt ist? Beim nächsten Berg ist es dann soweit: Lisa kommt nicht. Wir halten an und warten, dann kommt sie.

Jetzt führt kein Weg mehr daran vorbei, ich will Klarheit haben. Wir reden. Noch mal: Daß sie eben keine Lust auf die

Radtour hat. Aber wir. Daß sie lieber zu Hause spielen will, aber nicht allein. Aber wir wollen ihretwegen nicht auf die Tour verzichten. Auf mein »Was willst Du denn jetzt? Nach Hause, und zwar allein, oder mitfahren?« kommt nichts genaues. Klar ist: Sie will nach Hause, und zwar mit uns. Aber wir wollen fahren, mit ihr oder ohne sie.

Was tun? Weiterfahren mit Lisa? Noch zwei Stunden das aushalten? Abbrechen und nach Hause fahren? Xenia und Felix sind gelassen: »Dann fahren wir eben zurück.« Sehr zufrieden sehen sie dabei aber nicht aus. Also: Was will ich – was will ich wirklich? Mit den Kindern schöne Zeit verbringen. Geht das so? Nein. Denn eins der Kinder will es so nicht. Meine Radtour ist also gemessen an dem, was ich will (mit den Kindern schöne Zeit verbringen) unrealistisch. Bamm. Da liegt er, der Baumstamm über dem Weg. Ich komme nicht rüber, weiß keinen Weg.

Also? Also keine Radtour. Schwer, aber es kommt, ich halte mich an und erkenne die Realität: So geht es nicht. Ärgerlich, aber wahr. Und deswegen schon etwas weniger ärgerlich.

»Ja, wenn Du absolut nicht willst ...« Ich sage das wirklich ohne Druck, doch wollen zu sollen. Aber ich sage auch und beschönige da nichts, daß ich lieber weiterfahren würde. Nur, daß es uns ja auch keinen Spaß macht, wenn einer dabei ist, der keine Lust hat. Aber daß ich auch nicht richtig sauer bin. Nur nicht gerade erfreut. In mir schwingt keine Schuldzuweisung, aber auch kein Verniedlichen. Diese Psychologie ist fein, sie liegt haarscharf neben dem »Du bist schuld«. Wir sagen uns von Souverän zu Souverän, was zu sagen ist. Ohne Oben-Unten. Ohne Anspruchsdenken. Von Person zu Person. Lisa und Hubertus, Hubertus und Lisa.

Wir stehen da und haben unser Dilemma. Energie, Kräfte, Gefühle, Sonne, Wind, Streß, Leidtun, Blumen, Warten. Ich spüre, daß ich mein Rad umdrehen werde. Xenia und Felix drehen ihre Räder bereits um. Stillstand, Ohnmacht, keine Idee mehr, und: die neue Richtung beginnt, der Stillstand ist überwunden. »Ja, dann ...« Wie können wir uns freuen, wenn einer unglücklich ist? »Also los, nach Hause.« So ist das Leben! Angenommen. O.k.

»Ich glaube, ich schaffe es doch.« »Waas?« »Ich komme mit.« Na dann! So ist das Leben! Luftholen, durchatmen, kein Kommentar. Auf gehts. Lisa summt vor sich hin und fährt den Berg rauf, ich schiebe. Die restlichen zwei Stunden ist sie gut drauf, und wir anderen auch.

## 48. Charlotte

Charlotte (2) fällt hin und hat sich die Haut aufgeschürft. Sie blutet ein wenig und sie weint.

Was kann ich jemandem Gutes tun, der leidet? Soll ich Charlotte auf den Arm nehmen? Soll ich es wegreden? »Ist doch nicht so schlimm« oder »Zeig mal« oder »Das hätte aber auch schlimmer ausgehen können« oder »Tut es sehr weh?« Begrüße ich den Schmerz des Kindes mit der gebotenen Höflichkeit? Lehne ich ihn ab? Sehe ich nur Komplikationen? Ist die Ruhe des Spaziergangs dahin? Wie geht es mir? Bin ich verärgert? Bin ich hilflos? »Auch das noch« oder »Wieso denn?« oder »Ausgerechnet jetzt«.

Reagiere ich gelassen? Sollte ich gelassen reagieren? Ist Gelassenheit nicht zu kalt und unpersönlich? Kann ich persönlich und gelassen sein? Wenn ich erschrecke, macht ihr das noch mehr Angst. Wenn ich Trostformeln sage wie »Heile, heile Gänschen« – was tue ich dann? Ist so etwas ein guter Zauber für kleine Kinder? Was will ich erreichen? Soll Charlotte wieder lachen? Soll sie den Schmerz verlieren, vergessen? Was habe ich gegen Schmerz? Was ist eigentlich überhaupt gegen Schmerz zu sagen? Aber wie kann man nur so etwas fragen! Gehört Schmerz nicht zum Leben dazu?

Also: Charlotte fällt hin, und es tut ihr weh. Ich bin dabei. Ich helfe ihr auf. Ich tupfe das Blut ab. Ich sehe sie an. Ich nehme sie auf den Arm. Worte? Wozu? Welche Worte?

Wie kann ich jemandem beistehen, der in Not ist? Andersherum: Wie will ich, daß mir beigestanden wird, wenn ich in Not bin? Ich falle hin, die Haut ist aufgeschürft, ich blute. Du bist dabei. Du hilfst mir auf und gibst mit ein Taschentuch, um das Blut abzutupfen. Was wünsche ich, daß Du sagst? Was solltest Du tun, damit es mich tröstet?

Was wollen wir für Hilfe, was wollen wir für Trost? Was will ich, was willst Du? Wer sind wir, wenn wir Trost brauchen? Sollte man das wissen? Will ich wissen, wer ich bin, wenn ich Trost und Hilfe brauche? Ich habe Not und Schmerz, und Du bist dabei. Und ich wünsche mir jetzt von Dir: ...

Von Dir. Wer aber bist Du? Freund? Feind? Es hängt davon ab, wer Du bist, wer Du in meinem Leben bist. Wie unsere Beziehung ist. Wem ich mich anvertrauen kann, zeigen kann, in mein Herz sehen lassen kann, in meine Not und in meinen Schmerz. Wen hätte ich gern dabei, wenn ich gleich hinfallen werde? Wen wünsche ich um mich herum? In guten wie in schlechten Zeiten?

Charlotte fällt hin, ich bin dabei. Hat sie mich ausgesucht? Man muß nehmen, was da ist, und jetzt bin ich da. Und es wird etwas geschehen, mit uns. Sie erlebt ihren Schmerz in meiner Gegenwart, ich erlebe ihren Schmerz in meiner Gegenwart. Meine Antwort kommt aus mir und meiner Beziehung zu ihr, aus unserer beider Realität.

Also: Charlotte fällt hin, und ich bin dabei. Sie ist 2 Jahre alt, wir kennen uns ein wenig, ich habe mich über diesen jungen Menschen vor mir eine halbe Stunde lang gefreut, auf unserem Spaziergang, ich habe ihre Souveränität und Lebendigkeit, ihre Selbstverständlichkeit und ihre Sanftheit wahrgenommen und aufgenommen. Ich habe ihr ohne Worte gesagt, daß mir ihre Gegenwart gut tut. Und ich habe von ihr ohne Worte gehört, daß es für sie in Ordnung ist, wenn ich auf dem Spaziergang mit dabei bin. Ich bin dabei, und ich bin einbezogen.

Also antworte ich auf ihren Schmerz: »Willst Du noch einen Keks?« Und ich sage mit dem Herzen: »Das Leben geht weiter, auch mit blutender Haut. Wo waren wir eben? Wir haben Kekse auf dem Spaziergang gegessen. Ein Keks ist eine feine Sache. Er schmeckt. Schmerz schmeckt nicht. Aber kommt vor. Wenn man hinfällt. Es tut dann weh. Wer hat das gerne? Willst du noch einen Keks? Man kann dem Schmerz nicht immer ausweichen, aber natürlich geht er auch wieder.« Und ich nehme sie auf den Arm, trage sie ein Stück, frage: »O.k.?« Sie nickt. Ich setze sie ab und gebe sie dem bunten Leben zurück.

Und ich? Auch ich gebe mich dem bunten Leben zurück, nach diesem Moment des Anhaltens. Und ich rede mit dem nächsten Stein, über den sie stolpern könnte, und mit der nächsten Distel, die sie stechen könnte, um sie ein wenig abzulenken, diese Hindernisse auf Charlottes Wegen im Paradies.

## 49. Melanie

Wir sitzen am Rand eines Flusses: Melanie (3), ihre Mutter Kerstin, zwei Freundinnen von Kerstin und ich. Kerstin dringt auf Melanie ein, nicht zu nahe an das Ufer zu gehen.

Es ist eine senkrechte Uferböschung, etwa drei Meter unter uns der Fluß. Kerstin versucht, Melanie zu erziehen. Sie soll lernen, daß es gefährlich ist, so nahe an den steilen Abhang zu gehen. Neben der Angst, die von Kerstin ausgeht, kommt auch der deutlich spürbare erzieherische Anspruch: »Ich weiß, ab wann es für Dich gefährlich ist. Du kannst noch nicht selbst entscheiden, wie weit Du vorgehen darfst. Ich bin für Dich verantwortlich. Ich weiß es besser als Du.«

Ich beginne zu überlegen. Wieder einmal mache ich mir klar, daß die Kinder auf die erzieherischen Erwachsenen in ganz bestimmter Weise reagieren: Sie spüren, daß ihr »Ich kann gut für mich selbst entscheiden« nicht akzeptiert ist, und sie befinden sich dann in Auseinandersetzung mit diesem Übergriff. Ich merke, daß auch Melanies Konzentration vom unverstellten Die-Welt-Begreifen wegorientiert ist, hin auf Kerstin und ihre erzieherische Botschaft. Es ist, als ob Melanie zwischen sich und die Welt die Auseinandersetzung mit dem Erwachsenen geschoben bekommt, wie Nebel. »Ihre Fähigkeit, die Wirklichkeit ungebrochen wahrzunehmen, ist gestört«, denke ich. Und der Friede des Sommertags ist dahin.

Wie ist das dann mit den Erwachsenen? Auch sie sind gestört, wenn sie sich so verhalten oder verhalten müssen, durch all das, was in ihnen an gelerntem »Mit Kindern muß man doch so umgehen« auftaucht. Und was doch so sehr im Widerspruch zur Weisheit ihrer eigenen Kindheit steht, als sie selbst mit diesen »Weisheiten« behindert wurden. Wegen der von ihnen ausgehenden Störung erfahren diese Erwachsenen nicht mehr, wie Kinder tatsächlich sind, daß sie sehr wohl in eigener Verantwortung ihre Dinge tun können – und zwar gut und effektiv. Jeder Mensch wird mit dieser Fähigkeit geboren – Melanie ist voll davon. Doch Kerstin wird von dem Zwang, dem die Erwachsenenwelt unterliegt, nämlich sich erzieherisch zu verhalten, von ihrer

Tochter fortgerissen. Fort von der offenen, unverstellten, vertrauensvollen und friedlichen Beziehung zu ihrem Kind.

Ich kenne Melanie aus meinem Forschungsprojekt. Unsere Beziehung ist frei von erzieherischen Ansprüchen und voller Nähe, Wärme, Angebot und dem Wissen um unsere Grenzen. Ich sehe ihr Gesicht und ich weiß, daß sie jetzt um ihre Identität kämpft. *Sie* will *allein* entscheiden, wie weit sie vorgehen kann. Melanie ist verstrickt in die Abwehr gegen Kerstin. Was sie tut – ein Stück zur Böschung gehen, Gras abrupfen, vor sich hinsehen – ist durchdrungen von dem Eingeflochtensein in das, was von Kerstin ausgeht: Dem Anspruch, besser zu wissen als sie selbst, was das Richtige für sie ist.

Ich schweige und beobachte. Es ist nicht meine Aufgabe, einem erzieherischen Erwachsenen die Erziehung auszutreiben. Und ich biete mich – wortlos, ohne Aktion – Melanie an, falls sie nach mir suchen sollte. Melanie beginnt, mit mir zu spielen. Die Böschungsfrage ist ungelöst. Kerstin vertraut mir jetzt ihre Tochter an und wendet sich ihren Freundinnen zu. Ich komme mit Melanie näher zur Böschung. In mir ist keine Angst und kein Anspruch, stellvertretend für dieses selbstverantwortliche Geschöpf des Universums die Entscheidungen »zu deinem Besten« treffen zu müssen. Ich traue ihr zu, die Böschungsfrage selbst richtig zu entscheiden. Und ich weiß auch, daß ich mich in einem Unglücksfall auf mich verlassen kann. Melanie und ich: Wir beide können uns frei von erzieherischem Nebel auf die Situation und aufeinander einlassen.

Und dann erlebe ich, wie sich ein junger Mensch von drei Jahren mit dem Fluß, den Strudeln, der Gefahr, dem Risiko, dem Steinwerfen, den Blumen, der Sonne, dem Wind beschäftigt. Wie sie lebt, lacht, ängstlich ist, mutig ist, stolz ist, sich erkundet und die Welt begreift. Wir sind in einer vertrauten, sehr nahen Beziehung, und es ist etwas von Achtung, Geheimnis und Andacht zwischen uns. Obwohl sie nichts direkt mit mir tut und ich ihr nur gelegentlich Grasbatzen locker mache zum Hineinwerfen, erleben wir dabei auch uns. Die anderen sind vergessen, und wir begegnen uns als gleichwertige und freie Menschen in einer tiefen emotionalen Dimension: So, wie sie sich vertraut, kann ich mir und ihr vertrauen. Ihr Selbstvertrauen, dem ich mich jenseits jeden erzieherischen Ballasts aufgeschlossen habe, erreicht mich ungehindert, fegt das Bedenken, daß sie zu Schaden kommen könnte, fort und bestätigt das tief in mir lebende Gefühl aus meiner eigenen Kindheit, daß jeder von uns ein König ist – ein Ebenbild Gottes. Ich spüre ihre Kraft und ihre Stärke – so, wie ich mir in ihrer Gegenwart selbst sicher bin.

## 50. Baggersee

Wir sind am Baggersee. Britta, Elke, Holger, Oliver, Sandra – zwischen 7 und 10 Jahre alt – und ich. Wir haben ein Feuerchen gemacht und rösten Kartoffeln. Um das Feuer auszumachen, holen wir Wasser aus dem See.

Das Wasser interessiert sie. Erst geht Oliver mit seinen Gummistiefeln am Ufer lang. »Paß auf, daß Dir kein Wasser reinschwappt!« Ich habe Angst, er könnte sich erkälten – meine Erwachsenenangst. Dann will auch Elke im Wasser laufen. »Kann ich Deine Gummistiefel haben?« Sie sind im Auto. Ich habe Bedenken: sie läßt Wasser reinlaufen, sie bekommt nasse Füße, die anderen wollen auch. Aber o.k., ich gebe sie ihr. Was ist mir wichtiger: meine Gummistiefel, die ich ja zu Hause wieder trocknen kann, oder Elkes Wunsch?

Elke geht dorthin, wo es für meine Stiefel zu tief ist. Sie setzt sich über mein »Kein Wasser in die Stiefel« hinweg. Ich akzeptiere: Wenn es ihr Spaß macht, sie ist mir wichtiger. Das ist ein Signal. Auch Oliver läßt seine Stiefel vollaufen. Mein

Ärger, daß dies nun doch passiert, hält sich die Waage mit meiner Freude über den Spaß, den sie dabei haben.

Jetzt hält es auch die anderen nicht mehr. Britta und Holger gehen zum Wasser. »Zieht doch eure Schuhe aus« – nichts da. Patsch, sind sie mit ihren Schuhen drin. Ich höre in mir: »Kinder sollten sich nicht die Schuhe naß machen. Was werden ihre Eltern sagen? Sie bekommen garantiert eine Erkältung.« Und: »Wie sie sich freuen!«

Sandra bleibt bei mir. Ich nehme dies auf: Wenn ich jetzt mit Sandra ein Stück in Richtung Auto gehe, kommen die anderen aus dem Wasser. Erwachsenenangst, nicht mehr Herr der Situation zu sein. Meine unwohlen Gefühle wachsen. »Wir müssen nach Hause.« Vorgeschobener Grund. »Ich habe Angst, daß ihr euch erkältet.« Schon ehrlicher. Daß mir am meisten Sorgen macht, von ihren Eltern Ärger zu bekommen, sage ich nicht. »Wieso – wir erkälten uns nicht.« Ich spüre ihre Gelassenheit und mein blödes, ach so erfahrenes Erwachsenengehabe.

Dann geht Elke einfach tiefer ins Wasser. Mit allen Sachen! Schon ist sie bis zum Bauch eingetaucht. Das darf doch nicht wahr sein! Und: Wie sie sich freut, das muß ja unheimlich Spaß machen. Oliver folgt, Holger schreit vor Vergnügen. Britta taucht plötzlich bis zum Hals ein. Jetzt geht auch Sandra zum See. Dann sind alle dabei, auf- und abzutauchen. Es kommen andere Bedenken: Sie könnten sich verschlucken, sie könnten in zu tiefe Zonen kommen, ich verliere den Überblick, es wird gefährlich, ich sollte jetzt auch ins Wasser gehen, um sofort eingreifen zu können. Und es kommen andere Gefühle: Sie sind so souverän, sie reizen die Situation aus, sie werfen diese behindernden Erwachsenenregeln über Bord – »man geht nicht mit Anziehsachen ins Wasser«, »man geht überhaupt nicht in ein Baggerloch«, »man muß wenigstens ein Abtrockentuch dabei haben«. Sie leben *jetzt* – und wie!

Elke schwimmt. »Ich kann nicht mehr stehen.« Holger setzt sich, nur sein Kopf ist noch zu sehen, Britta schmeißt ihre Schuhe an Land, Sandra marschiert drauflos, Oliver taucht, »Hallo, ich ertrinke«.

Ich bin jetzt jenseits aller Erwachsenenregeln und Erwachsenenbedenken. Ich bin eingespannt in die Situation, wie sie von den Kindern gelebt wird. Ich bin fasziniert. Und hellwach und aufmerksam, um sofort helfen zu können, falls das nötig werden sollte. Ich bin voll von ihrem Vergnügen und ihrer Sicherheit. *Ich bin wieder im Vertrauen zu ihnen und zu mir*, wie vor Beginn der Wasserszene. Ich sitze am Ufer und genieße – mich, sie und das Leben. Es ist fantastisch und befreiend.

»Komm doch auch.« »Nee, ich habe keine Lust.« »Na gut, aber wir.«

Dann kommt Sandra ans Ufer. »Mir ist kalt.« Dann Oliver. »Leute, ich habe jetzt Angst, daß es zu kalt wird. Kommt raus, ich hole etwas zum Abtrocknen aus dem Auto.« Ich spiele mit, ich plane mit. Ich manage und weiß, wie man jetzt wieder warm wird. Ich bin ihr Freund und stehe auf ihrer Seite, ich stehe ihnen zur Seite. Sie kommen nach und nach. Die Abtrockensachen – Pullover, die im Auto sind – reichen gerade. »Wer trocken ist, rein ins Auto. Laßt die nassen Sachen liegen und wickelt euch in die Autodecken.« In mir ist Gewißheit, wir bekommen das hin. Wenn sie sich ausziehen und einwickeln, kann es keine Erkältung geben.

Das Abtrocknen ist ein Riesenspaß. Ich packe ihre Sachen zu »Familienhaufen« zusammen, damit es nachher beim Aussteigen schneller geht. Dann ist es soweit, wir fahren ab. Heizung volle Kraft, die Scheiben beschlagen, der Wagen voller Leben, Spaß, Vertrautheit, Abenteuer und Glück.

# III Aspekte zur Schule

## 51. Von Schule und Menschenrechten

Sind Kinder richtige Menschen oder müssen sie sich mit Hilfe der Erwachsenen und der Schule erst dazu entwickeln? Je nachdem, wie man in dieser Frage Position bezieht, ergeben sich sehr unterschiedliche Sichtweisen von der Schule. Ich bin der Auffassung, daß Kinder, d. h. junge Menschen, von Anfang an vollwertige Menschen sind. Daß sie den erwachsenen Menschen gleich*wertig* sind und daß sie den erwachsenen Menschen auch gleich*berechtigt* sein sollten. Alle Grund- und Menschenrechte sollten uneingeschränkt auch für Kinder gelten.

Kinder werden in einer pädagogischen Gesellschaft jedoch nicht als vollwertige Menschen angesehen und ihnen werden die Grund- und Menschenrechte nicht uneingeschränkt zuerkannt. Dies gilt auch für die Schule, auch dort wird das Selbstbestimmungsrecht des Kindes nicht anerkannt. Den Kindern werden in der Schule aber nicht nur Rechte vorenthalten, sondern sie sind zusätzlich noch spezifischen Zwängen unterworfen, Zwängen, die jede pädagogisch definierte Schule charakterisieren. Dies sind vor allem der Lernzwang, der Aufenthaltszwang und der Beurteilungszwang. Hinzu kommen unzählige »kleine« Zwänge, die durch das Herrschaftsverhältnis Lehrer – Schüler unvermeidbar entstehen. Diesem Zwangssystem Schule sind die Kinder ausgeliefert, und zwar sowohl rechtlich als auch faktisch – weil letztlich die körperliche Überlegenheit der Erwachsenen entscheidet. Sowie psychisch – durch den moralischen Anspruch, daß die Schule richtig und gut für Kinder sei.

Das mit körperlicher Macht und dem Anspruch auf Richtigkeit daherkommende, die Grund- und Menschenrechte mißachtende Zwangssystem Schule bedeutet für junge Menschen ungeheures, ein Kinderleben lang dauerndes Leid und konkrete Menschenrechtsverletzung.

**Lernzwang – Menschen werden zum Lernen gezwungen**

Der Lernzwang mißachtet generell das Recht jedes Menschen auf Selbstbestimmung und das »Recht auf die freie Entfaltung seiner Persönlichkeit« (Artikel 2 des Grundgesetzes).

Der Lernzwang mißachtet das Recht jedes Menschen, über seine Gedanken selbst zu verfügen. Kinder dürfen von ihren Gedanken nicht freien Gebrauch machen. Sie dürfen nicht denken, was sie wollen, sondern müssen denken, was sie sollen. *Sie müssen sich mit dem vorgeschriebenen Unterrichtsstoff beschäftigen.* Und sie müssen ihren intellektuellen und intuitiven Fähigkeiten immer wieder solange Gewalt antun, bis der Stoff sitzt und das jeden freien Gedanken abtötende Auswendiggelernte im Schlaf wiedergegeben werden kann. Gedankenfreiheit gibt es für Kinder in der Schule nicht.

Der Lernzwang mißachtet das Recht jedes Menschen, selbst zu entscheiden, was er lernen möchte. In der Schule wird dieses Recht mit pädagogischen und psychologischen Mitteln unterdrückt. Das Lernen in der Schule ist zum Inbegriff des Lernens von Kindern überhaupt geworden. Das tatsächliche Lernen ist jedoch das von innen kommende, das selbstbestimmte Lernen. Das Schullernen hat das selbstbestimmte Lernen des Kindes aus dem Blick gerückt und es entwertet. Das Schullernen verleidet wegen seines Zwangscharakters jungen Menschen die Entfaltung ihrer Lernfähigkeit. Die Kinder setzen ihre Kraft gegen den Zwang ein, etwas lernen zu müssen – bis ihnen »Lernen« überhaupt verhaßt wird.

Der Lernzwang hat grundsätzlich das Rechtsbewußtsein und das Rechtsgefühl zerstört, selbst bestimmen zu können, was man lernen will. Es wird nicht nur das *Recht* auf Gedankenfreiheit und das *Recht* auf selbstbestimmtes Lernen mißachtet, sondern es verkümmern auch das Wissen, das Bewußtsein und das Gefühl dafür, daß einem diese Rechte zustehen und wie sie sich ausüben lassen. Rechte sind abstrakte juristische Gebilde, sie benötigen stets eine innere Resonanz in den Menschen, um realisiert zu werden. Diese psychologische Seite des Rechts wird zerstört. Kinder wissen und fühlen mit der Zeit nicht mehr, daß ihnen durch den Lernzwang Unrecht getan wird. Statt dessen lernen sie durch die tägliche alternativlose Präsenz des Lernzwangs, daß es richtig ist, wenn andere ihnen in Sachen Gedankenfreiheit und Lernen Vorschriften machen. Dagegen opponieren sie zwar während der gesamten Schulzeit aufgrund des tiefverwurzelten Gefühls vom Recht auf die eigenen Gedanken und vom eigenen Wert. Aber diese Opposition und Verweigerung ist kraftlos und voller Schuldgefühle und hat auch für sie selbst den Charakter von Destruktion und Unwilligkeit, statt daß sie stolz, mit Selbstverständlichkeit und ungebrochenem Elan den Mächtigen des Lernkartells ihr »Nein – ich, meine Gedanken und mein Lernen gehören mir!« entgegenschleudern.

Der Lernzwang führt zu vielfältiger Demütigung, Beleidigung und Nötigung und somit zu offener oder verdeckter Mißachtung der Menschenwürde. Denn der Lernzwang ist nicht nur ein konstitutionelles Element der Schule, sondern er wird auch jeden Tag konkret praktiziert und ist Alltagsrealität eines jeden Kindes. Jeder Lehrer ist verpflichtet, den Lernerfolg herbeizuführen, und dies ist bei einem auf Zwang beruhenden Lernen nur mit Zwangsmitteln zu erreichen. Diese Zwangsmittel erstrecken sich von althergebrachtem körperlichen Zwang und offener Bedrohung bis hin zu raffinierten pädagogischen Methoden und psychologischen Tricks wie Freiarbeit, Partnerarbeit, Wochenplan, Projektunterricht, demokratisch-partnerschaftlichem Unterrichtsstil, Ich-Botschaften, Rollenspiel, Kreisgespräch, Lehrer-Schüler-Konferenz, Aussprache, Selbsteinsicht, Sternchenstempel und vielem mehr.

Der Lernzwang schiebt sich sowohl prinzipiell als auch durch seine Zwangsmittel vor das Grundgesetz: »Die Würde des Menschen ist unantastbar. Sie zu achten und schützen ist Verpflichtung aller staatlichen Gewalt.« Der Artikel 1 des Grundgesetzes kann in der Zwangsschule von einem Lehrer in seiner Alltagspraxis – dann, wenn er den Lernzwang konkret an realen Kindern ausübt – nicht zur Richtschnur seines Handelns gemacht werden. Obwohl er als Teil der staatlichen Gewalt hierzu eindeutig verpflichtet ist.

Der Lernzwang führt zur Mißachtung des Rechts auf freie Meinungsäußerung. In der Schule können Kinder nicht ihre Meinung frei sagen – sondern nur insoweit, wie es dem Unterricht dient. »Jeder hat das Recht, seine Meinung frei zu äußern«: Der Grundgesetzartikel 5 gilt nicht für Kinder. Wenn Kinder von ihrem Recht nach Artikel 5 Gebrauch machen, wird dies als »Geschwätz« oder »Lärm« diffamiert und mit verbaler oder psychischer Gewalt unterbunden, statt zu erkennen, daß das Grundrecht auf freie Meinungsäußerung jederzeit und auch lautstark ausgeübt werden kann. Der Lernzwang führt zu täglichem Kampf um diesen Grundgesetzartikel, und er reibt als Lärmkrieg Erwachsene und Kinder auf.

Der Lernzwang hat in seinem Gefolge das ununterbrochene und in tausend Nuancen wuchernde Beiseitewischen des Rechts über seinen Körper selbst zu bestimmen: »Setz Dich! Steh auf! Steh still! ...« Im Grundgesetzartikel 2 ist dieses Recht eindeutig zum Ausdruck gebracht: »Jeder hat das Recht auf körperliche Unversehrtheit.« Doch es vergeht kein Tag ohne die Verletzung dieses Rechts, das für junge Menschen grundlegend und identitätsstiftend ist, da sie sich lange Zeit noch nah an ihrer Körperlichkeit erleben. Das Gefühl, ausgeliefert, wehrlos und Objekt zu sein wächst dadurch wie ein Krebsgeschwür in den Kindern.

Der Lernzwang bedeutet auch Aufenthaltszwang und führt zu Freiheitsberaubung im Teilzeitgefängnis Schule. Kinder werden von den eigenen Eltern zum Lernen in die Schule geschafft, und ihre persönliche Anwesenheit wird notfalls mit Polizeigewalt hergestellt. Dies steht in eklatantem Widerspruch zum Grundgesetzartikel 2: »Die Freiheit der Person ist unverletzlich.« Vor allem aber bewirkt der Lernzwang hier einen katastrophalen Vertrauensverlust zwischen Kindern und Eltern: Die Menschen, die Sicherheit und Trost für die Kinder bedeuten, ihre Eltern, treiben sie Morgen für Morgen aus dem Bett und aus dem Haus, dorthin, wo ihre Würde, ihre Rechte und ihr Selbstwertgefühl mißachtet werden. So etwas geht nicht sanft über die Bühne, und die Verzweiflung der im Stich gelassenen Kinder verfinstert Tag für Tag die Morgensonne.

### Beurteilungszwang – Menschen werden Beurteilungen unterworfen

Der Beurteilungszwang beinhaltet zunächst die Aufspaltung von Eigenschaften und Fähigkeiten des Kindes in solche, die »schulgeeignet« und »schulwertvoll« sind und in solche, die es nicht sind. Diese Aufteilung führt jeder Lehrer anhand von formellen und informellen Kriterien durch. Die »schulgeeigneten« Persönlichkeitsteile werten durch ihre Bevorzugung die anderen ab, lassen sie ein Schattendasein führen oder werden von den Kindern völlig überzogen ins Spiel gebracht, als Reaktion auf die Störung ihrer inneren Balance. Die Spaltung ihrer Persönlichkeit ist von den Kindern selbstverständlich nicht gewollt und ein Unding an sich und hat heftige negative Auswirkungen auf ihre gesamte gesunde psychische Entwicklung.

Von der Schule gebraucht und durch den Beurteilungszwang eingefordert werden: Aufmerksamsein, Mitarbeiten, Antworten, Fragen, Ordentlichsein, Umsetzenkönnen von Anweisungen, lernstofforientiertes Nachdenken, Singen nach Vorgabe und Noten, Nachsprechen, Auswendiglernen, Vorführen, Kreativsein im schulischen Sinne, Leibesübungen vollziehen, und, und, und. Alle diese Verhaltensweisen werden sodann beurteilt, und die Kinder haben sich diesen Beurteilungen zu unterwerfen. Selbst wenn einzelne Beurteilungen in Frage gestellt werden – nicht in Frage gestellt wird, daß überhaupt beurteilt wird, nicht erkannt wird, daß die unerbetenen Beurteilungen ein schwerwiegender Eingriff in die Persönlichkeit des Kindes sind und destruktive Folgen haben. Die Beurteilung des Schülers durch den Lehrer lastet als unreflektierter und tabuisierter Zwang auf jedem Kind. Mit dem Anspruch unabdingbarer Notwendigkeit gibt es Lob und Tadel bei allem und jedem.

Der Beurteilungszwang zerstört positive Beziehungen und bewirkt, daß zwischen Lehrern und Schülern Mißtrauen und Angst herrschen. Die von Zwangsbeurteilungen geprägte Beziehung enthält auf seiten der Kinder Betrug und Lüge, um gute Beurteilungen zu erhalten, auf seiten der Lehrer Mißtrauen und Herrschaft.

Der Beurteilungszwang zerstört das Selbstwertgefühl der Kinder, denn sie erfahren jahrelang, daß sie nicht Wert an sich haben, sondern nur beim Erfüllen von schulischen Anforderungen, und daß ihre nicht »schulgeeigneten« Eigenschaften nichts wert sind. Außerdem verlernen sie, sich selbst zu beurteilen und ihre Möglichkeiten und Grenzen selbst und realistisch einzuschätzen.

Der Beurteilungszwang macht die Kinder im Fall von guten Beurteilungen abhängig vom Lehrer und schleust sie in die Bahn devoter Unterordnung. Im Fall von schlechten Beurteilungen treibt der Beurteilungszwang die Kinder in Angst und Verzweiflung – bis hin zum Selbstmord.

Der Beurteilungszwang zerstört die positive Familiensituation. Denn die Eltern wollen, daß ihre Kinder gute Beurteilungen nach Hause bringen. Eltern mit solchen Erwartungen werden von den Kindern erneut nicht als auf ihrer Seite stehend erfahren. Die Kinder erleben die Eltern als Verbündete der Schule, sie fühlen sich verraten und nicht mehr geliebt. Die Familie verliert durch den Beurteilungszwang ihre Schutz- und Unterstützungsfunktion.

### Schule – Zerstörung der Lernfähigkeit

Die Schule verhindert durch die Mißachtung der Menschenrechte und die daraus resultierenden Zwänge, daß die Lernressourcen der nachwachsenden Generation erkannt und fruchtbar gemacht werden – Ressourcen, die in den Menschen angelegt sind und die von der Menschheit heute dringender denn je zum Überleben benötigt werden. Die Kraft der Kinder ist im Abwehrkampf gegen den Lern-, Beurteilungs- und Aufenthaltszwang und die vielfältigen »kleinen« Zwänge gebunden. Erwachsene werden in diesem Kampf aufgerieben, und ihre hilfreichen Fähigkeiten zur Unterstützung der Kinder und Entfaltung ihrer Lernfähigkeit können nicht genutzt werden. Neben der Unmenge Leid, die dadurch bei Kindern, aber auch bei Erwachsenen, hervorgerufen wird, sind die Leistungen dieser auf Zwang beruhenden Schule äußerst gering. Die heutige Schule ist somit gleichzusetzen mit der Zerstörung der Lernfähigkeit der nachwachsenden Generation und mit der Schädigung der Zukunft. *Dies ist zu ändern!*

## 52. Die geistige Freiheit des Kindes

Wenn die Kinder das Recht auf selbstbestimmtes Lernen haben, wenn ihnen die Gedankenfreiheit und Meinungsfreiheit nicht mehr im Namen von Zivilisation und Enkulturation abgesprochen werden, wenn die Schulpflicht aufgehoben und die heute bestehende Schule abgeschafft werden – was wird dann sein?

Was geschieht, wenn Kinder nicht in einem pädagogischen Weltbild sondern in selbstverantworteter geistiger Freiheit groß werden? Wenn eine Pflichtschule obsolet ist, wenn Kindern ihr Lernen gehört und sie ihr Weltverständnis in eigener Regie entwickeln? Welche Werte werden dann gelten? Wie wird die Welt dann aussehen?

Die Fantasie, die zur Beantwortung dieser Fragen aufgerufen ist, ist gefangen in langer Tradition, und negative Antworten sind sofort abrufbar. Wieso eigentlich? Warum drängen sich die Bilder von Chaos, Ausbeutung, Willkür, vom Untergang der Zivilisation auf, wenn Kinder mit Freiheit assoziiert werden, wenn dieser Grundwert unserer Kultur auf die Kinder gedacht wird?

Das Menschenbild vom Kind, das den negativen Antworten zugrunde liegt, ist ein sehr mißtrauisches und pessimistisches: Ohne Schule, das heißt ohne die gezielte Intervention der Erwachsenen, gelingen Kinder, Zivilisation und Kultur nicht. Mein Menschenbild vom Kind ist jedoch konstruktiv. Für mich passen Kinder und Freiheit nicht nur gut zusammen, sondern Freiheit gelingt nur dann wirklich – und wirklich heißt: in steter Beziehung und Balance zur Freiheit des anderen und als Grundlage einer friedlichen Gesellschaft –, wenn Kinder sie in ihrem Kinderleben erfahren, wenn sie mit und in den Kindern großwird. Wo führt das also hin, wenn Kinder über ihr Denken selbst bestimmen? *In eine konstruktive freie Gesellschaft* – was immer sie kennzeichnen wird. Das ist die große Antwort, die all den Fragen zunächst entgegenzuhalten ist. Dieser Denkbogen ist für mich nicht nur in der gesellschaftlichen Frage nach Diktatur oder Demokratie gültig, sondern auch in der Kinderfrage und der Schulfrage.

Menschen lernen immer, denn Menschen können nicht nicht lernen. Die Frage ist nicht die, ob Lernen stattfindet oder nicht – *Lernen findet immer statt!* Die Frage ist, ob ein Kind das lernen muß, was die Erwachsenen vorgeben, oder ob es das lernt, was es selbst zu lernen entscheidet – ob Lernen mit oder ohne Zwang stattfindet. *Soll* ein Kind lernen? Das lehne ich als unzulässigen Eingriff in die innere Freiheit eines anderen Menschen ohne Wenn und Aber ab. Ich möchte keine Zivilisation und Kultur, die auf der geistigen Bevormundung, Unterdrückung und Versklavung der eigenen Kinder beruht – und nichts anderes sehe im Lernen mit Zwang. Wer soll entscheiden über das, was gelernt wird, individuell und gesellschaftlich? Das Lernen gehört demjenigen, der lernt – *nicht anderen*. Ich will keine Marionetten!

Auch mir ist es wichtig, mein Wissen von der Welt weiterzugeben. Aber nicht als kulturellen Imperialismus wie in Afrika oder bei den Indianern. Als Angebot, als Kommunikation von Gleich zu Gleich. Vielleicht am Anfang schwer zu realisieren, aber nicht unmöglich. Bei jedem Auslandsurlaub kann man erfahren, daß so etwas selbstverständlich gelingt, auch in Afrika oder am Ende der Welt. Von sich, seinem Wissen, seinen Werten, seinen Gefühlen – in gegenseitiger Achtung voreinander – berichten, darüber ins Gespräch kommen, Geben und Nehmen. Ich will, daß jungen Menschen die Welt – das Erwachsenenwissen von der Welt – nicht oktroyiert wird, sondern daß es ihnen vorgestellt und anvertraut wird: zur eigenen Bewertung. Die Kinder entscheiden selbst, was sie übernehmen und was nicht. Das Lernen ohne Sollen ist nicht das Ende des Lernens, sondern das Ende des Sollens beim Lernen.

Die Abschaffung des Zwangslernens vergrößert die Basis der Demokratie: Junge Menschen werden als vollwertige Bürger – als Bürger, die über ihr Denken und Lernen selbst bestimmen – in der Gesellschaft willkommen geheißen. Wenn in der Aufhebung der Schulpflicht eine Gefahr für Kinder gesehen wird (Kinderarbeit, Ausbeutung u. a.), dann kann man etwas dagegen tun. Begleitende Gesetze sorgen dafür, daß das Recht der Kinder, über ihr Lernen selbst zu bestimmen, nicht zu ihrem Nachteil wird: »Wer ein Kind gegen seinen Willen ... wird bestraft«: Unzählige solcher Schutzbestimmungen lassen sich ersinnen und in Gesetze fassen. Und bei entsprechendem gesellschaftlichen Willen auch effektiv durchführen. Den Kindern das Recht auf selbstbestimmtes Lernen zu ihrem Schutz zu nehmen – diese Verdrehung ist gänzlich überflüssig.

Wenn dann in hundert Jahren tatsächlich eine Welt bevorzugt werden sollte, die zum Beispiel kaum mehr Mathematik kennt, wenn dann tatsächlich keine Brücke mehr gebaut werden könnte, wenn dann die Menschen auf Booten über den Rhein und die Elbe gelangen müßten: Wenn die Menschen im Jahr 2100 dies so wollen, frei entschieden haben, nachdem sie den Nutzen der Mathematik mit ihrem Schaden in Beziehung gesetzt haben und nachdem sie sich gegen die geistige Versklavung ihrer Kinder durch 10 lange Schuljahre Mathematikunterricht entschieden haben – ist das zu verurteilen, ist die Welt dann schlechter, bricht dann das Chaos aus? Ich kann das nicht erkennen. Ich erkenne, daß Freiheit mehr Lebensqualität in sich trägt als jegliche Sklaverei. Ich erkenne, daß Menschen, die über ihr Schicksal selbst bestimmen, glücklicher sind als die, die gezwungen werden. Und zwar auch glücklicher als die, die zu ihrem Glück gezwungen werden. Und selbstverständlich auch glücklicher als die, die zu ihrem Glück mit Mathematikunterricht oder Deutsch-, Englisch-, Französisch-, Biologie-, Sport-, Physik-, Geographie-, Technik-, Religionsunterricht und allen sonstigen Unterrichten noch gezwungen werden. Ich sehe die Harmonie dieser Menschen und ihren Frieden mit sich, den anderen und der Welt.

### 53. Impulse für die Schule der Zukunft

Die Schulpflicht wird nicht morgen und auch nicht übermorgen aufgehoben. Sie wird erst dann beendet sein, wenn hierüber ein gesellschaftlicher Konsens besteht. Wann wird das sein? In wie vielen Generationen? Im Jahr 2050, 2100, 2200? Wenn die gesellschaftliche Situation so weit ist, daß allen Ernstes über die Aufhebung der Schulpflicht nachgedacht wird, wird es auf alle Fragen gute und überzeugende Antworten geben. Wir können nicht heute an einem einzigen Tag die Denkleistung eines halben oder ganzen Jahrhunderts zustande bringen. Eine Reise von tausend Meilen beginnt mit einem Schritt, sagt Lao Tse.

Wenn die Richtung auf das selbstbestimmte Lernen einmal eingeschlagen ist, wenn ein gesellschaftlicher Konsens besteht, Kinder nicht mehr geistig zu versklaven, sondern mit ihnen in gegenseitigem Austausch zu leben, dann werden sich alle Details ergeben – Details, die heute noch nicht zu erkennen sind. Entscheidend ist die Richtung. *Lernzentrum, Street-Teaching* und *Sommer-Seminar* sind erste Überlegungen, wie die Erwachsenen mit den Kindern auch in der Frage ihres Lernens gleichwertig und freundlich zusammenleben können.

### Grundzüge des Lernzentrums

1. Aufhebung des Lernzwangs
Es entfällt erstens der Zwang, überhaupt etwas lernen zu sollen, sowie zweitens der Zwang, etwas Bestimmtes lernen

zu sollen. An die Stelle des Lernzwangs tritt das uneingeschränkte Recht auf Selbstbestimmung. Kinder entscheiden über die Lerninhalte und die Art ihres Lernens selbst.

2. Aufhebung der Schulpflicht
Die Schulpflicht wird durch das Recht, Lerninstitutionen besuchen zu können, ersetzt. Dieses Recht ist auch Eltern gegenüber durchsetzbar.

3. Aufhebung der Beurteilungsfunktion
Im Lernzentrum werden keine Beurteilungen durchgeführt.

4. Einführung des kinderloyalen Unterstützens
Der im Lernzentrum tätige Erwachsene ist ein kinderloyaler Unterstützer. Er steht als Vertrauter und Freund Kindern zur Seite und ist in seiner Arbeit unabhängig. Er ist für die Kinder als Person und fachlicher Experte da, wobei die personale Beziehung Vorrang hat.

5. Einführung amicativer Ausbildung
Der im Lernzentrum tätige Erwachsene erhält statt der pädagogischen eine amicative Ausbildung. Sie ist eine praktische Ausbildung mit Kindern.

6. Orientierung am »Haus der Offenen Tür«
Das Lernzentrum wird am Konzept »Haus der Offenen Tür« orientiert. Es ist ganztägig geöffnet, beschäftigt auch außerinstitutionelle Mitarbeiter und nimmt auch Funktionen eines Jugendzentrums wahr.

Soweit die *Grundzüge* einer Lerninstitution der Zukunft, sämtliche Details müssen noch überlegt und ergänzt werden. Es ist aber andererseits sehr die Frage, ob die Kinder überhaupt feste Einrichtungen aufsuchen werden. Werden die Kinder eine Schule wie das Lernzentrum annehmen? Wie oft sind sie da? Regelmäßig oder nur am Rande? Was sollte die Kinder veranlassen, zum Lernzentrum zu gehen? Die Lehrer? Das Angebot? Die Langeweile? Der Trend? Kinder leben ihr eigenes Leben, und das ist nur selten ein Leben nach der Uhr in einem Lernraum.

**Street-Teacher**

Die Kinder werden sich dort aufhalten, wo sie es jeweils wirklich wollen: Irgendwo in ihrem Wohnbereich, so wie es sich ergibt. Das kann das Lernzentrum sein, vielleicht für ein paar Stunden, oder auch nicht. Die Vermittlung des Wissens wird jedoch stets dort stattfinden, wo die Kinder real sind, vor Ort, bei ihnen. Und wenn es den Erwachsenen wichtig ist, Wissen zu vermitteln, werden sie es zu den Kindern bringen müssen, mit der nötigen Achtung und stets nur als Angebot. Und sie werden die Kinder nie mehr zwecks unerbetener Wissensvermittlung in die Schulen schaffen.

Die Schule der Zukunft wird sich auf die Kinder und ihre Art, dem Leben zu begegnen, einstellen. Die Erwachsenen werden also zu den Kindern hingehen und ihr Wissen mitbringen und vorstellen. Der Lehrer der Zukunft wird wie ein Streetworker arbeiten: als Street-Teacher. Er wird die Kinder an ihren Treffpunkten aufsuchen und seine Angebote dabeihaben. Er wird als Person und fachlicher Experte kommen, ohne pädagogische Absicht und List, authentisch, als Freund, als jemand, der dazugehört und der etwas zu bieten hat. Er wird sich nicht aufdrängen, aber auch nicht distanziert sein, er wird als Person seine eigene Position haben und sich durchaus auch verstricken lassen in den Alltag der Kinder, für die er eingeteilt ist. Herr Meier für die 6 bis 8jährigen der Berliner Straße 1 bis 100, Frau Müller für die 6 bis 8jährigen der Berliner Str. 101 bis 200, usw.

Vielleicht halten sich die Kinder und ihr Lehrer einige Zeit im Lernzentrum ihres Bezirks auf, vielleicht auch nicht. Vielleicht diskutieren sie ein Matheproblem vor dem Kaufladen, eine ethische Frage vor dem Kino. Vielleicht hören die Kinder zu, wenn er ihnen auf dem Spielplatz etwas über den Amazonas vorliest. Vielleicht malen sie zusammen ein Pflasterbild. Vielleicht machen sie nur einfach miteinander Lärm, mit Gitarre und Mülltonnenschlagzeug. Vielleicht überredet er sie zu einem Schreibspiel. Vielleicht akzeptieren sie seinen Vorschlag, einen Streit zu schlichten. Vielleicht reden sie einen Vormittag englisch miteinander, lesen einen Text von Mark Twain im Original, büffeln englische Grammatik und hören sich gegenseitig Vokabeln ab. Vielleicht lassen sie sich von ihm erklären, wie man eine Fahrkarte kauft. Vielleicht zeigt er ihnen einen Blitzableiter und sie kommen ins Gespräch über Elektrizität, Blitz und Donner. Das Leben ist voller Fragen und unzähliger Lernmöglichkeiten.

Street-Teaching wird eine sehr flexible Sache sein, mit einem spezifischen neuen Berufsbild und entsprechendem neuen Ethos. In diesem Beruf werden nur stabile Persönlichkeiten bestehen können, Menschen, die offen und freundlich, kreativ und von natürlicher Autorität sind. Diese Erwachsenen werden gut sein müssen, sehr gut, um vor den Kindern bestehen zu können. Und nur dann, wenn sie von den Kindern akzeptiert werden, ist ihr Einsatz gerechtfertigt.

Die Ausbildung zum Street-Teacher wird sich von der heutigen Lehrerausbildung deutlich unterscheiden, es müssen gänzlich neue Wege eingeschlagen werden. So werden die Lehrer während ihres Studiums mehr und mehr erfahren, wer sie selbst sind und wer Kinder sind: Sie werden sich selbst erkunden und in unmittelbarer Auseinandersetzung mit Kindern (wieder) erleben, was es bedeutet, ein Kind zu sein. Kongruenz, Akzeptanz und Empathie werden Schlüsselqualifikationen sein, auf einer postpädagogischen Basis. Die Lehrerstudenten werden wieder lernen zu spielen – ohne doppelten Boden, einfach mit Menschen zusammen sein, den Regeln des Augenblicks und der persönlichen Wahrhaftigkeit untergeordnet. Ihre fachliche Qualifikation wird dabei nur ein zusätzlicher Aspekt sein.

**Sommer-Seminar**

Wenn die Richtung auf das selbstbestimmte Lernen einmal eingeschlagen ist, wenn ein gesellschaftlicher Konsens besteht, Kinder nicht mehr geistig zu versklaven, sondern mit ihnen in gegenseitigem Austausch zu leben, dann werden sich alle Details ergeben – Details, die heute noch nicht zu erkennen sind. Entscheidend ist die Richtung, und das Lernzentrum und Street-Teaching sind erste Überlegungen, wie die Erwachsenen mit den Kindern auch in der Frage ihres Lernens gleichwertig und freundlich zusammenleben können.

So könnte es zum Beispiel nach den Sommerferien 2015 das erste »Sommer-Seminar« eines Bundeslandes geben. Dieses Projekt wird seit 2010 zunächst an den Universitäten entwickelt und diskutiert, dann von den Medien aufgegriffen und steht lange Zeit in den Schlagzeilen. Schließlich reagiert die Politik, und nach einer gewonnenen Landtagswahl, in der es auch um das »Projekt Sommer-Seminar« ging, beschließt der Kultusminister, das Sommer-Seminar im Herbst 2015 zu realisieren:

Im Anschluß an die Sommerferien können die Kinder vier Wochen lang zur Schule gehen, müssen es aber nicht. Der Schulbesuch ist vier Wochen lang freigestellt. Die Lehrer sind da, jeden Tag, doch sie haben in diesen vier Wochen eine andere Aufgabe als sonst: Sie machen Angebote und stehen den Kindern für ihre Lernwünsche zur Verfügung. Die Angebote der Lehrer sind vielfältig, die Lehrer wurden in besonderen Weiterbildungsseminaren dafür eingehend geschult. Das Angebot einer Schule hängt sehr von den Ideen und der Initiative der jeweiligen Lehrerschaft ab, aber gerade die

Vielfalt ist es auch, die das Projekt so interessant macht. Die Lehrer werden ermutigt, sich von ihren persönlichen Hobbys und Neigungen leiten zu lassen, wenn sie den Kindern diesen Monat als Lernhelfer zur Verfügung stehen. Denn dann, wenn sich ein Erwachsener wohlfühlt, wird ihn seine positive Einstellung beflügeln – er und die Kinder werden wesentlich mehr leisten als sonst. Überhaupt wird das gesamte Projekt mit viel psychologischer Überlegung begleitet, und Vorstellungen von Authentizität, persönlicher Wahrhaftigkeit und der Freiheit des Lernenden und des Lehrenden werden für viele zu neuen Leitideen.

Die Kinder reagieren auf das Angebot zunächst mit viel Skepsis, doch dann mit großer Begeisterung. Wie sich in den wissenschaftlichen Untersuchungen zeigt, die dem Sommer-Seminar 2015 folgen, hatte sich nämlich schnell herumgesprochen, daß die Schule so ganz anders war, daß die Lehrer völlig anders auftraten und daß es einfach riesigen Spaß machte, sich in der altgewohnten Zwangsanstalt ernst genommen und geachtet zu fühlen. Die Wissenschaftler sprechen von einer »Explosion des Wissens«, das in diesem einen Monat erfolgt sei, die Wirtschaft, die Handelskammern und die Industrieverbände reagieren auf das Sommer-Seminar optimistisch.


## 54. Dem Leid der Schulkinder begegnen

Daß Kinder durch die Schule in ihrem Herzen tief gekränkt werden und daß sie die Schule nach 10 langen finsteren Jahren traumatisiert verlassen, wird selten wirklich thematisiert. Die großen und kleinen Katastrophen, die alle Schulkinder erleiden, werden rückblickend immer humorvoll oder sarkastisch oder resignativ erzählt, und es heißt dann: »Schule ist eben so.« Ich sehe aber das Leid der Kinder, das die Schule ihnen zufügt, als das, *was es ist, wenn es geschieht:* als konkret erlebtes Leid. Und ich erkenne es in seiner Brisanz und Tragweite für die einzelne Person und die Gesellschaft.

Wie schlimm sind persönliche Herabsetzungen, die ein Kind im Laufe seiner 10 bis 13jährigen Schulzeit in und durch die Schule erlebt? Was verheilt und was bleibt? Warum gibt es keine Studien darüber, welche seelischen Verletzungen Kinder in der Schule erleiden und wie es sich mit den Langzeitfolgen dieser Verletzungen verhält? Warum gibt es keine Leiddiskussion, weder in Ansätzen noch in der ganzen Vielfalt der Dinge, die für Kinder in der Schule Leid bedeuten?

Nun, in einer Welt, die den Erwachsenen über das Kind stellt und die dem Erwachsenen die pädagogische Aufgabe zuweist, aus Kindern vollwertige Menschen zu machen, ist die Herabsetzung des Kindes das Alltagsklima. Herabsetzung: Der Erwachsene oben, das Kind unten – der Erwachsene ist der »richtige« Mensch, das Kind ist ein unfertiger, »noch nicht richtiger« Mensch. Das Alltagsklima der Herabsetzung ist strukturell verankert durch die pädagogisch-anthropologische Sichtweise vom Kind. Diese Herabsetzung wirkt aber nicht nur als psychologische Untergrundströmung, sondern wird im Alltag eines jeden Kindes immer wieder auch konkret: verbal und handgreiflich.

In der Schule gilt dieselbe Oben-Unten-Struktur wie in der Gesellschaft, alle Lehrer arbeiten in pädagogisch-anthropologischer Sichtweise an der Menschwerdung des Kindes. Und genauso wird im Alltag eines jeden *Schul*kindes die Herabsetzung immer wieder auch konkret: verbal und handgreiflich. Als Aktion eines konkreten Erwachsenen, des Lehrers Meier, der Lehrerin Müller:

Anschreien, beschimpfen, auslachen, bloßstellen, vorführen, bestrafen, beleidigen, zwingen, nötigen, übergehen, wegsehen, schlecht machen, ungerecht behandeln, austricksen, in die Enge treiben, mit Häme überziehen, Schuldgefühl machen, Geständnis erpressen, diskreditieren, diskriminieren, anschwärzen, verpetzen, belügen, das Wort im Munde rumdrehen, die intellektuelle Überlegenheit ausspielen, auflaufen lassen, links liegen lassen, vom Spiel ausschließen, bewußt überfordern, erpressen, eine Leistung nicht anerkennen, Strafarbeiten aufgeben, nachsitzen lassen und so weiter und so fort. Und: Ohne Unterlaß wird in die körperliche Unversehrtheit eingegriffen. Man läßt einen anderen Menschen spüren, wer die wirkliche Macht über seine körperliche Integrität hat, wem man ausgeliefert ist, wie man sich zu bewegen, zu drehen und zu wenden hat. Der Körper wird dirigiert und funktionalisiert, Finger, Hände, Arme, Beine, Augen, Ohren, Nase, Mund, Magen: Immer wieder rollen die Angriffe auf die körperliche Souveränität heran, immer wieder erlebt sich das Schulkind nicht als Herr im eigenen Haus, sondern als vertrieben von sich selbst.

Zu den selbst erlittenen Herabsetzungen kommt das Miterleben der Demütigungen der Alterskameraden, Mitschüler, Freunde – in der Zusammenzählung eine unvorstellbare Menge an durchlittenem und angeschautem Leid. Die Menge dieses Leids wird zur Norm, zur Selbstverständlichkeit, zur erlebten Erfahrung und zum Wissen: »Schule ist eben so.« Ohne Alternative. Und das Gefühl dafür, wie es hätte sein können, sein müssen, wenn Menschen miteinander in gegenseitiger Achtung, Freundlichkeit und Offenheit umgehen, stumpft ab, wird dünner und zerbricht schließlich: »Schule ist eben so.« Wenn es einem selbst passiert – das ist dann irgendwie normal, es passiert allen, jeden Tag, »und wenn es mich trifft, was ist dabei?« Was ist dabei? Was ist dabei, wenn ein Mensch gedemütigt wird? Wenn er sich nicht mehr selbst gehört? Wenn seine Würde zertreten und sein Wert verhöhnt werden? Wenn sich der Schmerz nicht mehr artikuliert, wenn er nicht einmal mehr als Grenzüberschreitung empfunden wird? »Schule ist eben so.« Welche Seele entwickelt sich dann? Wie tief wachsen solche Verletzungen nach innen? Wie wirken sich diese Verwachsungen später aus, in aktuellen Leidsituationen? In denen, die man selbst erfährt, und in denen, die man miterlebt? Und in denen, die man selbst hervorruft? Wie schultraumatisiert sind wir alle – wie schultraumatisiert ist die Gesellschaft – wie schultraumatisiert ist die heutige Zivilisation?

Demütigungen in der Schule unterscheiden sich erheblich von denen, die in der Familie erlebt werden. Eine Herabsetzung durch den Vater oder die Mutter ist stets nur eine persönliche Angelegenheit zwischen diesem Erwachsenen und diesem Kind. In der Schule ist die Herabsetzung durch den Lehrer Meier und die Lehrerin Müller zwar auch etwas Persönliches, das sie mit diesem Kind austragen, aber darüber hinaus geschieht diese Herabsetzung *öffentlich*, viele sehen zu, der Verlust des Gesichts ist unabwendbar und erfolgt immer. Die Demütigung erfolgt durch einen Repräsentanten der Öffentlichkeit, der öffentlichen Macht, der Gesellschaft. Der Stachel der Erniedrigung und Beschämung sitzt tief in der Seele durch die öffentliche Schande, die das Schulkind erlebt.

Das Überschreiten der psychischen Schamgrenze, an sich selbst erlebt oder bei anderen mitangesehen und miterlitten, läßt Kinder zurück, die nicht nur in ihrem Selbstwertgefühl immer wieder demontiert werden, sondern die nach und nach das verlieren, was man Weltvertrauen nennt. Zu den bekannten Mechanismen, um solche Erlebnisse zu überstehen, gehört es, nicht den Angreifer, sondern sich selbst als Verursacher und Schuldigen für das Vorgefallene zu erleben. Die Kinder werden durch das Leid, das die Schule ihnen zufügt, in tiefe Schuldgefühle verstrickt. Sie geraten in das doppelte Unglück, einerseits Opfer zu sein mit all den abscheulichen Wirkungen – und andererseits sich selbst für diese ganze Peinlichkeit verantwortlich zu machen. Die Unterscheidung zwischen Opfer und Täter verwischt, das Leid kann nicht mehr benannt werden, Sprachlosigkeit macht das Leid versteinern und lastet schwer auf der Seele der Kinder.

Die Folgen sind für den einzelnen schwerwiegend genug und dauerhaft, da es weder in der Schulzeit noch in der späteren Erwachsenenzeit eine Aufarbeitung dieser Traumatisierung gibt. Doch sind diese Verletzungen nicht nur für den jeweils gedemütigten Menschen wirksam, sondern darüber hinaus auch dann, wenn den eigenen Kindern derartiges in ihrer Schulzeit widerfährt. Die aktuellen Schuldemütigungen der eigenen Kinder erinnern an die früher als Kind selbst erlittenen Erniedrigungen, die nicht geheilt sind und nun wachgerufen werden. Verschlossen geglaubte Türen zum eigenen Leid werden geöffnet, und der damals erlernte Mechanismus der Doppelbindung lebt auf. Die selbst erlebte Vermischung von Täter und Opfer wird wachgerufen und den eigenen Kindern vorgesetzt: »Geschieht Dir recht!« oder »Daran wirst Du nicht unschuldig sein!« Oder der Erwachsene empfindet ganz einfach Genugtuung, daß auch anderen – den eigenen Kindern – dieses widerfährt. Reaktionen, die den heutigen Kindern zur eigenen Last zusätzlich die Last ihrer Eltern aufbürden. Aber wie sollten diese Eltern ihren Kindern auch helfen können? Gefangen im eigenen Leid haben die Eltern eigentlich keine wirkliche Möglichkeit, für ihre Kinder etwas zu tun.

Die konkreten Demütigungen, die auch heute Tag für Tag von konkreten Personen in der Schule ausgehen, von Herrn Meier und von Frau Müller, lassen sich nicht vermeiden. Lehrer haben eine pädagogische Grundhaltung, im pädagogischen Bezug steht der Erwachsene als Zivilisationsbeauftragter oben, das Kind als zu zivilisierender Nachwuchs unten. Lehrer haben einen Auftrag – aus Kindern vollwertige Menschen zu machen –, und den müssen sie erfüllen. Und da »Lehrer auch Menschen sind«, werden sie sowohl ihre individuellen Charaktereigenschaften ausleben – und zwar auch die destruktiven – als auch in Belastungssituationen dafür sorgen, daß sie selbst nicht untergehen: Und hierzu setzen sie letztlich Herrschaftsverhalten ein. Es ist völlig illusorisch, sich dafür zu engagieren, daß die Demütigung des Kindes in der Schule verringert wird oder aufhört. Etwa indem man versucht, in konkreten Situationen Einfluß auf bestimmte Lehrer zu nehmen, oder indem die Lehrer in ihrer Ausbildung und Weiterbildung entsprechend sensibilisiert werden. Solange die Schule eine pädagogische Institution ist, enthält sie die strukturelle Herabsetzung des Kindes, und die in ihr arbeitenden Erwachsenen werden um ihrer eigenen Sicherheit willen die ihnen untergebenen Kinder immer wieder auch demütigen, demütigen müssen. Was aber läßt sich tun, wenn die Demütigungen der Kinder unabwendbar zum Alltag der Schule gehören? Wenn sich das Leid nicht verhindern läßt?

Es läßt sich *im Anschluß* an die Demütigung etwas tun. Wenn Eltern diese seelische Verletzung ihrer Kinder schon nicht verhindern können, so können sie doch hier und sofort mit ihrer Heilung beginnen. Das Leid, das die Schule den Kindern zufügt, kann zum einen *überhaupt* und zum anderen *rasch* behandelt werden.

Das ist eine neue Möglichkeit – so naheliegend und doch nicht erkannt. Hintergrund hierfür ist der eigentlich sehr einfache Gedanke, sich selbst als Mittelpunkt allen Geschehens zu sehen: Die eigene Existenz als Basis der Welt zu begreifen, zu merken, daß es so viele Realitäten wie Menschen gibt. Mit dieser postmodernen Position wird deutlich, was einem selbst zukommt und was in die Zuständigkeit eines anderen Menschen gehört. Und es wird ebenso erkennbar, wer ein Opfer und wer ein Täter ist, Doppelbindungen entstehen gar nicht erst. Der Nebel über dem Geschehen in der eigenen Schulzeit kann sich lichten, klarer und klarer treten der Lehrer Meier und die Lehrerin Müller von damals als Täter vor die Erinnerung, und ungestüm bricht sich das Wissen Bahn, daß wir Schulkinder damals im Recht waren, die Lehrer im Unrecht, daß sie Täter und wir Opfer waren und daß wir an unserem Leid damals *nicht* schuld waren. Und eindringlich wird bewußt, daß die heutigen Kinder in derselben Situation sind und wie wir ihnen helfen können.

Wenn ein jeder Mensch Mittelpunkt allen Geschehens ist, so gilt das selbstverständlich auch für den Täter, und da auch dieser Mensch aus seiner Sicht etwas Sinnvolles tut, wird zwar nicht das Leid kleiner, das das Opfer von ihm erfährt, aber es entsteht kein Haß. Kinder, die sich als Opfer erfahren und in dieser Opfererfahrung nicht durch Doppelbindungswirkungen gestört werden, werden nicht in Haß auf sich selbst, den Lehrer und die Schule verstrickt. Das Verhalten des Lehrers ist sinnvoll und aus seiner Sicht anders definiert als aus der Sicht des Kindes: Statt »Leid zufügen« sieht der Lehrer eine »notwendige Disziplinierung«, eine »berechtigte Strafe«, eine »hilfreiche Zurechtweisung«. Es wird der Hauch des Vorwurfs, des Schlechten, des Bösen, des Schuldgefühls und der Schuldzuweisung aus diesem ganzen Szenario genommen.

Die Demütigung durch den Lehrer kann nun als das gesehen werden, was sie ist: Eine Grenzüberschreitung, sinnvoll und unvermeidbar für den Lehrer, leidvoll und unakzeptabel für das Kind. Der Sinn des Lehrers steht nicht über dem Sinn des Kindes, und seinem »Das ist jetzt nötig« kann das Kind sein »Aber nur aus Deiner Sicht« gleichwertig entgegenhalten. Das Leid des Kindes wird für das Kind Leid bleiben, doch es enthält nicht mehr das psychische Gift des objektiv Nötigen, verfügt durch eine absolute Autorität, erlitten durch eigenes Verschulden.

Die Eltern können ihren gedemütigten Kindern helfen, die Realität nicht zu verlieren. Sie können der aufkommenden Doppelbindung entgegenwirken, Schuldgefühle zerstreuen, das

Selbstwertgefühl stärken, Orientierung sein, trösten. Es reicht dabei aus, das Unrecht, das vom Kind als solches erlebt wird, auch so zu benennen: »Es war Unrecht, er hat Dir Leid zugefügt.« Ohne den Täter, den konkreten Lehrer, dabei zu diffamieren. Das *Aussprechen der Wahrheit*, so wie sie das Kind und die auf seiner Seite stehenden Eltern erleben, hat eine unglaublich befreiende und heilende Wirkung, ist voll Mitgefühl und Trost – und dabei gleichzeitig ohne jegliche Herabsetzung der Würde des Lehrers und Täters. Wie in der Wahrheitskommission in Südafrika geht es darum, eine totalitäre Struktur (dort die Apartheid, hier die pädagogische Oben-Unten-Basis der Schule) in ihrer konkreten Inhumanität (dort der Übergriff des weißen Polizisten Meyer, hier der Übergriff des Lehrers Meier) offenzulegen als das, was es ist: als Unrecht aus der Sicht der Betroffenen, der Schwarzen und der Kinder und ihrer Eltern. Dadurch, daß das Kind ohne Zweifel an sich selbst und seiner Wahrnehmung erlebt, daß ihm Leid zugefügt wurde, daß ihm *tatsächlich* unberechtigt Leid widerfuhr – und nicht ein irgendwie selbst verschuldetes und berechtigtes Schrecknis –, und daß die Eltern dies alles auch so sehen, verringert sich die Last. Das Leid kann zur Ruhe kommen, Trauer wird möglich, die Heilung kann einsetzen.

Ist das alles? Einfach nur die Dinge beim Namen nennen und trösten? Nun, das ist der Kern all meiner Überlegung und Erfahrung, wie sich dem Schulleid der Kinder *wirklich* begegnen läßt, dem Leid, das aus der grundsätzlichen pädagogisch-anthropologischen Herabsetzung und den täglichen konkreten Demütigungen kommt. Die Kinder zu trösten, wenn sie sich verletzt haben, ist eine Selbstverständlichkeit für Eltern. Diese Selbstverständlichkeit läßt sich auf das Leid übertragen, das den Kindern in der Schule widerfährt.

Darüber hinaus können Eltern *miteinander* über diese Thematik ins Gespräch kommen, sich gegenseitig klarmachen, wie sehr ein jeder in diese Erfahrungen verstrickt ist, und daß man sich dennoch aufmachen kann, die eigenen Kinder in der Aufarbeitung des Schulleids zu unterstützen, und zwar hier und jetzt. Wie immer geht es dort vorwärts, wo Eltern die reale Macht haben. Und hier, im Gespräch mit den Kindern und mit anderen Eltern in den eigenen vier Wänden, sind wir ungestört und frei von allem, was die Schule und die Lehrer von uns wollen. Eltern können dem Leid ihrer Kinder in der Schule tatsächlich so wirksam begegnen – und auch den damals selbst erlittenen Schmerz zur Ruhe kommen lassen. Sie können aufhören, die Inhumanität der Schule irgendwie für gerechtfertigt zu halten (»Schule ist eben so«), und sie haben es auch nicht nötig, in scheinprogressivem Eifer wie Don Quichotte immer wieder erfolglos gegen die Schulmühle anzurennen. Statt dessen halten sie vor der Mühle an, breiten eine Decke aus, kleben ein Pflaster auf die Schulwunden ihrer Kinder, und alle zusammen genießen das Picknick.

### 55. Schoolwatch

Im Jahr 2030 gibt es an vielen Schulen Elterninitiativen, die »Schoolwatch« heißen, »Schoolwatch Grundschule Norddorf«, »Schoolwatch Paul-Gerhardt-Schule Südberg«, »Schoolwatch Rosa-Luxemburg-Schule Oststadt«, »Schoolwatch Humboldt-Gymnasium Westhausen«. Die Eltern dieser Initiativen haben sich zusammengefunden, um gemeinsam etwas gegen das Schulleid ihrer Kinder und die Schultraumatisierung zu tun.

Die Schoolwatch-Idee hat sich herumgesprochen, die Medien haben darüber berichtet, in Fachzeitschriften wurden Artikel geschrieben, an den Hochschulen gibt es hierüber Seminare, kurz: aus einer Idee ist eine Bewegung geworden. Es gibt inzwischen Schoolwatch-Landesverbände und den Schoolwatch-Bundesverband und auch im Ausland existieren seit einiger Zeit Schoolwatch-Initiativen. Alle Lehrer kennen Schoolwatch, sie werden bereits in ihrer Ausbildung damit befaßt, und die meisten Eltern wissen, daß es so etwas wie Schoolwatch gibt, und viele engagieren sich darin. Und selbstverständlich weiß auch jedes Schulkind von Schoolwatch.

Der Einfluß, der von einer Schoolwatch-Initiative vor Ort auf das Geschehen einer Schule ausgeht, ist unterschiedlich groß und hängt von den jeweiligen Gegebenheiten ab. Oft wird die Arbeit von Schoolwatch von den Lehrern eines Kollegiums abgelehnt, aber es gibt auch immer wieder Zustimmung und Kooperation. Nichts ist mehr so, wie es einmal war – als es Schoolwatch noch nicht gab. Allen Lehrern ist bewußt, daß sie durch diese Elterninitiativen unter Beobachtung stehen, ob sie es wollen oder nicht. Und auch die Kinder wissen darum, daß Ungerechtigkeiten und Demütigungen im Klassenzimmer nicht mehr als Selbstverständlichkeit des Schulalltags hingenommen werden müssen.

Angefangen hatte es vor 30 Jahren am 29. Januar 2000 – als eine Mutter in einer kleinen Stadt in Deutschland eine besonders drastische Herabsetzung ihres Kindes durch einen Lehrer nicht auf sich beruhen lassen will. Nachdem ein Gespräch mit dem Lehrer und dem Schulleiter nichts bewirkt, bringen die Eltern den Vorfall im Freundeskreis zur Sprache, und man ist sich einig, daß etwas getan werden muß. Die Freunde treffen sich wiederholt, sie diskutieren, machen Vorschläge und verwerfen sie wieder, aber sie sind entschlossen, etwas in Gang zu setzen. Sie entwerfen ein Konzept und gründen eine Initiative gegen die Traumatisierung durch schulische Demütigungen.

Sie überlegen lange, welcher Name für ihre Initiative paßt, er soll prägnant und aussagekräftig sein. Diskutiert werden »Eltern vor Ort« und »Aktion Schule ohne Angst« und »Verein zur Förderung von Kinderfreundlichkeit an der Schule« und andere Namen. Letztlich entscheiden sie sich für einen Begriff, der von den Kindern, die sie um Rat gefragt haben, bevorzugt wird – denn sie wollen vor allem die Akzeptanz ihrer Initiative durch die Kinder. Sie nennen sich also »Schoolwatch«, in durchaus gewollter Anlehnung an das renommierte Worldwatch-Institut und an Human Rights Watch. Und sie tragen ihre Idee in die Elternabende und werben um Mitstreiter.

Die Eltern erleben vielfältige Widerstände von allen Seiten (die Schultraumatisierung sitzt bei den Menschen tief und fest). Sie bekommen zu hören, daß sie den Schulfrieden stören, daß ihre Arbeit destruktiv sei, daß ein »gläsernes Klassenzimmer« die Persönlichkeitsrechte des Lehrers mißachte. Viele Eltern stimmen in den Chor der Kritik ein, befürchten, daß durch diese Ideen das effektive Arbeiten in der Schule behindert wird und sehen den schulischen Erfolg ihrer Kinder gefährdet. Die Eltern der Initiative werden von vielen geschnitten und angefeindet. Aber sie lassen sich nicht beirren. Sie machen sich weiter bekannt und verteilen ihr inzwischen ausformuliertes Schoolwatch-Konzept.

In ihrem Konzept stellen sich die Eltern als eine Gruppe von Menschen vor, die das Leid der Schulkinder auffangen wollen, das durch persönliche Herabsetzung entsteht. Sie setzen sich außerdem zum Ziel, durch Präsenz, zunehmendes Gewicht und Öffentlichkeitsarbeit einen Bewußtseinswandel anzustoßen, so daß Demütigungen im Schulalltag weniger werden. Sie verstehen sich als eine parteiergreifende Instanz, die über die Unantastbarkeit der Würde der Schulkinder wacht. Die Eltern bieten sich in konkreten Situationen – wenn ein Lehrer ein Kind herabsetzt – als Anlaufstelle an. Sie wollen dann zum einen mit dem betreffenden Lehrer ins Gespräch kommen und ihm das Geschehene aus der Sicht des Kindes zeigen. Zum anderen wollen sie dem gedemütigten Kind durch einen Anruf, Besuch oder Brief – den »Schoolwatch-Brief« – beistehen, Trost zusprechen und das Ich des Kindes stützen.

Sie wissen, daß sie *nicht* im Konsens mit der Schule und der Lehrerschaft sein werden, sondern daß man sie als Ärgernis, ja als Bedrohung auffaßt. Doch sie sind von der Wichtigkeit ihres Vorhabens überzeugt und lassen sich nicht aufhalten. Sie wollen von außen in die Schule wirken, denn nur darin sehen sie die Effektivität ihres Engagements gewährleistet, ihre Unabhängigkeit gewahrt, und nur so erwarten sie eine Akzeptanz ihrer Tätigkeit durch die Kinder. Und wenn sie auch von außen kommen, so fühlen sie sich doch sehr wohl als Betroffene und der Schulgemeinde zugehörig. Sie sind dabei, eine anders orientierte Aufgabe für das Wohl der Kinder zu übernehmen, als dies jede Schultradition bislang vorsah. Das alles ist für diese wie für jede andere Schule völlig neu, die Lehrer wehren sich heftig gegen eine Kontrolle durch Eltern. Immer wieder werden die Eltern aufgefordert, die schulischen Gremien einzuschalten, wenn sie Wünsche hätten. Und auch die Drohung der Schulverwaltung, man werde die Gerichte einschalten, um die Störung des Schulfriedens zu unterbinden, schreckt sie nicht. Sie wollen etwas tun, sind entschlossen, risikobereit, lassen sich rechtlich beraten und wollen es darauf ankommen lassen. Und sie erfahren auch Unterstützung von anderen Eltern, auch von anderen Schulen und Städten und von Fachleuten.

Ein halbes Jahr nach dem ersten Treffen steht ihre Initiative, »Schoolwatch Einstein-Gymnasium Kleinstadt« ist ein eingetragener Verein, mit Satzung, Mitgliedern und Vorstand. Sie haben ein kleines Budget, und die Gemeinnützigkeit ist beantragt. Die Eltern haben sich in einen Dienstplan eingeteilt, für den Rest des Jahres ist bereits klar, wer an welchem Tag für die Kinder als Ansprech- und Anrufpartner da ist. Im neuen Schuljahr nach den Sommerferien 2000 sind sie startbereit.

Und dann kommt eines nachmittags der erste Anruf: »Herr Meier hat die Jana aus der 6a ausgelacht, als sie eine Antwort in Mathe nicht wußte. Jana hat den Rest der Stunde auf ihrem Platz gesessen und geweint.«

Herr Meier wird von Frau Burger, der diensthabenden Mutter, angerufen. Ihr Anruf hat nicht das Ziel, ihm Vorhaltungen zu machen oder ihn bloßzustellen. Der Anruf soll möglich machen, daß der Lehrer das Vorgefallene mit den Augen des Kindes gezeigt bekommt, daß er hört, wie sein Verhalten bei Jana angekommen ist und gewirkt hat, und daß sein Auslachen aus der Sicht des Kindes und der Eltern von Schoolwatch eine unakzeptable Grenzüberschreitung war.

Es wird kein Vorwurf erhoben und es erfolgt keine Schuldzuweisung. Hierüber wurde bei den konzeptionellen Beratungen lange diskutiert und klar Position bezogen: Auch die Würde eines Lehrers wird geachtet, was immer er tut und was immer gegen sein Verhalten vorgebracht werden kann. Ohne einen Vorwurf zu erheben wird dieser Lehrer aber damit konfrontiert, der Realität – wie sie das Kind erlebt hat – ungeschminkt ins Gesicht zu sehen, und die erlittene Demütigung wird Demütigung und Unrecht genannt. Frau Burger bittet nicht darum, daß Herr Meier sich entschuldigt – so etwas zu erwägen ist ganz und gar seine Sache. Sie überläßt es ihm, ob er am nächsten Tag überhaupt etwas zu Jana sagen will, und was das sein könnte. Ihre einzige Aufgabe im Gespräch mit dem Lehrer ist es, ihn das Vorgefallene mit den Augen des Kindes sehen zu lassen. Und da Herr Meier sich nicht beschimpft und nicht unter Druck gesetzt fühlt, kann er sich für die höflichen, aber sehr wohl eindringlichen Worte der Mutter öffnen und sein Verhalten mit Janas Augen sehen.

Wenn er erklärt, daß er das morgen in Ordnung bringt, und am nächsten Tag auf das Kind zugeht, etwas Freundliches sagt und hinzufügt, daß es ihm leid tut, dann steht der Heilung der seelischen Verletzung von Jana nichts mehr im Wege. Aber wenn Herr Meier das alles weit von sich weist und das Gespräch in Unfrieden endet?

Nun, der Anruf bei Herrn Meier ist nur der eine Teil der Schoolwatch-Aktion. Es soll ja auch Jana angerufen werden – in jedem Fall und unabhängig davon, wie der Lehrer reagiert. Wenn die Eltern der Initiative Jana und ihre Eltern kennen und wissen, daß so ein Anruf nicht zusätzlich belastend wirkt, wird dieses Gespräch geführt. Trost und Mitgefühl sollen ausgesprochen werden, und Janas Belastung kann sich vielleicht in einem erleichterten Lachen lösen.

Doch meistens werden die Eltern von Schoolwatch das Kind nicht kennen. Und so ist es auch in diesem Fall. Niemand weiß, wie ein Telefonat von fremden Eltern bei Jana (und ihren Eltern) ankommen wird. Dasselbe wurde für einen Besuch gelten, der anstelle eines Anrufs auch immer in Erwägung gezogen wird. Doch neben der Möglichkeit, Jana anzurufen oder sie zu besuchen, gibt es ja den *Schoolwatch-Brief*. Es wird ein Gruß verschickt, ein paar Zeilen, die deutlich machen, daß Jana nicht allein steht und daß es Menschen gibt, die zu ihr halten und die aussprechen, daß das, was passiert ist, Unrecht war.

Ein Anruf oder ein Besuch kommen nur dann in Betracht, wenn das Kind und seine Eltern der Schoolwatch-Gruppe bekannt sind. Dies ist schon Einmischung in persönliche Angelegenheiten genug. Mit einem Brief aber von den unbekannten Eltern der Initiative stellt sich die Frage nach der Einmischung eindringlich: Wie wird der Brief ankommen? Was sind die Risiken und Chancen? Wußte Jana überhaupt etwas von dem Anruf ihrer Freundin bei Schoolwatch? Und wenn sie es wußte, war sie damit einverstanden? Wird Jana den Brief als Anmaßung und Bloßstellung zurückweisen und sich obendrein noch vorgeführt vorkommen? Oder erlebt Jana den Brief als Überraschung, die ihr hilft? Hat sie ihn erwartet, herbeigewünscht, und freut sie sich über dieses Symbol von Zuwendung und Trost?

Die Eltern der Initiative haben eine entschiedene, spezifische Grundposition: Sie sehen die Gleichwertigkeit des Erwachsenen und des Kindes. Sie wissen darum, daß personale Begegnungen auf einer gleichwertigen Basis stets die Chance des Gelingens und das Risiko des Scheiterns enthalten. Sie haben keine pädagogische Absicht bei ihrer Aktion. Sie bieten ihre Hilfe und ihren Trost an, weil sie nicht tatenlos zusehen können, wenn vor ihren Augen Leid geschieht. Und sie wissen darum, daß ihre Intervention sowohl das Leid verringern als auch vergrößern kann. Sie haben sich diesem Dilemma gestellt und sich nach reiflichem Überlegen dafür entschieden, auf jeden Fall einen Versuch zu machen: Auf den gedemütigten Menschen zuzugehen. Hierzu fühlen sie sich um ihrer selbst willen verpflichtet, und es entspricht ihrer Vorstellung von Mitmenschlichkeit. Der Schoolwatch-Brief wird also von Frau Burger geschrieben und verschickt:

*Liebe Jana,*
*wir haben gehört, daß Dich Herr Meier ausgelacht hat. Wir finden das nicht richtig. Jeder kann mal eine Antwort nicht wissen, auch in Mathe. Es tut uns leid, was Dir da passiert ist. Ruf uns an, wenn Du willst. Wir stehen auf Deiner Seite.*
*Herzliche Grüße!*

*Reinhilde Burger von Schoolwatch*

Wenn Jana den Schoolwatch-Brief ablehnt, wird ihr Leid vergrößert. Wenn sie jedoch einschwingt, kann sich ihre Belastung verringern. Bei diesem ersten Brief im Jahr 2000 waren sich alle Eltern der Initiative dieses Risikos bewußt. Würde ihr Brief helfen? Nun, Jana hatte sich gefreut, den Brief ihrer Freundin gezeigt und Frau Burger am nächsten Tag angerufen.

Die erste Intervention von Schoolwatch im September 2000 war ein Erfolg – und zigtausende solcher gelungenen Einmischungen sind seitdem geschehen. Die Briefe, Anrufe und Besuche von Schoolwatch sind eine feste Komponente im Schulleben geworden, von den Kindern heiß herbeigewünscht und immer voller Trost und heilender Wirkung. Die Anfangsschwierigkeiten sind heute längst überwunden, Schoolwatch ist renommiert und hat sich zu einer wirksamen Kraft gegen das Schulleid entwickelt. Und auch immer mehr Lehrer akzeptieren Schoolwatch – das Konzept von Schoolwatch, den Lehrern die Wahrheit der Kinder ohne Herabsetzung und Anschuldigung nahezubringen, ist aufgegangen.

## 56. Die wirkliche Macht der Eltern

Realismus, Humor, Entdramatisieren, aus der Situation heraus handeln. Sich klarmachen, daß es bei allem stürmischen Tamtam immer letztlich um einen selbst geht: »Was will ich selbst eigentlich in dieser Situation? Und was ist davon realistisch? Bin ich auf der Seite der Kinder oder der Lehrer? Mal so, mal so, was gilt jetzt?« Wenn das klarer ist, dann die Überlegung: Was läßt sich tun? So, daß das, was mir wichtig ist, ein bißchen mehr erreicht wird als ohne meine Intervention. Wichtig: Wie immer im Leben kann mir letztlich, existentiell gesehen niemand, auch die Schule nicht, natürlich nicht, Vorschriften machen. Alles hat Folgen, das ist banal, aber niemand kann mich *wirklich* zwingen. Der Chef meines Lebens bin und bleibe ich – egal, was mir da aus der Schule entgegenweht.

Schulische Anforderungen werden allermeist automatisch angenommen – und genau das ist nicht nötig. Die Schule ist die Schule, der Lehrer ist der Lehrer. Und ich bin ich. Der Friede in meinen eigenen vier Wänden wird nicht den Wünschen eines Lehrers oder den immer so absolut daherkommenden Anforderungen der Schule geopfert. Natürlich, die Lehrer haben ihre eigenen Wünsche und Nöte, und für sie ist es eben naheliegend, die Eltern immer wieder vor ihren Karren zu spannen. Kein Vorwurf. Nur: Über das Mitziehen entscheide ich als Vater oder Mutter allein. In Abwägung immer derselben Möglichkeiten: Entlastet oder belastet meine Entscheidung mein Kind? Gibt es mehr Ärger oder weniger? Wie stehe ich da? Wie steht mein Kind da? Wie steht der Lehrer da? Hat meine Entscheidung Auswirkungen auf Noten, Versetzung, Schulerfolg? Ich finde, daß jeder das Recht hat, sich da seine ganz eigene Suppe zu kochen, und zwar mit den eigenen Zutaten. Es gibt kein Einheitsrezept für alle, sondern nur individuelle, private Rezepte. Ich ermutige zum Kochen der eigenen Schulsuppe. Ich jedenfalls habe mir so manches Süppchen zum eigenen Wohlergehen und dem meiner Kinder gebraut.

Ein Lehrerbesuch? Teilnahme am Elternabend? Hingehen zum Elternsprechtag? Eine Unterschrift? Eine »dringend empfohlene Aussprache mit meinem Kind«? Nichts ist zwingend, nichts muß wirklich sein. Eltern sind schnell bereit, folgsam zu sein, wenn »die Schule« etwas von ihnen will. Aber bitte: Wir sind keine abhängigen Schüler mehr! Das kann man sich klarmachen, und das sage ich den Eltern auch. Wenn sie sich abhängig und wehrlos fühlen, wenn sie eingeschüchtert sind, weil es ihrem Kind sonst schlecht in der Schule geht, und sie schon wissen, wie es sein müßte, nur daß sie sich nicht trauen: Nun gut, dagegen ist auch nichts zu sagen, es entspricht ja nur ihren Möglichkeiten, und verzagte Eltern anzutreiben finde ich einfach unwürdig, und außerdem bringt es nichts. Wer verzagt ist, ist verzagt. Nur, daß mir dann keine Hilfe mehr einfällt, außer zu sagen, daß das ja auch nicht weiter schlimm ist. Und dies, die uneingeschränkte Akzeptanz der real existierenden Hilflosigkeit, ist dann Hilfe genug. Das Leben geht weiter, auch dann, wenn man sich um seiner Kinder willen verbeugt. »Ja, ich bin hilflos und ordne mich diesem Unsinn der Schule unter« – das läßt sich auch sehr selbstbewußt sagen.

Die wirkliche Macht der Eltern liegt nicht in einer Einwirkung auf die Schule. Die offiziellen Mitwirkungsmöglichkeiten der Eltern sind Augenwischerei, und daß so wenig Eltern sich in den schulischen Dingen engagieren, und daß die wenigen, die es tun, dies nicht sehr lange tun, ist beredt genug und zeigt den Realitätssinn der Eltern. Wenn es wirklich wichtig wird, hat die Schule immer mehr Macht: So ist die Struktur und so ist das Gesetz, und das wird so bleiben, bis sich – irgendwann einmal – Struktur und Gesetz ändern. Die wirkliche Macht der Eltern liegt in dem, was sie in allem und jedem, was mit der Schule zusammenhängt, *zu Hause* tun können. Denn so, wie die Möglichkeiten der Eltern am Schultor aufhören, hören auch die Möglichkeiten der Schule an eben diesem Tor auf.

Niemals kann die Schule, kann der Lehrer Meier, kann die Lehrerin Müller tatsächlich zwischen mich und mein Kind kommen. Ich gestalte die Beziehung zu meinem Kind nach meinen eigenen Regeln, aus und fertig. Die Freundlichkeit zu den Kindern, die jeder aus der schulfreien Zeit kennt, vom ersten bis zum letzten Ferientag, die läßt sich durchaus auch in der Schulzeit bewahren. Niemand kann das wirklich verhindern, und es ist auch nicht verboten, zu seinen Kindern freundlich zu sein und freundlich zu bleiben, auch beim Thema Schule. Den Familienfrieden muß man nicht für die Schule aufs Spiel setzen. Man muß nicht – aber es passiert, dauernd, natürlich, weil freundliche und friedliche Eltern-Schulkind-Beziehungen die Arbeit der Lehrer behindern und unterwandern können. Klar, daß der gestreßte Lehrer die Eltern als Verbündete gegen das unwillige Schulkind gewinnen möchte. Sein gutes Recht. Aber klar ist auch, und ebenfalls gutes Recht, daß das niemand mit sich machen lassen muß.

Es ist für mich immer die einfache Frage gewesen: Auf welcher Seite stehe ich eigentlich? Und dann gab es immer eine klare Antwort: auf meiner! Und zu mir gehören meine Kinder, nicht aber Herr Meier und Frau Müller. Wenn man das einmal tief in sich überlegt und verstanden hat, gibt es ein Aufatmen, und das Drama Schule wird ganz einfach kleiner. Dahin kann man kommen, wenn man will. Man muß sich damit aber auch keinen Streß machen, und wer meint, die Lehrer seinen Kindern immer wieder mal oder öfter vorziehen zu müssen – kein Thema. Dennoch: Jeder Tag ist eine neue Chance, sich von der Schule und ihrem Zugriff auf die Familie zu emanzipieren.

Es gibt auch Eltern, die setzen die Schule mit ihren großen und kleinen Schrecken gezielt ein, um die Kinder zu Hause zu disziplinieren. Wie den Schwarzen Mann, Knecht Ruprecht oder den Teufel. Dazu fällt mir nichts ein, außer daß ich die Hilflosigkeit dieser Eltern sehe, auch ihnen keinen Vorwurf mache und denke, daß die Kinder auch derartige Manöver überleben werden. Solche Eltern lassen sich von meinen Gedanken zum Thema Schule nur schwer oder überhaupt nicht erreichen. Das gehört dazu. Ebenso wie die Eltern, die ihre Kinder gern zur Schule schicken, weil sie vom Wert der Schule überzeugt sind und weil sie kein Gespür für das Unrecht der Schule haben. Ich schreibe nicht für alle Eltern, sondern nur für die, die einen so tiefen Respekt vor der Würde ihrer Kinder haben, daß sie leiden, wenn sie mit ansehen müssen, was in der Schule mit ihren stolzen

Rittern und Prinzessinnen geschieht, wie ihr Königtum an
»Subjekt, Prädikat, Objekt« und an »(a + b) · (a + b)« ge- und
zerbrochen wird.

Die Schule ist eine Institution, die ganz und gar unabhängig
von uns existiert. Wir sind immer konkrete Menschen, und
das heißt für die Eltern und die Kinder: dieser Vater, diese
Mutter, diese Kinder. Unabhängig von uns als Familie
existiert viel in der Welt: Die Kneipe nebenan, das Stadttheater, der Bundestag, und eben auch die Müller-Schule in
der Meierstraße und die Meier-Schule in der Müllerstraße.
Klar, das hat auch etwas mit uns zu tun, denn wir gehen ja
in die Kneipe und ins Theater, wir wählen das Parlament
und schicken die Kinder zur Schule. Aber es ist eben auch
wahr, und das zu übersehen macht die Macht der Schule
aus, daß diese Institution, die Schule, jede Schule zunächst
einmal mit uns nichts, aber auch ganz und gar nichts zu tun
hat. Die Schulgesetze: nicht von uns beschlossen. Der
Lehrer: nicht von uns bestellt. Die Schulordnung: nicht von
uns in Auftrag gegeben. Die Lehrpläne: nicht unsere Erfindung. Methodik, Didaktik, Motivation, Evaluation und das
ganze weitere depersonalisierende pädagogische Brimborium: weiß Gott nicht unsere Sache. Nichts, aber auch gar
nichts ist von der Schule auf unser Konto zu buchen. Wir
hier – die Schule dort.

So – und von dieser radikalen, grundsätzlichen und wesentlichen Unterscheidung aus sehe ich mir an, was das dort denn
ist, die Schule, wie sie strukturiert ist, was sie will, was sie
bewirkt. Und von daher kommt meine Entschlossenheit, für
meine Kinder einzustehen und den Anforderungen der Schule
immer wieder mit Verwunderung zu begegnen: »Tatsächlich
– *das* hat der Lehrer gesagt? Was hat er sich dabei eigentlich
gedacht?« Immer wieder. Und von daher kommen dann
meine Reaktionen, mein Umgang mit dem Merkwürdigen da
draußen – das Schule heißt und durch das ich selbst damals,

zu meiner Zeit, durchwanderte, durchmußte. Exotisch schon damals, eine seltsame Erfindung, umgeben von der Aura des Absoluten, wie Sonne, Mond und Sterne. Nur: Daß ich heute diese Fiktion sehe, als Erwachsener darum weiß, daß die Schule eben nicht als göttlich Ding vom Himmel auf die Erde gekommen ist, sondern ein ganz und gar menschlich Ding ist, ersonnen und gemacht von Menschen wie Du und ich, und daß man das alles gänzlich anders sehen kann.

Ich lade also jeden ein, sich von der Schulideologie zu befreien. Big Brother, das Kuckucksnest, Trumans World zu verlassen, diese gläserne Glocke, die Kinder leibhaftig einfängt, niemals wirklich entläßt, sondern sie als großgewordene Kinder lebenslang gefangen hält. Schule *muß* nicht sein! Sollte sie sein? Jeder von uns gibt hier seine eigene Antwort. Ein Tip für Unentschlossene: Fragen Sie die Kinder, ein halbes Jahr nach der Zuckertüte. Sie kennen noch den Zusammenhang, wissen noch um das, was möglich ist, sie haben es noch im Blick, was Leben ohne Schule heißt.

Dies alles zu wissen macht sehr sicher, die eigenen, aus der familiären Situation kommenden Antworten zu finden. Keine Hausaufgaben gemacht? »Ran an die Arbeit« oder »Dann laß es eben«. Ein Brief, daß mein Kind sich in der Schule nicht benimmt? Wozu sollte es sich benehmen? Und was heißt eigentlich »Benehmen« in der Schule? Schlägt es andere Kinder? Vielleicht war das wichtig und richtig. Redet es zu laut im Unterricht? Vielleicht war das wichtig und richtig. Tut es nicht, was der Lehrer will? Vielleicht war das wichtig und richtig. Jeder Mensch, auch jeder junge Mensch, auch jedes Kind in der Schule tut immer etwas Sinnvolles, mit Grund, aus seiner eigenen, individuellen Schlüssigkeit und Weltdeutung heraus. *Das* interessiert mich. Also: Warum keine Hausaufgaben? Was führte zur Schlägerei? Zu Gegenreden? Ich liebe mein Kind und ich freue mich, wenn ich es mehr und mehr und immer wieder neu verstehen lerne. Soll ich mein Kind korrigieren um der Schule willen? Soll ich einen lebendigen Menschen korrigieren, weil Herr Meier das gern so von mir hätte? Wer bin ich denn?

Die Anmaßung, Menschen zu formen, habe ich Lichtjahre hinter mir gelassen. Klar – wenn es mir zuviel wird, was da an Ärger auf mich zurollt, kann ich immer meine Grenzen ziehen und mein Kind so beeinflussen, daß der Ärger erträglich bleibt. Ich *kann* mich notfalls immer auch der Schule unterwerfen: Ohne Hausaufgaben – kein Taschengeld. Ohne Entschuldigung bei Herrn Meier – Fernsehverbot. Ich kann in die Trickkiste greifen, um mich selbst zu schützen. Ich kann, aber ich muß es nicht, und wenn ich nicht anders kann, dann immer mit Klartext zwischen den Zeilen: Daß ich dazu niemals das Recht habe in dem Sinn, daß ich die richtigere und bessere Position vertrete, sondern nur in dem Sinn, daß ich mich schützen will und deswegen jetzt diese Machtmittel anwende. Daß ich mich nicht moralisch überlegen im Recht weiß und Zustimmung einfordere: »Sieh das ein!«, sondern daß ich mir jetzt gerade nur so zu helfen weiß: »Hier stehe ich, ich kann nicht anders!« Die Kinder erleben dann ihre Niederlage nicht verschleiert (»Zu Deinem eigenen Besten!«), sondern als Ausdruck meiner Hilflosigkeit. Deswegen ist es immer noch unangenehm, aber ohne die demütigende psychische Verletzung, die die innere Unterwerfung des Kindes will und diese Unterwerfung dann als »Einsicht« preist.

Ein wirklicher Verbündeter der Schule werde ich damit nicht, ich bin dann vielmehr ein Sklave im System Schule, der die Peitsche gegen die eigenen Kinder zu schwingen hat, und dazu bekenne ich mich dann auch, mit dem Stoßseufzer: »Hier stehe ich, ich kann nicht anders«. Und morgen ist ein neuer Tag, mit neuer Kraft und neuem Schwung, um die Last, die den Kindern durch die Schule aufgebürdet wird, wieder tragen zu helfen.

Keine Hausaufgaben? »Zeig mal, ich helfe Dir« oder »Gib her, ich mache das heute für Dich«. Schlägerei in der Schule? »Komm, wir gehen Eis essen und fertig.« Unverschämtheiten zum Lehrer? »Selbstverständlich hast Du das Recht, ihm Deine Meinung zu sagen, und wenn Du aufgebracht bist, auch mit diesen Worten. *Er* muß höflich sein, denn er ist freiwillig und für viel Geld in der Schule – Du bist gezwungen. Du hast alles Recht der Welt, Dich in der Schule Deiner Lehrer zu erwehren. Vielleicht war es nicht so klug, weil er Dir jetzt irgendwo etwas reinwürgt, aber man kann nicht immer klug sein. Ich kann ihn anrufen, wenn Du willst, und die Wogen glätten.«

Man kann so viel an Entlastung für die Kinder jeden Tag tun, nachmittags, wenn sie zu Hause sind, oder auch morgens, bevor es los geht. Psychisch und auch konkret. Beispiel: Ich kann den Ranzen meiner Kinder abends tiptop fertig machen, wie ein Butler – was ist dabei? Die Windeln wechsele ich auch, und eine Schultasche stinkt nicht einmal. Die Kinder gehen morgen früh wieder in die Sklaverei, da werde ich doch wohl ihren widerlichen Lastsack versorgen können. Sollen sie sich dieses Symbol ihrer Demütigung auch noch selbst zurechtlegen, womöglich auch noch »ordentlich«? Die Bücher, Hefte, Stifte, Zeichenblock, das ganze Drumrum kann ich versorgen, als technischer Direktor. Und *ich* stecke die Micky Maus oder den Game Boy einfach mit dazu. Klar, wenn die Kinder ihre Tasche allein packen wollen, ist es ja kein Thema. Aber es sind doch auch Lasten, die die Kinder zusätzlich zur Schulzeit noch in ihrem Privatbereich aufgebürdet bekommen, von den Hausaufgaben ganz zu schweigen. Hier, in der familiären Situation, in der Zeit zu Hause, vor dem Unterricht und nach dem Unterricht, kann ich erwachsenenhaft-effektiv managen und unterstützen, damit die Kinder mehr Zeit und mehr Glück für sich haben.

## 57. Lehrer: Realität und Vision

**Realität**

»Mit welchem Recht ...?«

Ich will mit der Frage »Mit welchem Recht?« sehr grundsätzliche Überlegungen zum Thema Schule aufwerfen. Dabei weiß ich, daß man meine Gedanken als unzulässige oder auch als herabsetzende Vorhaltungen abtun kann. Doch ich halte alle Überlegungen zum Thema Schule für zulässig, und ich setze niemanden herab, auch keinen Lehrer, auch nicht, wenn ich meine Gedanken ungeschminkt vortrage. Selbstverständlich kann jeder meine Position ablehnen. Aber jede Lehrerin und jeder Lehrer können meine Überlegungen auch als Ausdruck einer neuartigen und ungewohnten Perspektive begreifen, zuhören und in sich hineinlauschen.

Die Basis meiner Überlegungen ist, daß es keinen wirklichen Beweis dafür gibt, daß die anthropologische Voraussetzung für die Schule stimmt. Die anthropologische Voraussetzung heißt: Kinder *werden* vollwertige Menschen – was auch bedeutet: Kinder *sind noch keine* vollwertigen Menschen. Kinder werden Menschen erst durch die Leistungen der Schule, sie werden zivilisiert, kultiviert, sozialisiert. Ohne »Subjekt, Prädikat, Objekt« und ohne »(a + b) · (a + b)« und ohne all die anderen tausend Dinge, die in den Lehrplänen der Klassen eins bis zehn stehen, gelingen Kinder nicht. Der Mensch ist ein »Homo educandus«, ein Erziehungswesen, und daß Menschen zu wertvollen Mitgliedern der Gesellschaft reifen, ist die Aufgabe – auch – der Schule. Und die Aufgabe der Erwachsenen, die in der Schule für dieses Ziel arbeiten.

Mir ist jedoch bewußt und ich übersehe nicht, daß die anthropologische Grundposition »Kinder *werden* vollwertige Menschen« eine Hypothese ist – und zwar *nur* eine Hypothese, nicht aber eine Tatsache. Sie ist eine tiefverwurzelte *Vermutung* der heutigen Welt über die Kinder. Ich habe mich von dieser Vorstellung gelöst und bevorzuge eine andere Hypothese: Kinder *sind* vollwertige Menschen. Von Anfang an. Sie müssen nicht erst dazu gemacht werden, auch nicht auf die progressivste Art und Weise, auch nicht durch die Schule. Damit entfällt die Basislegitimation für die Schule. Und von daher – von der Position aus, daß Kinder immer schon vollwertige Menschen sind – kommt die Frage »Mit welchem Recht?«.

Mit welchem Recht legen Sie fest, was ein anderer Mensch zu denken und was er nicht zu denken hat? »Schlag Dein Buch auf, lies den zweiten Absatz von oben!«, »Wiederhole, was ich gerade gesagt habe!«, »Gib den Text mit eigenen Worten wieder!«, »Wieviel ist sieben mal acht?«, »Wo fließt der Amazonas?«, »Wann, warum, womit, weshalb, wodurch, weswegen, wohin, wie lange, wozu, wie oft, wie gut, wie schnell, mit wem, mit wem nicht, mit welchem Recht, ...?« Mit welchem Recht setzen Sie sich grandios über das Recht eines anderen Menschen hinweg, zu denken, was er will? Warum mißachten Sie das Menschenrecht auf Gedankenfreiheit? Permanent, ohne auch nur irgendeinen Impuls des Innehaltens, des Ahnens, daß da etwas Ungeheuerliches passiert? Mit welchem Recht greifen Sie so ohne jeden Skrupel in die innere Souveränität eines anderen Menschen ein? Mit welchem Recht zelebrieren Sie in geradezu religiösem Fanatismus diesen kulturellen Imperialismus? Mit welchem Recht behandeln Sie die Kinder wie die Nigger, denen der Missionar die Religion und Zivilisation beizubringen hat? Warum haben Sie wie die kommunistische Partei immer recht? Was treibt Sie in diesen unreflektierten Chauvinismus?

Was hindert Sie eigentlich, in Kindern Menschen zu sehen, die ihre eigenen Gedanken und ihre eigene innere Welt haben, mit der man von Gleich zu Gleich in Austausch treten kann? Was treibt Sie in den »pädagogischen Bezug«, der Ihnen die Führungs- und Formungsrolle gibt, egal, wie progressiv sich das heute ausnimmt? Wozu ist es gut, daß Sie selbst nach und nach versteinern, weil Sie immer dieselben Fragen stellen und ohne wirklichen geistigen Austausch leben – den Sie verfehlen, wenn Sie Kinder nicht als vollwertige Menschen mit einer eigenen souveränen geistigen Welt sehen, sondern als Behälter, die mit Ihrem Wissen und Ihrer Kultur gefüllt werden müssen? Warum sind Ihre Augen verschlossen vor dem Leid, das Sie diesen Menschen psychisch, intellektuell und spirituell zufügen? Und vor dem Leid, das Sie sich durch die dadurch bedingte Isolation selbst zufügen?

Warum verschließen Sie sich dem kulturellen Paradigmawechsel vom Oben – Unten hin zur Gleichwertigkeit und zur Achtung vor der Identität des anderen? Wie er längst gelungen ist in den Lebensbereichen Schwarz–Weiß, Mann–Frau, Mensch–Natur, Kultur–Kultur, Religion–Religion und vielen anderen? Mit welchem Recht setzen Sie den historisch überholten Totalitarismus im Klassenzimmer fort? Mit welchem Recht huldigen Sie Ikonen wie Comenius, Kant, Pestalozzi, Rousseau, Steiner, Montessori, Neill, Makarenko, Korczak, Freinet und tausend anderen, die – bei allen guten Absichten – den Charakter des »Homo faber« haben, des Menschen, der etwas herstellt und sein Produkt abliefert: Die mehr oder weniger gelungenen Kinder an die auftraggebende Gesellschaft? Warum treten Sie nicht als ein Mensch auf, der jenseits pädagogischer Listen und Missionen authentisch handelt, situativ entscheidet, personalwahrhaftige Kommunikation realisiert und sich dabei als »Homo politicus« versteht? Mit welchem Recht bilden, formen, führen, gestalten, hegen, erziehen Sie Menschen, die längst, von Anfang an, vollwertige Menschen sind? Mit welchem Recht verordnen Sie im Machbarkeitswahn gottgleicher Sendung anderen Menschen Ihre kulturelle und zivilisatorische Vorstellung von Menschsein?

Mit welchem Recht verstoßen Sie gegen das Menschenrecht auf Meinungsfreiheit? Warum können die Kinder nicht sagen, was sie wollen und wann sie es wollen? Was heißt »Ihr seid zu laut!«, »Du bist nicht dran!«, »Rede vernünftig!«, »Das paßt nicht hierher!« eigentlich? Mit welchem Recht maßen Sie sich an, anderen Menschen über den Mund zu fahren? Warum führen Sie mit Ihrem »Ruhe jetzt!« einen Luftkrieg? Mit welchem Recht sind nur Ihre Gedanken und Ihre Worte verbindlich, und warum haben die Kinder keine wirkliche Möglichkeit zum Widerspruch, zum Vorbringen eigener Meinungen, zur Vertretung ihrer Interessen? Mit welchem Recht hängt alles grundsätzlich und im Detail immer wieder von Ihrem Wohlwollen ab, wie in der Leibeigenschaft? Mit welchem Recht üben Sie im Klassenzimmer Diktatur aus und mißachten Sie die Grundwerte der Demokratie? Mit welchem Recht gilt für Sie nicht »Die Würde des Menschen ist unantastbar«? Mit welchem Recht tasten Sie die Würde der Kinder an, denken und sagen zu können, was sie selbst denken und sagen wollen?

Mit welchem Recht sperren Sie Menschen ein? Warum sind Sie die Person, die Kinder in engen Räumen gefangen hält? 30 Personen in einem einzigen, wenige Quadratmeter großen Raum, 45 Minuten um 45 Minuten, 4, 5, 6, 7, 8mal am Tag, 5 oder 6 Tage in der Woche? Warum müssen die Kinder durch Sie 10 Jahre lang erleben, daß sie viele Stunden am Tag in ein Gefängnis gehören, in das »Teilzeitgefängnis Schule«? Mit welchem Recht mißachten Sie die »Freiheit der Person« des Grundgesetzartikels 2? Warum lassen Sie zu, daß die Kinder Ihnen hinter verschlossenen Türen ausgeliefert sind? Mit welchem Recht fördern und garantieren Sie tagtäglich diese umfassende Kindesmißhandlung? Warum geben Sie sich für etwas her, für das die Bezeichnung »Gehirnwäsche« milde, »Seelenmord« drastisch ist? Warum lassen Sie sich dafür einspannen, in einem gigantischen Umerziehungslager, das Menschen ihre Identität bricht und neu justiert, den Vorsitz dieser Barbarei zu übernehmen? Mit welchem Recht lassen Sie zu, daß Menschen in Not nicht bei denen Schutz und Trost finden können, denen sie vertrauen und die sie brauchen? Wenn eine Siebenjährige in der dritten Stunde nach Hause zu ihrer Mutter will – was verführt Sie zu der Unmenschlichkeit, das nicht ohne Wenn und Aber zuzulassen?

Mit welchem Recht greifen Sie in die grundgesetzlich garantierte körperliche Unversehrtheit anderer Menschen ein, indem Sie mit tausenderlei Anordnungen ein bestimmtes körperliches Verhalten verlangen und ein anderes verbieten? Nicht nur im Sport-, Schwimm- und Musikunterricht, sondern den ganzen Schultag über auf Schritt und Tritt? »Setz Dich! Steh auf! Steh still! Sitz ruhig! Sitz gerade! Sitz ordentlich! Hampel nicht! Wackel nicht! Kippel nicht! Füße runter! Knie zusammen! Zeig auf! Finger runter! Finger weg! Schreib schneller! Andere Hand! Hand geben! Hand auf! Zeig her! Gib her! Leg weg! Komm her! Geh weg! Geh langsam! Trampel nicht! Schlurf nicht! Renn nicht! Geh schneller! Schlag nicht! Box nicht! Tritt nicht! Kratz nicht! Beiß nicht! Spuck nicht! Spuck aus! Kaugummi weg! Puste nicht! Mund auf! Mund zu! Iß nicht! Iß jetzt! Trink nicht! Trink jetzt! Schmatz nicht! Schlürf nicht! Sieh her! Sieh weg! Lach nicht! Grins nicht! Sing nicht! Pfeif nicht! Kreisch nicht! Kicher nicht! Nase putzen! Schnief nicht! Jetzt nicht aufs Klo! Schrei nicht! Heul nicht! Rede lauter! Rede leiser!«

Mit welchem Recht geben Sie eigentlich Noten? Haben die Menschen vor Ihnen Sie darum gebeten? Mit welchem Recht verlangen Sie Auskunft über die Gedanken anderer Menschen? Mit welchem Recht verlangen Sie, daß andere Menschen ihre Gedanken auf Ihr Papier schreiben, das Sie hochtrabend »Klassenarbeit« nennen? Mit welchem Recht beurteilen Sie die Kinder, mischen Sie sich in das Selbstwertgefühl anderer Menschen ein, stiften Sie zum Krieg in den Familien an, treiben Sie

Kinder in den Selbstmord aufgrund Ihrer Schulzeugnisse? Wissen Sie eigentlich, was Ihre Noten in den Familien bewirken können? An seelischer Grausamkeit und körperlicher Mißhandlung?

Mit welchem Recht traumatisieren Sie die jungen Menschen vor Ihnen? Warum tun Sie das alles? Sind Sie nicht intelligent, Akademiker, können Sie nicht Zusammenhänge analysieren, Wirklichkeit erkennen? Was verschließt Ihre Augen? Sind Sie nicht angetreten, Menschen zu helfen, ihre Entwicklung zu fördern? Haben Sie nicht Sympathie für die Kinder? Lieben Sie nicht die Kinder? *Warum erheben Sie sich nicht gegen dieses System? Warum sind Sie der Garant für diese Inhumanität?* Warum sind Sie so unsensibel? Liegt nicht alles offen vor Ihnen? Sagen Ihnen die Kinder nicht jeden Tag die Wahrheit, wortlos und immer wieder auch mit Worten? Warum sehen Sie nicht in die Gesichter der Kinder? Und warum achten Sie nicht auf ihre Mimik, Gestik, auf all die nonverbalen Signale? Sind vor Ihnen keine Menschen? Und Ihre Erinnerung? Waren Sie nicht selbst Schulkind? Wurde mit Ihnen nicht ebenso verfahren? Waren die damaligen Schmerzen und psychischen Verletzungen denn berechtigt? Haben Sie nicht gelitten? Ist das Leid von damals zu groß, um heute zu erkennen, daß Sie selbst derjenige sind, der dies den heutigen Kindern zufügt? Ist das alles Wiederholungszwang, Wahnsinn, Schicksal? Mit welchem Recht ...? *Mit welchem Recht ...?*

**Vision**

Selbstverständlich gibt es eine Alternative. Meine Hilfe ist vor allem für die Lehrerinnen und Lehrer gedacht, die der Wahrheit, so wie ich sie sehe, nicht ausweichen und die sich eingestehen können, daß sie an den Vormittagen Menschenrechte beugen und Geld durch die Unterdrückung von Kindern verdienen.

Wenn man schon in der Schule als Lehrer arbeitet, dann kann man das mit klarem Bewußtsein von dem tun, was man dort anstellt, und daß dies durch nichts wirklich zu rechtfertigen ist. Das Wissen davon, daß man Unrecht tut, und daß man es als solches erkennt, teilt sich den Kindern ohne Worte mit. Die Haltung eines Lehrers, der weiß, was er tut, ist eine andere als die eines Lehrers, der mit einer imperialen, die Wirklichkeit verschleiernden Haltung vor die Kinder tritt. Auf die stumme Frage der Kinder: »Warum tust Du das?«, kann er antworten, ebenfalls ohne Worte: »Ich weiß es nicht so genau. Vielleicht wegen meiner Biographie. Meiner Naivität. Weil ich die Zusammenhänge anders gesehen hatte und nun nicht aussteigen will. Wegen der vielen Vorteile: Geld, Macht, Arbeitsplatz, Pension, Urlaub. Wegen meiner Ideale, meiner Liebe zu Kindern, zum Frieden. Vielleicht wollte ich zur Entwicklung der Gesellschaft beitragen. Aber ich sehe jetzt: Ich tue euch Unrecht. Ich weiß es, und ich verschleiere es nicht. Ich sage nicht, daß das alles zu eurem Besten ist. Ich lasse euch in die Wahrheit meines Herzens sehen.«

Die Kinder reagieren: »Er ist ehrlich. Er tut dasselbe wie die anderen Lehrer, aber es fühlt sich anders an. Das Leid, das von ihm ausgeht, hat nicht diese Wucht. Er achtet uns als vollwertige Menschen, auch wenn er uns und unsere Rechte unterdrückt.« Die Zerrissenheit, stets um das Unrecht zu wissen, das man tut, es zu verabscheuen und nicht tun zu wollen und es im gleichen Atemzug aber doch konkret zu tun, kompromißlos und entschieden zu tun, hat auch etwas Komisches und Befreiendes: Der Schleier vor der Macht ist zerrissen, sie ist ungeschminkt zu erkennen. Das, was geschieht, unterliegt nicht länger einem Tabu, gleichsam gottgewollt, unhinterfragbar, sondern wird bei aller Unrechtmäßigkeit und Belastung verständlich, überdenkbar, kritisierbar. Genau solche Prozesse löst dieser Lehrer mit seiner Wahrhaftigkeit aus, und genau das spüren die Kinder, und genau das hilft und heilt.

Lehrer mit dem Bewußtsein von den Menschenrechtsverletzungen, die von ihnen ausgehen, sind eine große Hoffnung für die Kinder. Sie sind nicht nur die, die den Gedanken an den einstigen Sturz der Schule verkörpern und ihn eines Tages mittragen werden. Sie sind vor allem diejenigen, die hier und heute Gleichwertigkeit und Personalität zur unausgesprochenen Grundlage der Lehrer-Schüler-Beziehung machen. Durch sie wird die Achtung vor der Würde des Schulkindes immer wieder eine konkrete und eindringliche Erfahrung.

Diese Lehrer haben eine spezifische achtungsvolle Ausstrahlung. Diese Lehrer lassen Fünfe gerade sein. Diese Lehrer geben zu verstehen, daß *sie* Noten geben müssen, und daß diese Noten niemals etwas mit dem Wert der Kinder, sondern nur etwas mit dem Schulmaßstab zu tun haben. Diese Lehrer sind darüberhinaus eine klare Orientierung, denn sie stehen für sich selbst ein, lassen sich nicht auf der Nase herumtanzen, sind nicht falsch verstanden kinderfreundlich. Sie sind Lehrer mit all diesen Schuldingen, Feinde, aber Feinde, die die Würde der Kinder nicht aus dem Auge verlieren. Diese Lehrer haben eine von innen kommende Autorität, die sich nichts anmaßt. Diese Lehrer haben etwas von der Harmonie wiedergefunden, von dem inneren Gleichgewicht, das sie nicht wirklich über die Kinder stellt. Sie stehen über den Kindern nur aufgrund der Struktur, die das von ihnen verlangt. In ihrem Herzen sind diese Lehrer auf einer gleichwertigen Ebene mit den Kindern, und sie geben der Schule, was der Schule ist, ohne Verbrämung, Pathos und Schönrederei. Diese Lehrer haben sich dadurch, daß sie erkennen, was sie tun, auch zu sich selbst befreit, und ihre Persönlichkeit ist ohne Realitätsverlust und ohne Lüge.

Ein Lehrer, der diese Zusammenhänge erkennt, kann durch die Entschleierung der Realität und durch die Aufdeckung der Lüge sich selbst wieder im Mittelpunkt seines Lebens sehen, auch seines Lebens in der Schule. Er ist zunächst nicht für die Kinder da – er ist zuallererst für sich selbst da, verantwortlich für das großgewordene Kind, das *er* ist, und er kümmert sich vor allem um dieses Kind: um sich selbst. Mithin ist er das 31. Kind in der Klasse, und bevor er sich den 30 anderen zuwendet, sorgt er für sich. Zum Beispiel dafür, daß es keine Grenzüberschreitung gibt, und zwar ihm gegenüber. Wenn Worte und Erklärungen nicht reichen, wenn Bitten und Ermahnungen nicht helfen, greift er energisch zu den Abscheulichkeiten, die die Schule zu seinem Schutz aufbietet: Lärm – wird im Keim erstickt. Keine Hausaufgaben – die Daumenschrauben werden angelegt. Ungehörigkeiten – es geht den Strafkatalog rauf und runter. Er setzt dann Autorität *für sich* ein, *nicht aber gegen die Kinder*. Und genau das nimmt seiner Aktion das Gift und macht sie erfolgreich.

Dieser Lehrer setzt sich für sich ein, und dafür, daß er an seinem Arbeitsplatz zurechtkommt. Auch dadurch, daß er die Kollegen nicht durch zu viele Zugeständnisse an die Kinder gegen sich aufbringt. Er behält die Übersicht. Er weiß, wo er gelandet ist, und seine befreite Sicht bewirkt nicht einen neuen Realitätsverlust: Er ist in einer Schule, nirgendwo sonst. Er wahrt die Balance zwischen den unzweifelhaft berechtigten Wünschen der Kinder, als vollwertige Menschen behandelt zu werden, einerseits, und den täglichen Anforderungen der heutigen Schule und seiner konkreten Arbeitssituation andererseits. Dieser Lehrer ist realistisch, aufgeklärt und so einfühlsam und konkret hilfreich, wie er sich das in Abschätzung aller Möglichkeiten leisten kann. Er transportiert Humanität und Freundlichkeit offen oder auch auf Schleichwegen ins Klassenzimmer, so wie es kommt, flexibel, ohne sich unter Druck zu setzen, ohne Streß. Seine Klarheit befreit ihn auch hier.

Dieser Lehrer weiß auch, daß er die Schule jederzeit verlassen kann. Wenn er jedoch bleibt, hält er sie aus, und auch das, was er dort tut, und er ist dabei so hilfreich, wie er kann. Und warum sollte er die Schule auch verlassen? »Wenn Du gehst, kommt Herr Meier an Deiner Stelle, das wollen wir nicht«: Das Votum der Kinder ist eindeutig, und bei allem Leid, das von ihm kommt, fühlen sie sich doch von ihm gestützt und geachtet. Die Botschaft, die von diesem Lehrer ausgeht, ist eine machtvolle, im Untergrund und im Herzen wirkende Strömung: »Ich bin ein vollwertiger Mensch von Anfang an – so wie ihr auch. Ich glaube an mich – so wie ihr auch an euch glauben könnt. Ich liebe mich, so wie ich bin – so, wie auch ihr euch lieben könnt, wie immer ihr seid.«

# IV Aspekte zur emotionalen Dimension

## 58. Moment der Selbstbegegnung

Erwachsene sind großgewordene Kinder, die in ihrer Kindheit all diesen pädagogischen Dingen ausgesetzt waren, und die amicativen Erkenntnisse gelten auch für ihre Kindheit. Auch die heutigen Erwachsenen erlitten ein pädagogisches Kindheitsschicksal – mit all seinen Folgen und all dem verringerten Vertrauen in sich selbst und in die anderen.

Als Kinder lernten sie, daß sie erzogen werden müßten und daß sie erst durch Erziehung zu richtigen Menschen würden. Und entgegen der mitgebrachten Weisheit, eins zu sein mit sich selbst und in den eigenen Dingen selbst am besten Bescheid zu wissen, akzeptierten sie nach und nach, daß andere für sie verantwortlich seien, so wie sie später für andere, wenn sie einmal groß wären. Denn auch sie waren auf die Liebe ihrer Eltern und der anderen Erwachsenen angewiesen, auch sie vertrauten ihnen. Und so lernten sie, ihnen zu glauben und sich selbst zu verlassen.

Das läßt sich heute mit einer einzigen, aber radikalen psychischen Bewegung ändern. Diese Emotionalität kommt aus der Erkenntnis, daß ich *und nur ich* für mich selbst verantwortlich bin. Niemand sonst. Jeder Erwachsene ist eingeladen, jeder kann sich aufmachen und dies wiederentdecken. Es ist nicht verboten und auch nicht mehr zu verhindern: das uralte Menschheitspotential, sich selbst zu vertrauen und sich selbst zu lieben, kann man wiederaufleben lassen!

Souverän und selbstbewußt können Erwachsene das wieder fühlen lernen, was für sie damals als junge Menschen Realität war:

hier bin ich
ich liebe mich
ich vertraue euch
ich bin die wahrheit
und das leben
ich bin unfehlbar
ich bin unsterblich
ich bin der mittelpunkt
des universums
ich weiß selbst
am besten bescheid
ihr seid teile meines ichs
wenn ich mich euch zuwende
begegne ich mir selbst
ich bin teil des kosmos
und der unendliche sinn
trägt mich

\*

Menschen sind erfüllt von dieser Einzigartigkeit und Religiosität, längst vor jeder Religion. Jedes Kind fühlt dies, Menschen sind solche Wesen. Diese existentielle Gewißheit wird durch das Menschenbild der Erziehung verschüttet. Doch jeder Erwachsene – jedes großgewordene Kind – kann den amicativen Impuls als Anstoß für sich nehmen, um wieder nach den alten Gesetzen zu leben.

Der amicative Impuls betrifft vor allem das Gefühl, den Intellekt streift er nur – als amicative Theorie. Im Insgesamt der Gefühle verändert sich ein Menschenbild. Das Bild vom Kind als von einem zu erziehenden Wesen verändert sich zu der Gewißheit, daß jedes Kind jenseits jeglicher Erziehung von Anfang an ein vollwertiger und souveräner Mensch ist. Es ändert sich das Bild von dem Kind, das der Erwachsene selbst war und das die jetzt jungen Menschen sind.

Dieser Bildumschwung hat vielfältige Ursachen, die in der Biografie jedes einzelnen liegen. Es ist dies ein intensiver *Moment der Selbstbegegnung*, der das Leben in eine andere Bahn geleitet. Auf einen Weg, der von Souveränität, Selbstliebe, Sozialität und Erziehungsfreiheit gekennzeichnet ist und für den die amicative Ethik gilt.

### 59. Vom Moralisieren emanzipieren

Das objektiv gefärbte Urteil über den anderen enthält ein destruktives Element: Es setzt den objektiven Urteiler über den Beurteilten, und der Beurteilte fühlt sich unten, klein gemacht, demoralisiert. Wenn Urteilen mit objektivem Anspruch stattfindet, wird eine Erlebniswelt gestützt, die es in der Amication gerade zu überwinden gilt: Den erhobenen Zeigefinger, den Ton des Besseren, die Mißachtung des Nichtso-Guten, die »überlegene« Art des Aufgeklärteren, Einsichtigeren, Zurückhaltenderen, Freundlicheren, Gütigeren, Informierteren, psychologisch Geschulteren, des Klügeren, der nachgibt, des politisch Korrekten, usw. – immer ein Element, das dem anderen die schlechtere Position zuschiebt.

Stets, wenn dieses Moralisieren stattfindet, läßt sich ein Kälteschub in der Beziehung wahrnehmen. Die in der Kindheit erlernten und tief eingeprägten Erstarrungen und Ohnmachtsgefühle schwappen heran, ungute Gefühle machen sich breit. Das Moralisieren ist dabei nicht an Formulierungen gebunden, diese können sich sehr höflich und freundlich geben. Moralisieren ist eine Sache des Tons, des psychischen Austauschs, des Gefühls und der Einstellung.

In der Amication wird all dies gesehen und für nicht gut befunden. Die grundlegende Gleichwertigkeit der Amication schließt jegliches Moralisieren aus. Wer amicativ leben will, will nicht (mehr) moralisieren. Daß es dennoch immer wieder vorkommt, gehört zur Realität amicativer Menschen und kommt aus ihrer pädagogischen Vergangenheit. Es gehört aber auch zur Amication, sich sein Moralisieren nicht zum Vorwurf zu machen, sich also nicht selbst zu moralisieren, wenn man in das unerwünschte Moralisieren verfallen ist. Aber wenn man will, kann man das Unheil, das im Moralisieren liegt, mit einer Geste wieder aus der Welt schaffen: »Es war nicht so gemeint. Ich habe nicht wirklich recht. Tut mir leid. Ich habe mich nur schrecklich geärgert.« Und sich so Schritt für Schritt vom Moralisieren emanzipieren.

**60. Nächstenliebe**

Niemand trägt zu Recht Verantwortung für einen anderen. Jeder ist für sich selbst verantwortlich.

Diese amicative Grundposition gibt allen die unkritisierte und gewollte Möglichkeit, solche Beziehungen herzustellen, wie ein jeder es tatsächlich will, und nicht solche, die irgendwie sein sollten. Jeder kann der Sympathie oder Antipathie, der Energie oder Apathie folgen, die er gerade in sich spürt. Niemand muß mehr aufbringen. Einem anderen beistehen etwa wird nur der, der hierzu wirklich Raum in sich hat. Und wer das nicht will, der macht nichts falsch. Jeder kann seinem Impuls, seiner Realität folgen. Kein anderer kann zu Recht sagen, man hätte aber so und nicht anders reagieren oder agieren dürfen. Wer etwas einbringt, bringt sein subjektives Empfinden und sein an sich selbst bemessenes Tun ein.

Solch scheinbar egoistisches Verhalten setzt Mitgefühl und Empathie frei. Denn unbehelligt von fremden Verpflichtungen und Moralisierungen (man soll, man muß, man darf, usw.) kann man in sich seine soziale Dimension fühlen, ihr nachspüren und ihr folgen. Unverzerrt vom Verbeugen vor den Anforderungen fremder Normen kann man erleben, daß die Wärme für den anderen stets Gewinn für einen selbst enthält. In der Amication gilt, daß der Kern jedes Altruismus die Selbstliebe ist. Die Selbstliebe wird nicht mehr durch Verantwortungslasten behindert – entsprechend ungehindert kann die Präsenz der Nächstenliebe wahrgenommen werden. Zusammenhang und Einheitlichkeit beider psychischer Phänomene werden erlebt. Die Erfahrung der von innen kommenden sozialen Kraft wird durch das Überwinden des Gefühls gewonnen, für andere verantwortlich zu sein. Nächstenliebe ist so selbstverständlich wie Selbstliebe, und der andere wird als Teil des eigenen Ichs erlebt.

## 61. Kindheitsgefühle

Als wir selbst Kinder waren, haben wir Tag für Tag gelernt, daß die Erwachsenen im Recht zu sein beanspruchten. Von Anfang an lebten wir in einer Umgebung, die am Oben-Unten ausgerichtet war und in der unsere Selbstverantwortung nicht wahrgenommen wurde. Und als Erwachsene wenden wir diese tief eingeprägte Strategie im Umgang mit den eigenen Kindern an, getreu den »Erfolgen«, die wir den damaligen Erwachsenen abgeguckt haben.

Aber wir können uns neu orientieren. Amication macht bewußt, daß es auch ganz andere Erfahrungen aus unserer Kindheit gibt. Kindheitsgefühle, die aus uns selbst kommen, die wir niemandem abgesehen haben, die ursprünglich zu uns gehören: Das Gefühl der eigenen Würde, das Gefühl des eigenen Werts, das Gefühl, über sich selbst bestimmen zu können, das Gefühl, für sich selbst Verantwortung tragen zu können, das Gefühl, o.k. zu sein und sich lieben zu können, und viele andere dieser machtvollen und konstruktiven Gefühle noch.

Diese Lebenswelt mußte zwar stets gegen die Erwachsenen und ihre »Erziehungsnotwendigkeiten« verteidigt werden, doch zum Glück gab es Erwachsene und Erziehung nicht rund um die Uhr. Wir hatten unsere gleichaltrigen Freunde, auch als »Kinder« definierte Menschen. Bei ihnen konnten wir authentisch sein, wirklich leben, voller Ideen und mit uns selbst im reinen. Es war ein Raum ohne die Verwirrung und die Absonderlichkeiten, in die uns die Erwachsenenwelt mit ihren Werten und Gefühlen verstrickte. Diese Momente des erwachsenen- und erziehungsfreien Erlebens mit den Gleichaltrigen gaben uns die Kraft, lange Zeit Widerstand gegen alle möglichen Erziehungsansprüche zu leisten. Doch schließlich holte uns das demoralisierende Gift »Ich weiß besser als Du, was für Dich gut ist« nach und nach ein. Und der Glaube an uns und unsere eigene Kraft, Würde und Selbstliebe wurde nachhaltig gestört oder gar zerstört.

Aber *wir* haben überlebt! Denn der Kern unseres Selbst und unsere Kindheitsgefühle sind unzerstörbar. Und wir können uns mit der amicativen Sichtweise wieder so sehen lernen, wie es unserer eigenen uralten und liebevollen Selbstwahrnehmung entspricht.

Jeder Erwachsene, der uns damals seinen Willen aufnötigte – und wohl noch Dankbarkeit dafür erwartete – tat uns weh, trieb uns in immer neue Schlupfwinkel, zerbrach etwas in uns. Wir können heute die Wut und den Schmerz von damals nehmen, um unseren Kindern nicht Gleiches zuzufügen. Und wir können auf das Kind in uns zugehen, auf die Hoffnungen, die Sprachlosigkeit, das Leid von damals. Auch heute kennen unsere Kinder das Leid und die Tränen um sich selbst und die Mißachtungen genau wie wir – schon von daher sind wir gleich.

Damals, als Kinder, hatten wir recht! Damals verteidigten wir unsere Menschenwürde! Wenn wir heute das Weinen um uns selbst befreien können, wenn wir heute die so tief vergrabene Kindheitswut aufsteigen lassen und wieder spüren können, wenn wir uns nicht mehr schämen, die langgestauten Tränen endlich strömen zu lassen – die Tränen des hilflosen Kindes, das in jedem von uns noch heute darauf wartet, anerkannt und ernstgenommen zu werden –, ... öffnen wir uns den Weg, wieder *fühlen* zu können, wo Recht und Unrecht ist. Heute können wir nicht nur mit dem Verstand einsehen, was not tut, sondern wir können dies auch wieder mit dem Herzen erkennen.

Wir brauchen das Gefühl – machtvolle, tief anrührende und erlösende Emotionen – um unsere Menschlichkeit von den Fesseln des althergebrachten Denkens zu befreien. Feuer wurde sorgfältig eingeschlossen, als wir jung und hilflos waren. Setzen wir es dennoch frei! Kinder *sind* vollwertige Menschen von Geburt an – sie werden nicht erst durch die Erziehung zu Menschen. Wir selbst, Kinder gewesen, wissen und fühlen dies. Wer kann es wirklich wagen, das zu bestreiten? Heute, als Erwachsene, sind wir stark genug, jeden nachdrücklich und selbstbewußt zurückzuweisen, der einem Kind die Fähigkeit und das Recht abspricht, über sich selbst zu bestimmen und für sich selbst verantwortlich zu sein. Wir haben diese *conditio humana* als Grundlage unserer Existenz selbst erfahren. Nehmen wir unsere heutige Kraft und Überlegenheit, um unsere eigenen Kinder zu schützen!

## 62. Gleichwertigkeit fühlen

Das Gefühl für die Gleichwertigkeit von Kindern ist nicht leicht zu erlangen. Es gibt vieles, das man sich klarmachen kann, per Nachdenken. Aber der Ausstieg aus dem Oben-Unten-*Gefühl* ist schwer. Ich stelle einen Text vor, mit dem man etwas von dem Unrecht fühlen kann, das in der pädagogischen Sicht von Kindern steckt. Allerdings muß dieser Text auf eine besondere Art gelesen werden.

Lesen Sie die zwei folgenden Passagen aus dem Buch von Thomas Gordons »Familienkonferenz« erst einmal aufmerksam durch. Die besondere Art, diesen Text zu lesen, erkläre ich danach. Es sind zwei kurze Passagen dieses viel gelesenen Erziehungsratgebers (S. 120 und 203):

> Die Eltern in unseren Kursen begrüßen es sehr, darin unterwiesen zu werden, wie sie kindliches Verhalten modifizieren, das für sie unannehmbar ist. Manche erklären im Kursus: »Ich kann es kaum erwarten, nach Hause zu kommen und es an etwas auszuprobieren, das mein Kind zu meinem Ärger seit Monaten getan hat.«

> Kinder wie Erwachsene behandeln
> Die Niederlage-lose Einstellung nach Methode III gibt den Kindern zu verstehen, daß ihre Bedürfnisse den Eltern auch wichtig sind und daß man den Kindern zutrauen kann, als Gegenleistung Rücksicht auf die elterlichen Bedürfnisse zu nehmen. Das heißt, Kinder ebenso zu behandeln, wie wir Freunde oder den Ehepartner behandeln. Diese Methode ist so wohltuend für Kinder, weil sie so gerne das Gefühl haben, daß man ihnen vertraut und sie als Gleichgestellte behandelt. (Methode I behandelt Kinder, als ob sie verantwortungslos sind und nichts im Kopf haben.)

Besonders die 2. Textstelle hört sich gut an. Es geht ja darum, Kinder als Gleichgestellte zu behandeln. Es gibt unzählige Bücher, in denen sich Erwachsene ihre Vorstellungen über den Umgang mit Kindern machen. Wenn sie von der Position »Ich weiß besser als Du, was für Dich gut ist« geschrieben werden, sind es pädagogische Bücher. Ist dieses Buch von Thomas Gordon ein solches Buch – oder ein ganz anderes?

Wenn Sie Texte vor einem Hintergrund lesen, der Ihnen als diskriminierend bekannt ist, merken Sie ein Oben-Unten rasch und können die Herabsetzung (mit)fühlen. Zum Beispiel in Texten, in denen Schwarze herabgestuft oder in denen Frauen verächtlich gemacht werden.

Lesen Sie jetzt den Gordon-Text vor einem solchen bekannten Diskriminierungs-Hintergrund. Vor einem Hintergrund, wo Ihr Gefühl sofort Sturm laufen wird – weil da jemand nicht ernst genommen, nicht als gleichwertig eingestuft und herabgesetzt wird. Lesen Sie ihn vor dem *frauenfeindlichen* Hintergrund. Damit Ihnen dieser diskriminierende Hintergrund präsent wird, habe ich die entsprechenden Schlüsselworte ausgetauscht: Statt »Erwachsene« lesen Sie »Männer«, statt »Kinder« lesen Sie »Frauen«. Lesen Sie und lassen Sie den veränderten Text auf sich wirken:

> Die Männer in unseren Kursen begrüßen es sehr, darin unterwiesen zu werden, wie sie weibliches Verhalten modifizieren, das für sie unannehmbar ist. Manche erklären im Kursus: »Ich kann es kaum erwarten, nach Hause zu kommen, und es an etwas auszuprobieren, das meine Frau zu meinem Ärger seit Monaten getan hat.«

Frauen wie Männer behandeln
Die Niederlage-lose Einstellung nach Methode III gibt den Frauen zu verstehen, daß ihre Bedürfnisse den Männern auch wichtig sind und daß man den Frauen zutrauen kann, als Gegenleistung Rücksicht auf die männlichen Bedürfnisse zu nehmen. Das heißt, Frauen ebenso zu behandeln, wie wir Freunde oder Kollegen behandeln. Diese Methode ist so wohltuend für Frauen, weil sie so gerne das Gefühl haben, daß man ihnen vertraut und sie als Gleichgestellte behandelt. (Methode I behandelt Frauen, als ob sie verantwortungslos sind und nichts im Kopf haben).

Sie merken sofort, daß so ein Text unmöglich ist. Von der ganzen Art. Als wären Frauen irgendwelche Haustiere, die mit Möhrchen und Methode zu behandeln sind. Ihr Gefühl ist in dieser Problematik einfach weit entwickelt. Sie werden den Text nicht ernst nehmen oder abstoßend finden, wenn er ernst gemeint sein sollte.

Doch wie war das beim ersten Lesen? Als es um die Kinder ging? Um es klar zu sagen: Selbstverständlich ist der Originaltext von Thomas Gordon für die Kinder ganz genauso diskriminierend! Nicht im Leben würde ich mir als junger Mensch so einen Text gefallen lassen. Bin ich ein Kaninchen, das mit Methode III im (Lauf)Stall zu zähmen ist? Aber nein – der Gordon-Text ist doch so freundlich, so »demokratisch-partnerschaftlich«, Kinder sollen doch als Gleichgestellte behandelt werden ...

Wenn Gleichwertigkeit von oben huldvoll gewährt wird, ist dies immer noch Diskriminierung. Gleichwertigkeit aber kommt jedem zu, als Selbstverständlichkeit, als Menschenrecht – ganz unabhängig von irgendwelchen großzügigen Gewährungen. »Wir *sind* gleichwertig – fühl es doch!« rufen uns die Kinder zu.

### 63. Ich liebe mich so wie ich bin

»Ich liebe mich so wie ich bin« – das ist eine stolze Vorgabe. Wer will das nicht? Gelernt haben wir in unserer Kindheit anderes, natürlich: Wir sollten ja erst Menschen werden, an uns arbeiten, Fehler verbessern usw. usw. Die Sache mit der Selbstliebe stößt das alles um, eröffnet eine andere Sicht auf sich selbst. Und wenn man es denn für möglich, für gestattet, für moralisch, für erstrebenswert hält, sich selbst zu lieben, wie immer man gerade ist – wenn man es nicht für überspannt, abgedreht, utopisch, lebensfremd hält: dann ist man auf einmal im Wort, sich selbst gegenüber. Sich nun lieben zu dürfen, zu können, zu sollen. Nichts Schlimmes gibt es mehr in mir. Alles ist irgendwie o.k., und auch das, was eigentlich nicht o.k. ist, ist es dann doch, auf wundersame Weise, eben weil ich an mich glauben kann, an mich glaube.

Man spürt das Dilemma, das in diesen Überlegungen steckt. Wunsch und Wirklichkeit, Dichtung und Wahrheit. Wie kann man mit dem »Ich liebe mich so wie ich bin« umgehen? Ein Hauch im Wind? Eine von vielen Möglichkeiten meiner selbst? Eine Verpflichtung mir gegenüber? Eine neue Norm? Befreiung? Oder nur neue Last?

Die Selbstliebe wird in der postmodernen Welt, aus der sie kommt, nicht über den Selbsthaß gestellt. Alle Wesen, Erscheinungen, Dinge, was immer, sind gleichwertig. Das Bild der großen Ebene ohne Oben-Unten, nur Weite, Raum für unendlich viele Wesen, Erscheinungen, Dinge, was immer: stets von gleichem Rang. Selbstliebe ist ein seelisch Ding, eins von vielen. Nicht besser als andere, nicht schlechter. Nicht besser als Selbsthaß, nicht schlechter.

Wegen dieser grundlegenden Gleichwertigkeit entlastet die Selbstliebe alle, die sich gerade/länger/immer nicht selbst lieben: Sie *müssen* nicht besser werden. Sie *müssen* nicht den Selbsthaß, die dunkle Seite ihres Selbst zurücklassen. Sie *müssen* nicht glücklich sein.

Alles an uns, alles! ist Teil von uns. Es gibt keine wirkliche Rangfolge. Es gibt unzählige Bewohner des Landes, das wir sind. Alle Bewohner – die hellen und die dunklen, die starken und die schwachen, die weißen und die schwarzen – haben ihre Geschichte, sind in uns gewachsen, geworden, sie sind da. Wir sind vielschichtige Wesen, und die Idee, man müsse etliches rauswerfen, entrümpeln, revolutionieren, ist zwar eine bekannte und lang erlernte Idee (»Du mußt an Dir arbeiten, besser werden«). Aber diese Idee – die ja auch in uns wohnt – verhext uns nicht länger, hat keine Macht mehr, uns den Weg zu weisen: »Jetzt mußt Du aber die dunklen Seiten in Dir überwinden, auf zur Selbstliebe«.

Wir sind der Chef unseres Lebens. Nichts hat in Wahrheit Macht über uns. »Ich liebe mich so wie ich bin« steht nicht über mir. Es ist eine Tür, durch die ich gehen kann. *Dieses* Zelt steht auch in meinem Land, das Selbstliebe-Tipi, und wann und wie lange ich mich darin aufhalte, wird sich zeigen. Ich sage also jemandem, der das mit der Selbstliebe gern hinbekommen möchte: Laß Dich in Ruhe. So, wie Du bist, ist es o.k. »Und die dunklen Seiten an mir?« Sie sind ein Teil von Dir. »Aber mein Selbsthaß, meine Zweifel an mir, mein Mißtrauen gegen mich, all das ängstigt mich und verhindert, daß ich mich lieben kann!« Ja – so ist es. »Aber das soll verschwinden!« Wünsche sind nicht verboten. Auch Streß ist nicht verboten. Wenn Dir Dein Wunsch zum Streß gegen Dich selbst wird: kannst Du machen. Aber: es ist nicht nötig! Du kannst auch Deinen Wünschen zuwinken, Du kannst ihnen sagen, daß auch sie nicht das Recht haben, über Deine Kräfte hinaus in Dir zu wohnen, Du mußt Dich auch von Deinen Wünschen nicht beherrschen lassen.

»Ich kriege das nicht hin, einerseits das Dunkle in mir gelten zu lassen und andererseits gleichzeitig das Helle. Das sind doch scharfe Gegensätze. Ich entscheide mich für das Helle, für die Selbstliebe. Was soll da noch all das dunkle Zeug in mir?« Es ist nicht die Frage, was das soll, sondern es gilt die Tatsache, daß es *ist*. So wie es nicht eine Frage ist, was das soll, wenn ein Bein gebrochen ist. Das Bein ist kaputt: Das ist. Real. Jetzt kann man das solange bejammern und daran leiden, bis man stirbt, oder man sieht zu seinem Bein und erkennt die Wirklichkeit: Ich habe ein krankes Bein. Mehr ist ja nicht passiert. Wir selbst gehen niemals unter.

»Wenn ich voll Haß bin, gehe ich unter.« Nein, sage ich, dann schwimmst Du weiter im Leben, diesmal in anderem Gewässer oder unter Wasser, aber Du bist es, der dort schwimmt. Egal, wo wir sind und wer wir sind: Wir sind. Und wenn Du schon mal in so unerfreulichen Gewässern schwimmst – es ist nicht nötig, daß Du Dir das übelnimmst. Auch Monster sind Wesen, wie Engel. Das Gefühl, unterzugehen und die Selbstliebe niemals wirklich zu erreichen, ist die Lebensart von den dunklen Herrschaften. Solange Du Dich da aufhältst, ist es wie mit dem kranken Bein: Es *ist* krank, und Gesundbeten hilft nicht. Es ist erst dann gesund, wenn es gesund ist! Vorher ist die lange Zeit der unangenehmen Krankheit. Und man kann, wenn man krank ist, etwas Lesen oder ein Würfelspiel mit anderen spielen. Spiel doch in der Hölle mit dem Teufel Monopoly oder Schach oder Halma. Selbstverständlich kennt er die Regeln. Später, wenn die Selbstliebe Dir wieder etwas sagt, wenn Dein Bein wieder gehen kann und will, siehst Du weiter. Selbstverständlich läßt Dich auch der Teufel wieder laufen, wenn die Zeit dafür gekommen ist.

»Das glaube ich nicht, in mir wird immer das Dunkle da sein.« Ja, sicher, aber es muß sich auch ausruhen und bestimmt Dich nicht Tag und Nacht. Es lebt nur dann, wenn es paßt, wenn es sinnvoll ist, wenn das Dunkle sich in Dir wohl fühlt. »Es soll sich in mir nicht wohlfühlen.« Willst Du es bekämpfen, erziehen, therapieren? Stellst Du Dich über die dunklen Seiten in Dir? Das kannst Du tun, aber wenn Du zum Drüber-Stellen übergehst, freut sich das Dunkle in Dir, denn das Drüber-Stellen ist ja sein Lebenselixier: das Dunkle drückt das Helle herab. Wenn Du ein Drüber-Steller bist, fühlt sich das Dunkle in Dir wohl: dadurch, daß Du das Dunkle nicht willst, es ablehnst, es zurückweist, ins Dunkle stellst, bist Du ihm verfallen. Nötig ist das nicht.

Es gib die *Möglichkeit* zur Selbstliebe. Die Idee. Die Perspektive. »Ich liebe mich so wie ich bin« ist keine Garantie. Es ist auch keine Verpflichtung. Es ist Einladung, Trost, Aufatmen, Lächeln. Und natürlich auch ein bißchen Verheißung, ein bißchen Paradies, hier, jetzt. Ein bißchen Gegenzauber für die dunkle Welt, bei allem Respekt und ohne sich über sie zu stellen. Wieviel davon Realität wird, hängt von so vielem ab, auch von mir, auch vom anderen Menschen: von meiner Liebe zu Dir. Liebe und Selbstliebe sind Geschwister – sie können fliegen und das Dunkle in uns immer wieder zurücklassen. Und: Sie wachsen von allein, Du mußt Dich nicht bemühen. Sie sind Geschenke des Lebens.

### 64. Was bedeutet »Selbstverantwortung«?

Was bedeutet eigentlich »Selbstverantwortung«? Es wird eine klare Antwort erwartet. Ich gebe sie: »Selbstverantwortung ist, wenn jemand selbstverantwortlich ist. Wenn er, nicht ein anderer, für sich die Verantwortung trägt.« Ist die Antwort zu dünn? Unscharf? Unsinnig?

Ein Beispiel wird bemüht: Das Auto fährt einem Fußgänger das Bein ab. Ist da Selbstverantwortung im Spiel? Ist der Fußgänger dafür selbst verantwortlich, daß das Bein ab ist? Natürlich nicht! Oder? Wer ist dafür verantwortlich, daß der Fußgänger an dieser Stelle war? Mußte er dort sein? Wer ist dafür verantwortlich, daß dieser Fußgänger überhaupt existiert? Ohne Fußgänger kein Bein ab! Seine Eltern? Das genetische Programm »Mensch«? Adam und Eva? Gott? Und wer ist für das Auto verantwortlich? Ohne Motor würde das Auto nicht fahren. Wer stellte den Motor her? Wer gewann das Eisen des Motors aus dem Berg? Wieso hatte dieser Berg überhaupt Eisen? Wo kam der Berg her? Woher kommt die Erde? Ist das Auto selbstverantwortlich? Ist der Fußgänger selbstverantwortlich? Ist der Motor selbstverantwortlich? Ist das Bein selbstverantwortlich?

Was soll das? Gegenfrage: Worum geht es Dir, wenn Du nach der Selbstverantwortung fragst? Um Klarheit? Um Wahrheit? Um Macht? Um das bessere Wissen? Gibt es besseres Wissen? Ach ja? Woher die Weisheit? Zurück auf den Boden der Tatsachen!

Noch ein Beispiel. Jetzt eins, wo es kein Ausweichen gibt. Klare Situation: Der Räuber Hotzenplotz schlägt Kasperls Großmutter nieder. Großmutter hat einen Bluterguß. So: Wer ist für den Bluterguß verantwortlich? Klar: Hotzenplotz. Oder sein Stock? Oder der Mann, der den Baum pflanzte, von dem der Stock ist? Ist Großmutter für ihren Bluterguß selbst verantwortlich? Ihre Haut? Ihr Blut?... Nicht schon wieder dieser uferlose Unsinn!

Wer sagt, was Sinn ist? Der gesunde Menschenverstand! Wer hat den? Der, der sagt, daß er ihn hat? Der Wissenschaftler vor dem Stammtischbruder? Der Europäer vor dem Afrikaner? Der Mann vor der Frau? Der Priester vor dem Laien? Du vor mir? Ich vor Dir? Worum geht es eigentlich? *Um eine klare Antwort auf eine einfache Frage.* Was aber ist klar? Was ist einfach? Es geht schon wieder los ...

Es geht um etwas anderes. Um Kommunikation, um Beziehung, um Mit-Sein, um Austausch, um Sich-Erleben im Anderen, um: menschliche Existenz. Um das »Wer bin ich« und das »Wer bist Du« und das »Was ist die Welt« und das »Wer bin ich in der Welt« und so weiter. Es geht um eine existentielle Thematik. Jede Sachfrage hat dies als Untergrund. Es schwingt unter jeder Sachfrage Tausenderlei mit: Weltbilder, Denkschulen, Traditionen, Religionen, Machtfragen, Ängste, Träume, Eitelkeiten, Haß, Liebe, Tod, Leben.

Der Sachbegriff »Selbstverantwortung« ist wie jeder andere Sachbegriff auch (Auto, Motor, Holz ...) eben nicht lediglich ein Sachbegriff. Und wer »Selbstverantwortung« nur so (sachlich) sehen und nur darüber ins Gespräch kommen will, legt vorher etwas fest: nur so (sachlich) darüber zu reden. Und diese Festlegung trifft er auf der existentiellen Ebene. Es gibt Begriffe (wie Auto, Motor, Holz), da wird die existentielle Ebene kaum eine Rolle spielen. Wir reden dann über Autos, sonst nichts. Tatsächlich? Wenn man über Autos redet, diskriminiert man allein dadurch, daß man Autos für der Rede wert hält, die Natur. Oder die Kinder, die von Autos gefährdet werden. Oder.

Wenn das Thema aber »Selbstverantwortung« heißt, und wenn zum Ausdruck gebracht wird, daß damit eine ganze kulturelle Ebene (die der Erziehung/des Patriarchats/der Hierarchie/der Moderne/...) verlassen wird, wie kann da eine einfache Antwort helfen?

Wie kann man über Amication ins Gespräch kommen, in ein Gespräch, das fruchtbar ist? Fruchtbar für wen? Für mich, für Dich. Wollen wir über die Thematik von Existenz (meiner) und Existenz (Deiner) ins Gespräch kommen? Wollen wir uns überhaupt als Personen begegnen (oder als Verstandescomputer, personenneutral? Und geht so was überhaupt ...)?

Was willst Du von mir, wenn Du mich fragst: »Was bedeutet eigentlich ›Selbstverantwortung‹?« Auf welchen Pfaden wandelst Du? Sachlich – gibt es nicht, jedenfalls nicht so, nicht bei *dieser* Frage, die ja mit der gesamten postmodernen und amicativen Sicht zu tun hat. Willst Du mit mir ein Stück gemeinsame Lebenswegstrecke gehen, und wir teilen uns mit, was wir rechts und links sehen? Oder willst Du sagen, was wirklich ist, und ich sollte das einsehen?

»Selbstverantwortung« ist ein praller Begriff, prall voll Leben. Er ist ein sehr gutes Eingangstor in die amicative Welt.

Niemand muß ihn nutzen. Niemand muß zu diesem Tor gehen, niemand es durchschreiten. Aber man kann all das tun. Sich entscheiden im Unendlichen: Ich bin.

Es geht mir, wenn ich mit einem anderen Menschen zu tun habe, um Kommunikation. Um Ich-Du. Um Existentielles. Die Sachfragen, die wir erörtern (z. B.: Was ist Selbstverantwortung?), sind auch interessant. Auch. Wie lassen sich Sachfragen erörtern? Viele Antworten. »Sachlich« ist eine. Eine! Von vielen. Die richtige? Für Dich richtig? Was ist für mich richtig? Steht die Sache über der Person? Gibt es Sachen unabhängig von Personen? Gibt es die Welt unabhängig von mir? Gibt es draußen, außerhalb von mir, Wirklichkeit? Wer sagt das? Gibt es nur Wirklichkeit in mir? Mache ich – wie jeder Mensch – die Wirklichkeit? Wer sagt, daß *das* richtig (was ist das?) ist?

Es gibt Bilder, die das einfangen, was ich sagen will: das Bild vom Mosaik, vom Mandala, von der Kontingenz. Wenn wir mit jemandem über Amication ins Gespräch kommen, entwickelt sich ein feines Gewebe im Hin und Her. Wir zeigen dem Neugierigen etwas von unserer Sicht der Dinge. Mal versteht er, mal nicht, mal ist Nähe, mal Distanz spürbar. Kommunikation, auf vielen Ebenen. Unweigerlich kommt dann die Frage »Was verstehst Du eigentlich unter ›Selbstverantwortung?‹« Diese Frage und die Antwort und die Nachfrage und die Nachantwort und alle dann folgenden Hin und Her sind wie eine Wasserscheide: »Kommst Du mit? Was willst Du? Du kannst jederzeit wieder gehen. Hier bin ich: Ich bin auch auf Dich neugierig. Was Du dazu meinst, zu dem, was mir wichtig ist – zu dem, der ich bin – zu mir. Und zu meiner Art, die Welt zu sehen und mich darin zurechtzufinden. Und zu Dir, wer Du bist, und zu Deiner Art.«

Eine klare, knappe Definition zu »Selbstverantwortung« wäre schal, dürr, leblos: chancenlos, etwas von dem zu vermitteln, was mir wichtig ist. Also: Auf ins Gespräch! In die Begegnung! In das Abenteuer Ich-Du. Unsere Beziehungen zu Kindern sind Abenteuer-Beziehungen. Ich-Du-Beziehungen. Personale Begegnungen. Voll Authentizität, Kongruenz, Ehrlichkeit. Eben: Existentiell. Sie sind fruchtbar, konstruktiv, hilfreich. Genau so sind die Gespräche, die vor, am und hinter dem Tor »Selbstverantwortung« stattfinden.

### 65. Vom freundlichen Umgang mit dem Sollen

Wir sollen viel. Ein gutes Leben führen, uns nicht so viel aufregen, Verständnis füreinander haben, mehr Gelassenheit ins Spiel bringen, ökomäßig drauf sein, die Kinder beziehen und nicht erziehen, ausländerfreundlich sein, die Seele baumeln lassen, wild und gefährlich leben, da sein und Zeit haben, an uns selbst denken und uns lieben, den ersten Atemzug selbst tun und auch noch in Würde sterben ...

Wir sollen viel. Das Viel hat sich verändert, das Sollen nicht. Was läßt sich tun? Soll denn etwas getan werden? Na ja, wenn das alles ein Mißstand ist, all diese (neuen) Anforderungen, und es irgendwie unfroh macht. Man muß so viel Ungemach mit dem Sollen doch nicht mit sich herumschleppen. Sind wir zum Leiden da? Sollen wir uns freuen? Über uns, die Umstände, das Leben? Sollen? Schön wärs ja, das mit dem Freuen, aber wie bekommt man das hin, ohne daß da schon wieder ein Sollen lauert: Man soll sich seines Lebens erfreuen! Jawohl, man soll.

Der Weg zum Frieden kann nur der Friede selber sein (M. L. King). Was heißt: vom Sollen kommt man nur weg ohne Sollen. Es heißt nicht: der Weg zum Frieden *soll* nur der Friede selber sein. Es heißt »kann«. Aber wie gelingt es, dieses »kann«?

Wenn man sich vom Sollen verabschiedet (oder von irgend etwas anderem, was man nicht mehr will), dann läßt man es in Ruhe. Stop, Falle: das heißt doch im Klartext: man sollte es in Ruhe lassen, sonst gelingt es nicht! Wir sind viel zu eingefangen in das Denken im Sollen, als daß das so einfach geht. »Ich liebe mich so wie ich bin« – das ist doch auch ein Ziel, eine neue Norm, ein Sollen, ein neues Sollen ...

Ich erkenne das Sollen-Denken überall, offen und verborgen und besonders verborgen und superverborgen (wenn man es nämlich überwinden will). Ich finde das Sollen auch nicht schön, ich hätte es lieber nicht dabei, in meinem Leben, und überhaupt. Aber: es ist da. Wie man es auch dreht und wendet: es ist da. Und ich denke: es bleibt auch da. Es ist eine der Tatsachen des Lebens, so wie es heute stattfindet (vielleicht ist es in 1000 Jahren ja anders). Das ist für mich die zweite Überlegung: das Sollen wird nicht gehen. (Die erste Überlegung ist: das Sollen gefällt mir nicht, es soll gehen.)

Und jetzt, nach so viel Realismus? Ein Realismus, den aufzubringen ich schon für eine gute Leistung halte: Wer von den »Ich-will-kein-Sollen-mehr«-Leuten sieht schon, daß wir in einem real existierenden Sollenland leben? Also: was jetzt? Dann soll es eben sein, das Sollen? Soll es so sein? »Ich soll mich lieben so wie ich bin«? »Ich soll ein gutes Leben führen? Mich nicht so viel aufregen? Verständnis haben?« usw., siehe oben?

Ich habe etwas gefunden, das mich zufrieden zurückläßt bei der ganzen Problematik, beim Sollen ohne Sollen, beim Frieden, wo auch der Weg dahin schon Friede sein soll und bei den ganzen anderen paradoxen Unwirklichkeiten, wozu auch unsere Geschichte mit dem »Nicht erziehen gelingt nur durch Nichterziehen« gehört. Ich komme mit einem freundlichen und leicht ironischen: »Ach ja? Welche Mühe! Meine Güte! Ja, wenn Du meinst ...« Ich komme mit einem Augenzwinkern, trinke einen Schluck Entdramatisieren und will es eine große Nummer kleiner angehen. Und ich sage: »Schön wärs.« Schön wärs, mit dem Frieden, mit dem Ohne-Sollen, mit dem Nicht-Erziehen. Wenn es denn gelänge. Würd ich mich drüber freuen. Hätt ich nichts gegen. Klar, ich bin dabei, wenn es so kommt. Mir zur Ehre.

Könnt ich mich drüber freuen, wenn ich keinen töte – statt »Du sollst nicht töten«. Könnt ich mich drüber freuen, nicht zu lügen – statt »Man darf nicht lügen«. Könnt ich mich drüber freuen, mich zu lieben – statt mir das heimlich zur Norm zu machen. Könnt ich mich drüber freuen, die Kinder nicht zu missionieren – statt dies als Fahne vor mir herzutragen. Wenn es denn gelänge, ein bißchen, manchmal, Dienstag nachmittag bei Sonnenschein, wäre schön. In Respekt und Demut vor den Mächten der Wirklichkeit, die uns umgeben: Dem allgegenwärtigen Sollen unserer Zeitläufe. Wenn es denn gelänge, so eine kleine Insel ohne Sollen. Ohne das Sollen zu ärgern, es ihm abzutrotzen. Einfach so, mit einem freundlichen Lächeln: Ja, ist doch nicht verboten, Herr Sollizist, kann man doch machen, ich meine hier, jetzt, am Dienstag, wo die Sonne scheint? Natürlich, das Sollen stelle ich nicht in Frage als Wirkmächtigkeit, als Realität. Rein theoretisch schon, ich verrate ja auch meine Ziele nicht. Friede ist schon etwas Großartiges. Oder Wahrheit. Oder Unterstützen statt Erziehen. Oder Selbstliebe. Aber, mal so ganz privat, wo es nicht an die große Psychoglocke gehängt wird, wo es keiner so richtig merkt: so ein bißchen, so ein klein wenig, das reicht doch völlig aus, so am Anfang, in diesem Leben ...

Heile Welt ist ein zerbrechliches Gebilde, fein gesponnen, nur mit Zärtlichkeit der Wirklichkeit gegenüber, so daß die sich nicht aufregt und zurückschlägt, dieses Imperium der Macht. Und mehr davon? Vielleicht ein ganzes Leben ohne Sollen? Warum nicht? Ist doch nicht verboten, freundlich zu sein, auch zum Sollen. Soll doch das Sollen so oft kommen, wie es meint, kommen zu sollen. Und ich freue mich einfach, wenn es denn gelingt, wenn es mir passiert, wenn es mir geschenkt wird, das Fernbleiben des Sollens.

Also: Sollen findet statt. Es läßt sich nicht in uns selbst zum Verschwinden bringen. Es findet sogar dort statt, wo wir es ausdrücklich nicht haben wollen, in der Amication, wo doch ein jeder Herr seiner selbst ist, keiner Norm wirklich unterworfen. »Ich soll gar nichts!« Ja ja, das ist schon recht so. Aber es gilt eben zu verstehen, daß es nicht bedeutet, daß ich »Ich soll gar nichts« soll. Es wird in der Amication keine neue Sollennorm errichtet, sondern es wird eine Einladung ausgesprochen, eine Freude angeboten, dem Leben ein Hosianna gesungen.

Amication ist ein »Kannst Du machen«. Jeder kann sich lieben, da spricht nichts gegen. Die alte Weltsicht hat tausend Dinge, die dagegen sprechen. Doch hier wird das anders gesehen. Amication ist die Information und Gewißheit: »Da spricht nichts gegen, kannst Du machen«. Und Amication ist dann noch ein bißchen mehr: »Mach doch – Komm mit – Du bist willkommen«.

## 66. Der Terrorismus des 12. September

Ich wurde auf einem Vortrag nach meiner Position zum 11. September gefragt: »Ist dies ein Tag, der auch aus amicativer Sicht die Welt verändert hat?« Will ich auf diese Frage eingehen? Mitmischen im Meinungszirkus? Platt antworten, um irgend etwas zu sagen, unverbindlich, ohne Risiko, um Ruhe zu haben? Doch selbstverständlich gibt es auch zum 11. September unverkennbares amicatives Nachdenken:

Die Gleichwertigkeit der Amication gilt uneingeschränkt, auch für jeden Terroristen des 11. September. Ein Terrorist

ist wie jeder andere ein Mensch mit Würde und ein Ebenbild Gottes. Seine Gedankenwelt ist ebenso wertvoll oder wertlos wie die anderer Menschen. Er ist wie jeder andere nicht an objektiven Maßstäben zu messen, da es diese in der Amication nicht gibt. Er steht vor mir als Person, und von Ich zu Ich sagen wir uns, was es zu sagen gibt.

Aus amicativer Sicht gibt es gegenüber dem Terroristen als Person Respekt und Achtung. Die Bewertung seiner Position und seiner Handlung bleibt dann einem jeden überlassen, und wer ihm zustimmt, stimmt ihm zu, wer ihm heimlich zustimmt, stimmt ihm heimlich zu, wer ihn ablehnt, lehnt ihn ab, wer ihn bekämpft, bekämpft ihn. Das muß jeder selbst entscheiden, Amication macht hier keine Vorgabe und nimmt niemanden in die Pflicht. Jeder kann der Terrorist sein, der er sein will – so wie jeder der Friedensmensch sein kann, der er sein will.

Aber kollidiert Amication nicht mit der Wertewelt derer, die andere mißachten (»Wir werden auf ihren Gräbern tanzen«)? Zu den Grundlagen von Amication gehört die Achtung vor dem Anderen, seinem Selbstbild. Also auch die Achtung vor jemandem, der andere mißachtet. Wenn jemand ein Mißachter, ein Hasser, ein Terrorist, ein Killer sein will – was ist daran mit objektiver Elle zu messen? Nichts. Aus der Vielfalt der Möglichkeiten, aus der großen Wahl der Identitäten wählt ein jeder aus, und keine Wahl ist besser oder schlechter als eine andere.

Wenn es in der Amication also eine grundlegende Achtung vor jedem Menschen, auch jedem Terroristen gibt – dann ist dies eine sehr andere Position als diejenige, die dem Terroristen das Böse-Etikett aufklebt. Diese Basisposition der Amication ist für die Lebenswirklichkeit aber nur der Beginn allen Geschehens. Sie ist eine psychische Größe, die in der Realität des Handelns, Kommunizierens, Miteinanders *unabdingbar, auf jeden Fall, ohne Ausnahme, immer und stets* ergänzt wird um die persönliche Position und Bewertung, um das Resümee der persönlichen

Ethik und Moral: »Bei allem Respekt vor Dir – das aber ist meine Meinung dazu.« Die Große Vielfalt entläßt nicht in die unendliche, im Nebel verschwindende Beliebigkeit, sondern lädt ein und zwingt letztlich zur persönlichen Wahl und Verantwortung und zum persönlichen Weg in all dieser gleichwertigen Unendlichkeit. »Welchen Weg will *ich* gehen, wenn alle Wege möglich sind, in Verantwortung vor mir?«

Ich bin ab diesem Punkt des Stellungnehmens zum 11. September jetzt persönlich gefragt. Bis hierhin ging es um Amication, ab jetzt geht es um Hubertus. Und ich – Ich – bin verwurzelt in einer Welt, die dem Anderen im Unterschied zu den bekannt gewordenen Auffassungen der Terroristen die Ausgestaltung, Expression, Verwirklichung seines Selbst zugesteht, wie immer er möchte, solange er anderen kein Leid zufügt. *Zufügt* wohlgemerkt, das heißt absichtlich, gewollt. Mein Handeln, mit dem ich mich realisiere, wird eigene Reaktionen der anderen hervorrufen, Freud und Leid. Wie bei Jesus und der Peitsche im Tempel. Das läßt sich nicht vermeiden, und wenn mein Verhalten Leid hervorruft, das ich nicht hervorrufen will, dann ist dies etwas grundlegend anderes als ein Verhalten, das Leid und Tod sehr wohl hervorrufen will.

Und die Notwehr? Wenn ich ein Leben (z. B. meines Kindes) dadurch rette, daß ich ein anderes Leben (z. B. eines Mörders) vernichte? Wenn auch ich Leid und Tod zufügen will – um Leben zu erhalten? Dann unterscheide ich mich im Töten nicht vom Terroristen – aber sehr wohl in seiner psychischen Basisposition: Bei mir bleibt die Achtung vor dem, den ich töte, erhalten, ich traure um ihn und pflege sein Grab. Im Terroristen gibt es diese Achtung nicht, er tanzt auf dem Grab.

Die Weltsicht der Terroristen enthält die Unterdrückung der Freiheit des anderen. So wie dies in vielen Gesellschaftsformen der Fall ist: in den Monarchien, Diktaturen, Theokratien dieser Welt. Der Westen hat dies durch die Aufklärung und die demokratische Idee schon ein gutes Stück überwunden. Hier bin ich zu Hause, und dieser Wert der Freiheit des Einzelnen ist auch mein Wert. Die Terroristen des 11. September wählten aus der Großen Vielfalt den Wert der Unterdrückung des Einzelnen und die Mißachtung seiner Würde – ich wähle aus der Großen Vielfalt den Wert der Freiheit des Einzelnen und die Achtung seiner Würde. Wir unterscheiden uns. *Und selbstverständlich verteidige ich meine Werte gegen jeden, der sie angreift und auslöschen will.* Mit welchem Mittel, das will dann gut überlegt sein.

Ich bin hier, wo ich lebe, nicht von den Terroristen des 11. September angegriffen worden. Wohl aber von denen, die diese Menschen mißachten und zu Nichtmenschen stempeln. Diese *Terroristen des 12. September* habe ich um mich, in jeder Zeitung, jedem Kommentar, jedem Gespräch, in jeder Frage zum Thema. Dieser ethische Terrorismus schickt keine Flugzeuge in Türme, sondern Flugzeuge in mein Herz. Und diesem Terrorismus halte ich stand. Nach dem Schreck und Schock der Attacke »Die Terroristen des 11. September sind keine Menschen« hole ich Luft und komme zur Besinnung. Ich besinne mich auf meine Werte und schwenke die Fahne der Amication, mir zur Ehre: »Selbstverständlich sind die Terroristen des 11. September Menschen mit Würde und ihnen kommt Respekt und Achtung zu. Wie auch denen des 12. September. Und ebenso selbstverständlich ist für mich, daß es völlig unakzeptabel ist, Menschen mit Flugzeugen umzubringen. Genauso unakzeptabel, wie eben diesen Mördern die Menschenwürde abzusprechen.«

## 67. Schule: Vergangenheit

*Kinder müssen zur Schule, sonst lernen sie nichts.* Die Anmaßung und Menschenrechtsverletzung, die ein solcher Satz enthält, ist schwer zu erkennen und schwer zu erfühlen. Und doch kommt es gerade darauf an. Wie könnte es gelingen, das Nicht-mehr-Erkennen und das Nicht-mehr-Fühlen zu überwinden? Das folgende Bild soll helfen, die verlorengegangene Sensibilität für die Würde des jungen Menschen und sein Recht auf selbstbestimmtes Lernen wiederzufinden.

**Vergangenheit, 1880–1999**

New Mexico, im Sommer 1999. Sie machen Ferien in Amerika. Und da Sie sich schon immer für die indianische Kultur interessiert haben, besuchen Sie die Navajos in der Four-Corners-Region und halten sich nun schon drei Wochen bei ihnen auf, in der Reservation am Mount Taylor. Sie haben viel gesehen und unternommen und neue Freunde gewonnen.

Eines Tages fragt Sie Ihr indianischer Freund Tatanga, ob Sie sich nicht einmal das Museum anschauen wollen. »Ihr habt ein Museum? Klar, das interessiert mich!« Sie sind gespannt und erwarten neue Einblicke in die Lebenswelt der Indianer.

Nach einer Weile Fahrt durch die faszinierende Landschaft kommen Sie zu einem schlichten Holzhaus. Es ist schon älter, wirkt aber gepflegt. Niemand ist da, der Sie und Ihren Freund begrüßt, aber die Tür ist offen, und Sie gehen hinein. Der Raum, den Sie zunächst betreten, sieht wie das Klassenzimmer einer Schule aus. Bänke, Stühle, eine Tafel, einige Bücher. Wahrscheinlich werden hier Vorträge zur Geschichte der Indianer gehalten. Nach einem kurzen Blick in die Runde wollen Sie den Raum verlassen, denn es gibt nichts besonderes zu sehen. Aber Tatanga macht keine Anstalten hinauszugehen. Er steht mit ernstem Gesicht in der Nähe der Tafel und sieht aus dem Fenster. »Laß uns hier weggehen, das ist doch nur der Raum für Vorträge. Wo sind die Exponate?«, sagen Sie. Doch Ihr Freund verzieht keine Miene und rührt sich nicht. »Was ist los?«, fragen Sie. »Wir sind im Museum«, sagt er. »Na klar«, antworten Sie, »aber hier ist doch nichts. Zeig mir die richtigen Räume.«

Tatanga dreht sich zu Ihnen um und sieht Sie voll an. »Du bist im Museum. Es ist hier, dieses Haus, auch dieser Raum. Unser Museum ist eine Schule.« »Wieso – eine Schule?« Sie sind enttäuscht. Was ist an einer Schule interessant? Ihr Gesicht spiegelt Unverständnis. Tatanga lächelt. »Ich weiß, daß Du jetzt enttäuscht bist. Aber dies hier ist wirklich unser Museum. Weißt Du, in diesem Haus wurden die Eltern meiner Großeltern, meine Großeltern und auch noch meine Eltern unterrichtet. Von weißen Missionaren und Lehrern. Sie sollten ›zivilisiert‹ werden. Mit eurer Kultur. Mit eurer Denkweise. Sie mußten eure Buchstaben lernen. Eure Art, die Welt zu sehen. Ihre kulturelle Identität – ihre Persönlichkeit ...« Er schweigt, und dann sagt er leise: »Zumindest haben sie es versucht.«

Sie stürzen in einen Strudel voller Gefühle. Ihr abstraktes Wissen vom kulturellen Imperialismus der Weißen wird hier konkret, an diesem Ort: Hier, in diesem Raum fand das alles statt. Die Präsenz dieser Ungeheuerlichkeit nimmt Ihnen den Atem. Empörung, Wut, Hilflosigkeit und tiefe Scham branden auf. Sie fühlen das Leid, das Entsetzen, die Ohnmacht dieser Menschen. Sie hören die Kommandos der Lehrer, das unbeugsame leise und laute Nein der Kinder, die verzweifelten Schreie der Mütter, denen die Kinder von den Soldaten aus den Zelten gerissen werden, und Sie spüren den unendlichen Zorn und die bodenlose Hilflosigkeit der Väter. Sie sehen den Kampf dort und das Niederringen der Seelen hier. Die Brutalität und Demoralisierung dieser »Zivilisierung« springen Sie an. Wie in Trance starren Sie in den Raum, und als Sie endlich zu Tatanga sehen, ist er nicht da. Sie verlassen das Museum, dieses Mahnmal gegen die Unmenschlichkeit, setzen sich unter einen Baum, und überlassen sich erschöpft Ihren Gefühlen. Und Sie verstehen.

Als Sie Welten später aufblicken, sehen Sie die stolzen Indianerkinder von damals vor Ihnen stehen. Sie schauen sich an. Und auf einmal verstehen Sie wirklich: »Das stolze Indianerkind – das bin ja ich!« Tränen schießen Ihnen in die Augen. »Auch ich wurde in ein solches Haus geschafft. Auch vor mir stand ein Lehrer. Auch ich wurde gebeugt und gebeugt und gebeugt. Subjekt, Prädikat, Objekt. (a + b) · (a + b). Schule. Jeden Tag.« Und Sie halten sich selbst fest. Ganz fest.

## 68. Schule: Zukunft

*Kinder müssen zur Schule, sonst lernen sie nichts.* Die Anmaßung und Menschenrechtsverletzung, die ein solcher Satz enthält, ist schwer zu erkennen und schwer zu erfühlen. Und doch kommt es gerade darauf an. Wie könnte es gelingen, das Nicht-mehr-Erkennen und das Nicht-mehr-Fühlen zu überwinden? Das folgende Bild soll helfen, die verlorengegangene Sensibilität für die Würde des jungen Menschen und sein Recht auf selbstbestimmtes Lernen wiederzufinden.

### Zukunft, 2215

London, im Mai 2215. Sie sind in den Ferien in England und kommen nach einem erlebnisreichen Vormittag zum Tower. Seit langer Zeit ist in dieser ehemaligen Trutzburg ein Museum eingerichtet, unter anderem sind die Kronjuwelen des britischen Königshauses dort dauernd ausgestellt. Doch diesmal gastiert eine Sonderausstellung, die für viel Aufsehen sorgt und die Sie sich nicht entgehen lassen wollen. Dort lassen sich »Werkzeuge der Schule des 20. Jahrhunderts (1900–2000)« besichtigen.

Wie immer sind die Räume abgedunkelt, und die Besucher können im Kreis um die Exponate herumgehen. Das Besondere dieses Museums ist, daß man nicht stehen bleiben darf, wegen des großen Andrangs. Wer länger schauen möchte, muß dazu auf den rückwärts gelegenen Balkon gehen, der ebenfalls kreisförmig die Exponate umgibt. Nun, Sie sind im inneren Kreis und sehen, was es zu sehen gibt, und gehen langsam vorwärts. Flüstern ist im Raum, gespannte Aufmerksamkeit. Sie sehen hinter dem Panzerglas einen länglichen Gegenstand, etwa zwei Hände lang, mit vielen Symbolen versehen und anscheinend beweglich, ausziehbar. Sie haben keine Vorstellung davon, was das sein könnte. Sie lesen die kurze Beschreibung: »Mathematikunterricht – Rechenschieber«. Raunen umgibt Sie. Eine Frau liest aus dem Katalog: »Damit wurden die Kinder damals angehalten, ihre Gedanken in Zahlen zu zwingen und ihre Harmonie mit der Welt zu zerteilen. In Ad-die-ren und Sub-tra-hie-ren und Mul-ti-pli-zie-ren und Di-vi-die-ren.« Und sie sagt, und damit spricht sie Ihnen aus dem Herzen: »Schrecklich!«

Sie wenden sich dem nächsten Exponat zu. Eine Stange. Sie ragt neben der Vitrine nach oben und ist fünf Meter lang. Was um alles in der Welt wurde denn damit gemacht? »Sportunterricht – Kletterstange« steht auf dem Etikett. Was ist eine Kletterstange? Ihr Nachbar erklärt: »Damit wurden die Kinder gezwungen, ihre Arme und Beine so zu bewegen, wie der Lehrer es wollte. Die Kinder mußten da hinaufklettern.« Sie sind entrüstet: »Die haben sie gezwungen, ihre Arme und Beine? Die Kinder konnten über ihren Körper nicht selbst bestimmen?« »Schule«, sagt Ihr Nachbar, »Schule!«

Weiter geht es im Kreis. Nun sehen Sie ein Blatt Papier. Es enthält Sätze, aber diese Sätze sind voller Lücken. Was soll das? Sie lesen die Beschreibung für die Museumsbesucher: »Deutschunterricht – Arbeitsblatt zum Ausfüllen«. Wieder verstehen Sie nichts. Sie hören, wie zwei andere Besucher kommentieren: »Mit diesen Papieren wurden die Kinder in die vorgezeichneten Bahnen der Sprache gezerrt. Es gab besondere Regeln, wie die Sprache benutzt werden mußte. Nichts erfolgte authentisch, so wie wir heute sprechen. Die Kinder mußten das, was sie sagten, analysieren und diesem System unterwerfen. Man nannte das ›Grammatik‹, und es gab so seltsame Teile wie ›Subjekt, Prädikat, Objekt‹. Die Kinder mußten die gesamten Regeln kennen und durften ihre Sprache nicht einfach benutzen und lieben. Sie entwikkelten Abscheu vor ihrer Sprache und vor ihren Gedanken, wegen all dieser Unterdrückung. Unvorstellbar!« Ihnen schaudert, als Sie sich vorstellen, daß Kinder in das Korsett von Sprachregeln gezwungen wurden. »Und darin soll ein Gewinn gelegen haben?« Ihr Nachbar stellt sich als Historiker vor und sagt: »Ja, es gab einen großen Vorteil – für die, die andere beherrschen wollten, die sie sich gefügig machen wollten. Ihr Mittel war, durch die Schule ihre Gedanken und ihre Sprache unter Kontrolle zu bekommen.«

Eigentlich reicht es Ihnen jetzt, und Sie haben genug von der »Schule des 20. Jahrhunderts«. Aber noch müssen Sie im Kreis weiter. Nun sehen Sie einen hölzernen Gegenstand. Es ist ein Kasten, mit runden Kanten, und mit einer Stange am oberen Ende, versehen mit Drähten. Das Ganze etwa armlang. Was ist denn das, und was wurde damit gemacht? »Musikunterricht – Geige« lesen Sie. Sie schauen in Ihren Katalog: »Die Geige war kein reguläres Werkzeug der Schule, sondern sie war der Disziplinierung von Kindern mit besonderer musischer und spiritueller Begabung vorbehalten und diente der ›Strategie der Demoralisierung‹. Diese Kinder waren am Anfang ihres Geigentrainings stets vollauf begeistert und sie öffneten ihre Herzen. Doch diese Offenheit verflog rasch – aber sie hatten einmal eingewilligt und durften sich dann nicht mehr vom Geigespielen lösen. Denn mit diesem Gerät sollte die besondere Sensibilität dieser Kinder in die gewünschten Bahnen gelenkt werden.

Man bediente sich akustischer Impulse (Töne), die von den Kindern selbst hergestellt werden mußten. Sie hatten die Finger ihrer linken Hand und den rechten Arm mit einem ›Bogen‹ in ganz bestimmter Weise zu bewegen, um die gewünschten Frequenzen zu erzeugen. Fixiert wurde mit sogenannten ›Noten‹. Und da die Experten auf diesem Gebiet derart schwierige Übungen vorschrieben, die von den allermeisten Kindern niemals korrekt ausgeführt werden konnten, war der Effekt die gewünschte Demoralisierung und das benötigte Minderwertigkeitsgefühl. Von der steten Unlusterfahrung, in einem hochsensiblen emotionalen Bereich etwas tun zu müssen, was man nicht will, ganz zu schweigen. Und die wenigen Begabten, die das wirklich konnten und gern machten, wurden all den anderen als Norm vorgehalten, und die Unerreichbarkeit dieser Vorbilder steigerte das Gefühl des Versagens.« Nun graust es Ihnen endgültig: Strategie der Demoralisierung? Herzen und Finger der Kinder zwingen? Der Katalog weist über 200 Exponate aus – erst vier haben Sie gesehen. Aber Sie brauchen Licht und Luft und sind froh, als Sie das Schild »Ausgang« sehen: Nichts wie raus hier!

Draußen setzen Sie sich auf eine Bank und blättern im Katalog. Sie halten inne – und mit einem entschlossenen »Nein« werfen Sie den Katalog in den Papierkorb. »Banause« hören Sie jemanden rufen. Sie lächeln zurück.

### 69. Schule: Gegenwart

*Kinder müssen zur Schule, sonst lernen sie nichts.* Die Anmaßung und Menschenrechtsverletzung, die ein solcher Satz enthält, ist schwer zu erkennen und schwer zu erfühlen. Und doch kommt es gerade darauf an. Wie könnte es gelingen, das Nicht-mehr-Erkennen und das Nicht-mehr-Fühlen zu überwinden? Die folgenden Szenen aus meinem Schultagebuch sollen helfen, die verlorengegangene Sensibilität für die Würde des jungen Menschen und sein Recht auf selbstbestimmtes Lernen wiederzufinden.

### Klassenarbeit (6b)

Es geht gleich los mit der Mathearbeit. Wird das mit der Arbeit inhuman? Wir schlendern in die Arbeit hinein, die Vorgeplänkel laufen ab. »Heute doch keine Arbeit. Heute ist doch Kirmes.« – »Was hat das denn damit zu tun?« Die Tische werden verrückt, ich teile die Arbeitsblätter aus. Dann kommt deutlich der erste Streß für mich, als einige ihre Zettel bereits beim Austeilen umdrehen und sich ansehen. Ich gehe dagegen vor, alle sollen zugleich anfangen, wenn jeder einen Zettel hat. Wegen gleicher Chancen. Mir ist unwohl, weil ich merke, daß einige es wieder tun, und ich schon sehr massiv intervenieren müßte. Ich lasse das dann, doch schon bin ich wieder genervt. Jetzt, 17.05 Uhr, denke ich so darüber: Ich hätte die Zettel von ihnen selbst verteilen lassen sollen und sofort den Start freigeben. Aber hätten sie dann auch dafür gesorgt, daß Leute an einem Tisch verschiedene Arbeiten erhalten? Ich habe zwei Arbeiten fertiggemacht, blau und gelb. Ich hätte doch wieder regulieren müssen – und auch das hätte mich genervt. Im Verlauf der Arbeit, die über zwei Stunden geht, wird es dann streckenweise sehr unruhig. Ich interveniere, Streß, Krieg. Aber es geht noch so. Ich bekomme mit, wie ihnen die Arbeit unter die Haut geht. Wenn sie über Nebensächlichkeiten laut reden (Bleistift, Radiergummi), schwingen Angst und Streß mit. Sie lassen das an diesen Dingen raus, über das Wichtige (die richtige Lösung oder einen Lösungsschritt) zu reden, ist ja verboten. Über Aufregung, Angst, Unbehagen, »Ich kann das nicht« zu reden ist nicht vorstellbar und überhaupt nicht vorgesehen. Als einer beim Reden seinen Kopf an den Arm seines Nachbarn kuschelt – da ist das für mich so bezeichnend. In all dieser Quälerei halten sie sich aneinander fest.

**Schwimmunterricht (5c)**

Frau M. redet auf Jutta ein, sie solle sich doch trauen, im Schwimmerbecken zu schwimmen. Jutta versucht und versucht, traut sich aber doch nicht. Es ist da ein ganz klarer, von Frau M. kommender Anspruch: »Los, schwimm, stell Dich nicht so an, Du kannst es, los endlich.« Es war nie Juttas Sache, das Schwimmen heute. Wie Frau M. die drei, die tiefen Schwimmerbecken üben sollten, von den Nichtschwimmern absonderte, das war schon Streß, war schon kein Spiel mehr, war schon Anspruch mit der Möglichkeit des Versagens, war schon Schule. Frau M. läßt Jutta dann in Ruhe. Krasser Gegensatz: Die Nichtschwimmer, auch Jutta und die zwei anderen, spielten erst im Nichtschwimmerbecken, und sie versuchten dort für sich zu schwimmen. Warum kann Frau M. denn nicht mit denen das Schwimmen im tiefen Wasser *spielen* – statt es zu üben, Schule daraus zu machen? Geht nicht, ist nicht drin, überhaupt nicht und nicht in Frau M., systembedingt. Und dabei finde ich Frau M. sonst ganz nett zu den Kindern. Aber: »Sie wollen ja alle den Freischwimmer machen – da müssen sie schon mal ran.« Grausig, keine Kommunikation zu Jutta, ihren Ängsten, ihren Wünschen, ihren Ideen, ihren Vorschlägen, eben zu Jutta. Sie soll funktionieren, die Beine und Arme so und nicht anders bewegen, die Finger zusammen. Dann wird sie schwimmen können, dann kann sie den Freischwimmer erreichen. Schwimmen im schulischen Sinn. Aber was alles kann sie dann nicht! Sie selbst sein, selbst schwimmen. Jutta wird geschwommen. Nicht: Jutta bewegt sich selbst im Wasser – was selbstverständlich auch Schwimmen ist, was aber mit Schulsicht noch lange kein Schwimmen ist. Dort ist Schwimmen nicht Schwimmen, noch lange nicht. Jutta schwimmt – und ich merke, wie dieselben Worte einen verschiedenen Sinn haben, je nach Kontext. Dieselben Worte haben hier den Kontext, daß nicht mehr nach der Person gefragt wird, die schwimmt, sondern nach dem, was von dieser Person verlangt wird.

## Abschlußrede (10)

Nach drei Stunden, als alle im Kreis sitzen, fängt Jans an und liest seine Abschlußrede vor, aber frei, mit vielen Kommentaren und Zurufen. Sie ist nicht für Eltern oder Lehrer gemacht, sondern für seine Leute. Was ich höre, geht mich sehr an. Er sagt das, was ich über die Situation der Kinder in der Schule rausgefunden habe, was mir ernst ist und was nur so verschwindend wenige von denen, die als Erwachsene in der Schule arbeiten, als »wirklich so« akzeptieren. Ich spüre, daß das, was so leicht dahingesagt wird, sehr ernst gemeint ist, als Erfahrung ihrer Realität, als Wahrheit eben. Sie gehen alle mit der Rede leicht um. Aber es wird deutlich, worum es geht. Für mich ist es Ausdruck von tiefem Verletztsein und Betrogensein um die Jahre, die sie in der Schule zu sein gezwungen waren. Ich nehme die Rede von ihm ernst. *Sie ist die Wahrheit der Kinder.* Und ich meine, wer so etwas nicht versteht, wer keinen Zugang zu dem Inhalt so einer Rede hat, der versteht nie, was das für Kinder bedeutet: Schule.

Jans hatte seine Rede schon im Lagerfeuer verbrannt. Als ich ihn bitte, sie noch einmal aufzuschreiben, da tut er es gern. Die anderen helfen ihm dabei. Als ich von eventueller Veröffentlichung rede und ihn frage, ob er einverstanden sei, ist das für ihn in Ordnung. Aber ich merke auch, daß ihn das gar nicht mehr so interessiert. Es ist doch alles so klar. Und: Sie stehen vor Neuem – es ist so viel hinter ihnen. Ich aber verliere nicht aus dem Blick, daß sie um diese Lebenszeit betrogen wurden.

*Die Abschlußrede*
Freunde, es ist geschafft.
Zehn lange Jahre sind vorbei.
Mein herzlichstes Beileid möchte ich allerdings all denen wünschen, die noch länger in den sogenannten Schulen gefoltert werden.

Die letzten zehn Jahre waren die schlimmsten in unserem Leben.
Und werden es wohl auch bleiben.
Die Pauker haben uns dermaßen geschafft, daß manch einer sie gern vor ein Kriegsgericht stellen möchte.
Ich bin auch dafür, daß die Schulen, die Gebäude des Schreckens – Schule, das Wort, das bei Kindern wie ein Brechmittel wirkt –, abgeschafft werden.
Aber nein, die Schulen werden noch vom Staat unterstützt.
Doch freut euch, ihr, die ihr es geschafft habt.
In Zukunft dürft ihr mit euren Bossen über Lohnerhöhung und seine Tochter streiten.
Freut euch, es wird eine herrliche Zeit.
Vergeßt all das Böse, was euch in der Schule geschah, haltet die Ohren steif.
Tschüs!


## 70. Schule: Denn sie wissen nicht, was sie tun

*Kinder müssen zur Schule, sonst lernen sie nichts.* Die Anmaßung und Menschenrechtsverletzung, die ein solcher Satz enthält, ist schwer zu erkennen und schwer zu erfühlen. Und doch kommt es gerade darauf an. Wie könnte es gelingen, das Nicht-mehr-Erkennen und das Nicht-mehr-Fühlen zu überwinden? Die folgende Passage aus meinem Schultagebuch soll helfen, die verlorengegangene Sensibilität für die Würde des jungen Menschen und sein Recht auf selbstbestimmtes Lernen wiederzufinden.


### Unterrichtsminuten

Ich überlege allgemein. Die Struktur der Schule ist inhuman. Dabei ist der Unterricht, die 45 Minuten von Gong zu Gong, das Kernstück der Inhumanität. Wenn ich im Unterricht agiere, erfahre ich ganz deutlich diesen Widerspruch: *Mich als jemanden verstehen, der human ist – mich als jemanden erleben, der Inhumanes tut.* Hinzu kommt, daß ich mich gelegentlich als human erfahre, wenn persönlicher Kontakt gelingt, wenn ich es schaffe, daß weniger Angst bei den Kindern ist, wenn ich »notwendigen« Druck einfach nicht ausübe, usw. Doch das gelegentlich Humane verstärkt nur meine Wut über das grundsätzliche Inhumane. Ich habe doch gerade, in der Realisierung von humanem Verhalten, erlebt, daß es auch anders geht, und ich denke: »So müßte es doch immer gehen.« Nur, unumstößlich: Es geht eben nicht. Da steht eine unverrückbare Struktur dagegen.

Ich erlebe den Anspruch der Kinder, Humanität zu erfahren – ich erlebe ihn, *weil ich mich ihm aufschließe*. Wer sich ihm verschließt, sieht natürlich alles ganz anders. Ich aber erlebe ihn – und auch, daß ich ihn nicht realisieren kann. Es ist kein Anspruch auf gelegentliche Freundlichkeit. Es ist ein Anspruch auf Grundsätzliches. Die Einforderung eines Grundrechts: »Die Würde des Menschen ...«

Und dann, nach dem Unterricht, nach dem Gong, »ist alles ja nicht so schlimm«. Warum? Weil ich dann nicht mehr *direkt* erlebe, was es heißt und bedeutet und bewirkt, inhuman zu sein. Unterricht ist ja vorbei – und ich bin sehr rasch wieder in menschenfreundlicher und friedlicher Nachher-Stimmung. Da bin ich dann wieder in Übereinstimmung mit mir. Ich bin ein netter Mensch, habe Zeit, kann jede Menge human sein. Dieses Nachher-Verhalten ist auch von der Struktur her zugelassen. Man kann doch »persönlich« mit Lehrern gut auskommen ... Und schnell, ganz schnell, sinkt zurück, wie das eben noch mit der Inhumanität war. *Ich erfahre sie nach dem Unterricht einfach nicht mehr.* Da erfahre ich Humansein. Und dann ist es leicht, zu sagen: »Ist ja alles nicht so schlimm.« Doch es kommt wieder. Die Erfahrung der Inhumanität ist tief eingegraben. Das Bevorstehen einer nächsten Stunde aktualisiert sie. Einige Zeit vor dem Beginn einer Unterrichtsstunde spüre ich es, da bin ich in Kontakt mit dem, was da gleich passieren wird: *Inhumanes Rasen, das sich Unterricht nennt.*

Die Verschleierung des Inhumanen *während* des Unterrichts ist ein riesiges Problem. Es gibt keine Diskussion darüber. Es herrscht völliges Tabu. Die betroffenen Erwachsenen, die Lehrer, transportieren das inhumane Geschehen – *ihr* inhumanes Tun – nicht in die Zeit hinter dem Gong. Sie bringen ihre Erfahrung mit der täglichen Inhumanität nicht mit nach draußen, aus den Unterrichtsminuten hinaus. Es ist, als würde das Pausenzeichen sie in eine andere Bewußtseinsdimension versetzen, die nicht mehr erfassen kann, was in den vergangenen 45 Minuten geschah. Ich finde das eine Störung in der Möglichkeit, die Realität zu erfassen, ich finde das krank. Auf der anderen Seite hilft es ja, in der Schule, im Lehrerberuf zu überleben. Und einmal ganz abgesehen von den vielen, die auch *während* der 45 Minuten nicht bewußt erfassen, was sie wirklich tun.

Die Kinder sagen sehr deutlich, was die Erwachsenen mit ihnen in den 45 Minuten machen. Aber in einer Sprache, die man nur versteht, wenn man die gesamte Problematik erfaßt hat, z. B. Lärm nicht mehr als Störung, sondern als Ausübung eines Grundrechts begreift.

### 71. Schule: 29. Januar 2014, 10.03 Uhr

Deutscharbeit in der Klasse 8c. Aufsatz. Angespannte Ruhe liegt über den jungen Leuten. Ein Stuhl wird gerückt. Der Lehrer blickt auf. Ein Schüler ist aufgestanden. »Was ist los, Kilian?« Alle sehen jetzt auf. Der Schüler sieht zufrieden aus. Er schaut zur Tafel, durch sie hindurch. »Kilian, was ist?« Leicht irritiert steht der Lehrer auf. »Ich schreibe nicht weiter.« »Bitte?« »Ich schreibe nicht weiter. Ich schreibe keine Aufsätze mehr.« Nach einer Sekunde absoluter Stille wird es sehr unruhig. »Seid still!« Der Lehrer wird energisch. »Laß den Quatsch und setz Dich. Schreib weiter.« Kilian richtet sich ganz auf. Er sieht den Lehrer an. »Sie haben kein Recht dazu. Meine Gedanken gehören mir. Niemand hat das Recht, meine Gedanken auf sein Papier zu befehlen. Ich werde keine Aufsätze mehr schreiben. Nie mehr.« Seine Entschlossenheit bewirkt noch einmal absolute Stille im Klassenraum. Dem Lehrer gelingt keine Antwort. Zwei, drei andere junge Leute stehen ebenfalls auf. Sie sagen nichts, sie schließen ihre Hefte. Der Lehrer ist fassungslos, sprachlos. Alle stehen jetzt, alle Hefte sind geschlossen. »Wollen Sie einen Kaffee?« fragt Freya, »ich hole einen.«

Tagesschau: »Überall im Land haben sich heute Vormittag zahlreiche Schüler geweigert, ihre Klassenarbeiten zu schreiben. Lehrer berichten, daß die Schüler mitten im Unterricht aufstanden und die Fortsetzung ihrer Arbeiten ablehnten. Lehrer, Pädagogen, Psychologen und Eltern können sich diesen Vorgang nicht erklären, zumal es an sehr vielen Orten gleichzeitig gegen 10.00 Uhr vormittags geschah. Die Entschiedenheit der Ablehnung, Klassenarbeiten zu schreiben, kam um so unvermuteter, als es keine vorherigen Anzeichen für ein solches Phänomen gab.«

## 72. Dein Schmerz

»Du tust mir weh« – wir haben von klein auf zu glauben gelernt, daß dies überhaupt geschehen kann. Und daß wir diejenigen seien, die den anderen Schmerz und Betrübnis bereiten. Doch ich schneide auch das »Du tust mir weh« als einen Marionettenfaden ab. »Du tust mir weh« geht in Wahrheit überhaupt nicht zwischen Menschen!

»Du tust mir weh« schiebt dem einen die Zuständigkeit und Verantwortlichkeit für das Wohl des anderen zu. Zuständig und verantwortlich bin ich jedoch stets für mich selbst, niemals kann dies ein anderer für mich sein. Wenn es in unserem Umgang ein »Du tust mir weh« gibt, zeigt dies, daß wir einander zu entmündigen gewohnt sind und daß in komplizierter Weise der Entmündigte (der Zuständigkeit für seinen Schmerz nicht mehr bei sich sieht) den anderen unterdrückt, indem er ihm die Sorge für sein Wohl aufbürdet.

Wir haben gut gelernt, auf das »Du tust mir weh« blitzschnell zu reagieren: mit Verteidigen, mit Wiedergutmachen, mit Beschwichtigen, mit Entschuldigen, mit schlechten Gefühlen und schlechtem Gewissen. Unumstößlich war, daß wir tatsächlich dem anderen etwas getan hatten und daß die Idee »Der eine kann dem anderen weh tun« eine korrekte Idee sei.

Es ist jedoch ein jeder für sich selbst zuständig. Wenn ich etwas tue, ist dies vor mir, Dir und der Welt verantwortet. Da ich mich liebe, ist mein Tun immer ein sinnvolles und letztlich Liebe ausdrückendes Tun. Dies bedeutet *nicht*, daß es von den anderen stets als Glück erlebt wird! Mein sinnvolles Tun kann durchaus für andere Schmerz bedeuten. Aber es gilt zu merken, daß die Schmerzerfahrung über mein sinnvolles Tun die Erfahrungsrealität *des anderen* ist, nicht etwas, für das ich zuständig bin. Du könntest in der Tat ja auch anders reagieren, etwa mit Erstaunen, Belustigtsein, Gelassenheit, Anteilnahme, Sorge, Spaß, Glück, Zufriedenheit usw. als ausgerechnet mit Schmerz. Ich tue nur Sinnvolles, jederzeit das Beste. Wenn Du darauf mit Schmerz reagierst, ist dies sicher Deine korrekte Reaktion – aber es ist *Deine* Reaktion und nichts, was ich mir anstecken müßte.

Wenn wir den Schmerz des anderen so ansehen, verwischen wir nicht die Zuständigkeiten. »... so halte ihm auch die andere Wange hin« – wo der eine mit Schmerz reagiert und sich hüten würde, einen zweiten Schlag abzubekommen, ist der andere so stark, die Not des anderen (die sich hier in körperlicher Attacke äußert) therapeutisch mit seinem Körper aufzufangen. Ob Du mich als Schmerz oder Glück erfährst, ist nicht meine, sondern Deine Sache.

Statt »Du tust mir weh« wäre es korrekter zu sagen »Ich erlebe Dich schmerzvoll«. Damit würde die Zuständigkeit klar ausgedrückt. Aber solche Redewendung ist völlig unüblich – und es ist nicht verwunderlich, daß unsere Sprache solche Differenzierungen kaum kennt. Doch es kommt natürlich nicht auf die Worte an. Wichtig ist zu wissen, daß ich immer für mich selbst zuständig bin, auch, wenn andere mit mir umgehen, auch, wenn andere von mir als schmerzvoll erlebt werden. Daß eine solche Sicht geradezu revolutionierende Konsequenzen für unsere Beziehungen hat, liegt auf der Hand.

Wenn ich erlebe, daß durch mein Tun jemand in Schmerz gerät und ich mich nicht in Zuständigkeitsdebatten und Schuldzuweisungen verlieren muß, sondern genau weiß, was mir zukommt (Liebe zu strahlen) und was Dir zukommt (diese jetzt als Schmerz zu erleben), dann habe ich auch Kraft, mich Dir zuzuwenden – *Deinem* in Dir lebenden Schmerz. Und Du könntest erfahren, daß ich Dich liebe – was wiederum Deinen Schmerz lindern wird.

## 73. Unendliches Glück

Ich sitze oft fest, wenn ich darangehe, meine Wünsche zu verwirklichen. Ich gebe dann auf, mir das Glück zu verschaffen, das ich aber doch herbeiwünsche. Irgendwo im Gestrüpp der ablehnenden Energien, der Kritik, Betroffenheit und der unangenehmen Verstrickungen bleibe ich hängen. Und ich verzichte lieber, als mir noch mehr Ärger und Unangenehmes aufzuladen.

Als Kinder wurden wir auf einer ganz bestimmten Stufe von Glückserfahrung festgehalten. Es gab für uns so viel Glück, gute Gefühle, Wohlbefinden, Freude wie die konkreten Erwachsenen unserer Kindheit zulassen konnten. Dies hat seine Gründe in den Persönlichkeitsstrukturen dieser Erwachsenen, ihrer Lebenserfahrung, ihren Ängsten, ihrem Glücksstandard. Ihr Unvermögen, *unser* Glück einfach geschehen zu lassen, ohne sich verstrickt, verantwortlich und geängstigt zu fühlen, bedeutete für uns das Abstecken eines schließlich unumstößlichen Rahmens. Und nur innerhalb dieses Rahmens wurde für uns Glück erlebbar.

Ich meine sogar, daß nicht nur der Rahmen ihrer persönlichkeitsbedingten Glücksschranke unsere Realität wurde, sondern daß unsere *Vorstellung* davon, wie glücklich wir eigentlich überhaupt sein können, dort festhängt. Ich vermute, daß ich – und wir alle – tausendmal glücklicher sein könnten, als wir uns das je ausmalen können: so glücklich, so in Übereinstimmung mit uns selbst, wie wir es in den neun Monaten vor unserer Geburt waren.

Wie fühlt sich das an? Ich weiß es nicht, ich weiß es nicht mehr. Aber tief in mir bin ich sicher, daß es noch in mir lebt, dieses Gefühl unendlichen Glücks. Und selbstverständlich kommt es uns allen zu, ein Leben auf dieser Basis zu führen, eine Kultur auf dieser Basis zu schaffen, das Paradies hier und jetzt zu erleben.

Auch in der Frage des Glücks rütteln wir an fest verschlossenen Toren. Dahinter warten wir, wir selbst. Heute haben wir die Macht, dieses gewaltige Tor zu öffnen und unseren eigenen Glücksstandard zu finden. Der Mut, zu uns zu stehen und uns zu lieben, ist die Kraft, die hilft, auch dieses Tor zu öffnen.

## 74. Verändern

Ich merke, daß ich mich verändere. Daß ich heute Schmerz anders erlebe als früher, daß ich meine Aggressivität und meinen Streß anders erlebe, usw. Wenn ich alle Kraft in mir sich zentrieren lasse und dabei *nicht* Energie für das Verändern-*Wollen* abzweige, wenn ich also immer mehr ich *bin* statt mich zu bemühen, es zu werden – dann strömt die so gesammelte Kraft in die Winkel und Nischen meines Ich, wo sie tatsächlich gebraucht wird. Ich lasse Veränderungsenergie sich in mir frei entfalten, ohne sie zu dirigieren.

Die selbstorganisierte Veränderungsenergie läßt sich gut mit den weißen Blutkörperchen vergleichen, die auch selbst und aus ihrer Weisheit heraus das tun, was dem Organismus dient. Wenn ich meiner Kraft vertraue, wenn ich meinem Organismus vertraue, wenn ich mir vertraue – wenn ich mich liebe, so wird mich dies dahin entwickeln, wo ich wirklich jeweils bin. Es ist nicht nötig, dies zu wollen, denn solches Wollen kostet nur Energie und blockiert den Vorgang der Selbstorganisation. Und selbstverständlich ist es völlig unsinnig, dies zu *sollen*.

Ich muß mich nicht verändern, ich soll mich nicht verändern, ich will mich nicht verändern: *Ich verändere mich.* Zu mir selbst gelange ich nicht mit Wollen, sondern mit Vertrauen. Selbstliebe kann man nicht wollen (oder gar irgendwie machen). Sie findet in uns statt, wenn wir uns dies gestatten, wenn wir den Mut aufbringen, o.k. zu uns zu sagen.

## 75. Zumutungen

Immer wieder nahmen sich die erwachsenen Menschen unserer Kindheit unendlich viel heraus. Sie bauten sich vor uns auf und machten uns an. Sie wüteten gegen uns, sie schlugen uns mit »Das gehört sich nicht«, »Das tut man nicht«, »Was hast Du wieder angestellt«, »Wenn ich Dich schon sehe«. Sie waren oft genug in schrecklicher Weise unverschämt. Sie bannten uns mit ihren emotionalen Schwingungen und Demoralisierungen, sie verhexten uns, sie lähmten uns und ließen uns glauben, wie niedrig, unfähig und böse wir doch seien. Und wie dankbar wir dafür zu sein hätten, daß sie uns noch eine Chance gäben.

Heute können wir uns diese Situationen erneut vorstellen und ihnen mit unserer heutigen Kraft begegnen. Wenn ich zum Beispiel noch einmal sehe, wie sich Herr H. vor unserer Klasse aufbaute, uns anschrie und tobte, und daß ich jederzeit irgend etwas Furchtbares hereinbrechen erwartete, gelähmt war, hilflos und mich elend fühlte – so überlege ich heute, daß ich in intensivem Kontakt zu mir, meiner Würde und Menschenhaftigkeit aus der Bank getreten wäre, mich in den Gang gestellt hätte und mich *aufgerichtet* hätte. Ich hätte mich ihm zugewandt und mit ruhigem Stolz seinen Blick gefunden: *Ich bin schön. Ich mag mich. Ich bin ein Mensch. Was kümmert Dich?* Ich hätte meine Souveränität ausgesandt, und nichts, aber auch gar nichts hätte ich von der Wut, dem Ärger, dem Streß und der Ohnmacht dieses erwachsenen Menschen auf mein Konto gebucht. *Dies sind seine Dinge.* Und in der Gewißheit darum, daß *nur er* seine Dinge leben kann, hätte ich vielleicht auch die Energie gefunden, ihm meine Nähe anzubieten. Und die Idee, klein, hilflos und gebannt, mit hängendem Kopf in der Reihe zu stehen und diesem wütenden Menschen ausgeliefert zu sein, wäre absurd.

## 76. Schatzkisten

Jeder von uns trägt viele Schätze in sich. Unsere Kreativität, unsere Lernfähigkeit, unser soziales Engagement, unsere Fähigkeit, nah und hilfreich zu sein, unsere Gestaltungskraft usw. Die bestehende Kultur läßt jedoch die Katastrophe über uns hereinbrechen, daß wir unsere Schätze als junge Menschen nicht so leben dürfen, wie es uns zukommt. Eine schier unendliche Angst der Erwachsenen dämmt uns ein, deckt uns zu, verstümmelt uns und läßt uns schließlich selbst annehmen, daß wir leer und dumm seien, daß in uns gefüllt werden müsse, was die Großen dort sehen möchten.

Wenn wir uns im Laufe unseres Lebens als junge Menschen auch mehr oder weniger damit abfinden, daß wir »in Wirklichkeit« nicht unsere Schätze leben können, daß wir nicht auf dem Marktplatz inmitten unserer Schatzkisten stehen und den anderen davon zeigen und sie daran teilhaben lassen dürfen, wenn wir »in Wirklichkeit« im Zusammensein mit anderen grau und schatzlos, ordentlich und normgerecht sein müssen, so gibt es dennoch ein tief in uns glühendes Wissen darum, wie wir sein *könnten*. Der Kontakt zu unseren Schätzen reißt nie ab, und in seltenen Ausnahmesituationen fühlen wir uns uns selbst ganz nah: Wenn wir in den Armen unseres Partners glücklich sind, wenn wir die Ruhe unseres schlafenden Kindes aufnehmen, wenn wir in der dichten und geheimnisvollen Sommernacht mit der aufblitzenden Sternschnuppe in den Kosmos fliegen. Selten, so selten geschieht dies, doch die Sehnsucht nach uns selbst ist da und sie lebt in uns.

Wir wissen sehr wohl um unsere Schätze, und wir wissen auch darum, daß wir unsere Schätze als Kinder verstecken, tief vergraben oder weit hinter den sieben Bergen in dunkle Urwälder bergen mußten. Wir taten dies, um einerseits in der von den Großen propagierten und mit Unterdrückung durchgesetzten Welt weiter leben zu können, um nicht mißhandelt, für einen bunten Hund, für anormal gehalten zu werden – um nicht die Liebe dieser Menschen zu verlieren. Und andererseits starteten wir dieses Bergemanöver, um *dennoch* uns selbst nicht ganz preiszugeben, um *dennoch* der Wahrheit, mit der wir geboren wurden – nämlich Abgesandte des Lebens zu sein –, treu bleiben zu können.

Wir können heute den Mut und die Kraft und die Energie finden, unsere Schatzkisten zurückzubringen. Wir müssen nichts mehr verbergen und wir entdecken die wiedergefundene Realität, die wir sind, befreiende und friedenstiftende Kraft für alle. Dies geht langsam, aber wir sind auf dem Weg und werden uns nie mehr verstecken müssen.

## 77. Tonis Brief an die Katze

Ich möchte nicht mehr analysieren und erklären, sondern einfach da-sein: wie Du, die Du Dich in der Sonne wärmst, ohne etwas über das Zustandekommen des Wetters wissen zu wollen.

Ich möchte mir mit sicherem Gefühl Menschen suchen und von ihnen weggehen können, wenn sie nicht gut für mich sind: wie Du, die Du ohne Zögern meidest, bevorzugst, liebst, verläßt.

Ich möchte mir Zärtlichkeit und Liebe holen können, wenn ich sie brauche: wie Du, die Du dann sanft auf meinen Schoß springst.

Ich möchte unaufdringlich und ohne Ratschläge trösten können: wie Du, die Du einfach zu mir kommst und mir zuhörst, wenn Du merkst, daß ich traurig bin.

Ich möchte mich zuviel »Liebe« und zuviel Anspruch anderer gelassen entziehen können: wie Du, die Du ruhig aufstehst und fortgehst, wenn mein Streichelbedürfnis größer ist als deins.

Ich möchte mich wehren können: wie Du, die Du die Krallen zeigst, wenn ich Deine sanfteren Zeichen nicht verstehe.

Ich möchte ohne Schuldgefühle bevorzugen und ungerecht verteilen können: wie Du, die Du nachts, wenn B. nach

Hause kommt, von meinem Bett aufstehst und in ihr Zimmer gehst – ohne zu überlegen, »was das mit mir macht«.

Ich möchte allezeit erstmal für *mich* sorgen können und *mich* wichtig nehmen: wie Du, die Du stets nur etwas für *Dich* tust – und es ist schön, wenn unserer beider Wünsche übereinstimmen.

Ich möchte meiner Kraft und meinem Können sicher vertrauen: wie Du, die Du Deine Sprünge immer richtig abschätzt und genau weißt, was zu gefährlich für Dich ist, was Du nicht schaffst.

Ich möchte achtsam und vorsichtig sein können, meinen Weg zu gehen, ohne zu zerstören: wie Du, wenn Du auf meiner vollen Fensterbank spazierst, ohne etwas umzuwerfen.

Ich möchte anmutig, kraftvoll, harmonisch und schön sein: wie Du, die Du nicht überlegst, ob Du wohl anmutig*er*, schön*er*... bist; wie Du, die Du keine verspannten Muskeln hast, weil Du nichts unterdrückst.

Ich möchte mich trauen, mit weniger Worten auszukommen: wie Du, die Du darauf vertraust, daß ich Dich lieb genug habe, Dich auch wortlos zu verstehen; wie Du, die Du Deine Sachen machst, ohne um Erlaubnis zu fragen und Dich zu rechtfertigen.

Ich möchte laut fordern können, was ich für mein Recht halte: wie Du, wenn Du morgens Dein Frühstück verlangst.

Ich möchte mich laut beschweren können, statt seufzend hinzunehmen: wie Du, wenn Dir Dein Katzenklo zu dreckig ist.

Ich möchte mich einfach in anderer Leute Betten legen und nicht an meinem Wert zweifeln, wenn sie mich dort nicht haben wollen: wie Du.

Ich möchte neugierig sein und mich in alle Höhlen trauen: wie Du, der kein Karton zu dunkel und kein Schrankfach zu unheimlich ist.

Ich möchte in meiner Umgebung immer wieder neue Dinge, Menschen, Freude-Möglichkeiten, Streichel-Partner, spannende Sachen zum Untersuchen und Spielen finden: wie Du, die Du Dich nie langweilst.

Ich möchte mich total dem Genuß hingeben können, wenn mir Liebe gegeben wird: wie Du, die Du nie berechnest, wieviel Gegenstreicheleinheiten Du mir nun schuldest und nie überlegst, ob ich Dich morgen auch noch streichele, wie Du Dir eine Garantie dafür verschaffen kannst, was Du dafür tun mußt und wen ich sonst noch streichele ...

Ich möchte mich trauen, eitel zu sein und mich stundenlang mit mir zu beschäftigen: wie Du, die Du Dich so ausgiebig und genußvoll putzt, für *Dich*.

Ich möchte *alle* meine Eigenschaften besitzen und keine davon verleugnen: wie Du, die Du Dich nie fragst, ob Mäusefangen moralisch ist; die Du Dich nicht der Schizophrenie verdächtigst, weil Du zärtlich *und* grausam bist.

Ich möchte mich aus Angelegenheiten anderer raushalten und nicht deren Bestes wissen: wie Du, die Du mir nicht das Rauchen oder das Colatrinken verbietest.

Ich möchte sicher, unmanipulierbar und unerziehbar sein: wie Du, die Du nur *Deiner* Wege gehst, nur *Dir* gehorchst, nur *Dir* gehörst.

Ich möchte nicht andere fragen müssen, wie ich am besten Toni bin: wie Du, die Du nicht auf die Idee kämst, eine andere Katze zu fragen, wie man am besten eine Katze ist.

Ich möchte keine Theorien mehr lesen, sondern einfach leben: wie Du, die Du Dich frech auf mein Buch legst und die Schrift verdeckst, in der ich wieder nach dem Zauberwort gesucht habe, und mir zeigst: *Hier* ist das Lebendige, *jetzt!*

## 78. Überqueren

Kirmes. Petra (12) ist mit mir im Raketenkarussell. Ich spüre, wie sehr ich noch ein »richtiger Erwachsener« bin. Ich merke, daß ich mich so benehme, wie es sich eben gehört, wenn man mit Kindern zur Kirmes geht. Als das Karussell abhebt und wir langsam aufsteigen, dann schneller werden – da sehe ich zu ihr und sie sieht zu mir: Und es ist, als löse ich mich mit ihrem Lachen vom Erwachsenenstern, um mit ins Kinderland zu fliegen.

Eine Schaukel im Hinterhof. Ich bin mit Melanie (3) nach draußen gegangen. Sie will auf dem Sitz der Schaukel stehen. Ich rücke mir eine Kiste zurecht, damit ich nah sitze und zugreifen kann, wenn sie fallen sollte. Ich soll sie höher schaukeln. Ich bin sehr aufmerksam und konzentriert wegen der »Gefahr«. Für Melanie muß es sehr schön sein. Als sie sich wieder setzt und sich weiter schaukeln läßt, sieht sie mich an – und sie lacht und ist glücklich. Wir sehen uns durch und durch an: Sie ist befreit, seit einer Stunde sind wir zusammen, und ich habe sie noch nicht gestoppt. Ich spüre, wie sie hier – beim Schaukeln, wie sie es will – zu sich kommt, wie sie mir ihr Innen zuwendet: »Ich kann die sein, die ich sein will. Du läßt mich Ich sein.« Sie läßt den Kopf nach hinten fallen und macht die Augen zu. Sie setzt sich wieder hin und sieht mich an und lacht. Ich bin glücklich, daß ich mich durch die Ängste der »Gefahr« durchgetraut habe. Ich kann ihr dort begegnen, wo sie jetzt gerade ist.

Es hat geregnet, die Wiesen und der Wald sind feucht. »Wer kommt mit spazieren?« Moni (11) hat Lust. Wir ziehen durch den Wald. Ich lasse mir von ihr zeigen, wie sie dies alles erlebt. Sie führt mich durch den Wald und zu den Blumen. Und sie führt mich zu einer Art des Erlebens zurück, die bei mir in Vergessenheit geriet. Wir überqueren einen Bach, und es ist, als betrete ich verlorenes Land. Die Blume, die wir von dort mitbringen, wächst wieder in mir.

Arnd (14) und Theo (15) rollen das Auto, als ich gerade nicht da bin. Dabei ist die rechte Tür offen, sie stößt vor einen

Balken und verzieht sich. »Die Tür geht nicht mehr zu.« Ich kann nicht gelassen reagieren, ich bin sauer. Aber sie sind so verdattert, daß ich schnell wieder zu dem komme, wie ich sonst bin. Ich denke an die Beulen auf dem Dach und daran, daß ich Freunden dazu gesagt habe »Souvenirs von den Kindern.« Genauso ist es doch mit der Tür! Oder mit ihren Schreibereien und Bildern innen unter dem Autodach. Ich gehe ins Jugendzentrum und hole ein Brecheisen. Ich biege die Tür zurecht, sie geht wieder zu, sieht aber etwas mitgenommen aus. »Ist es schlimm?« fragen sie. »Die Tür geht doch zu«, sage ich.

Ich treffe Alexander (5), Florian (6), Reinke (4) und Julian (4) am Kindergarten. »Was machen wir heute?« »Wir könnten mal in den Wald fahren.« Die Kinder kennen eine schöne Stelle. Jetzt sind wir mitten in der Stadt, und ich glaube nicht, daß sie den Weg finden. »Ich rufe bei euch zu Hause an und laß mir erklären, wo es ist.« Nein, sie wissen es selbst. Ich glaube es kaum, aber ich lasse mich drauf ein. Wenn wir woanders landen – na gut. Nach 20 Minuten sind wir da. Sie wußten genau Bescheid.

Ich repariere an meinem Auto rum. Yvonne (7) und Karina (7) aus der Nachbarschaft kommen und helfen, Rost abzuschmirgeln. Es ist schönes Wetter. »Wenn ihr wollt, fahren wir ein bißchen raus«, schlage ich vor. Sie freuen sich, und ruckzuck fahren wir los. Wir fahren zum Kanal und sehen den Schiffen zu. Ringsum sind Wiesen. Es ist warm und wunderschön. Sie erzählen von wichtigen Dingen, und ich habe Zeit zum Zuhören. Sie werfen Steine ins Wasser, sammeln Blumen, malen Bilder in den Sand. Wir haben uns getroffen und sind losgefahren.

Wir fahren ins Ferienhaus. Moni (11), Silvia (11), Claudia (12) und Jürgen (13). Ich bin neugierig, ob sie sich allein verpflegen können. Und ich habe auch keine Lust, für sie vier Tage lang zu kochen. »Wir fahren in den Supermarkt. Kauft euch, was ihr für vier Tage braucht.« Sie haben Geld mitbekommen und teilen es sich ein. Sie beraten sich, und ich berate sie ab und zu auch. Sie kaufen teils gemeinsam, teils jeder für sich. Die vier Tage machen sie es dann selbst: sich ernähren. Manchmal koche ich etwas für sie mit, manchmal sie für mich. Wenn sie sich allein ihr Essen machen und dann zufrieden essen, dann finde ich sie sehr souverän.

Ich stehe am Auto. Ricky (11) kommt mit einer Krach-Pistole auf mich zu. Er schießt, es ist riesig laut und dröhnt mir in den Ohren. »Hör auf, ich kanns nicht ab!« fahre ich ihn an. Als er wieder schießt, schreie ich ihn so laut an, wie ich kann – er »fliegt« ein paar Meter weg. Ich bin wütend, setze mich ins Auto und fahre eine Runde. Dann bin ich wieder ruhig und werde ihm dieses Ding wegnehmen, wenn er noch mal auf mich losgeht. Als er mich sieht, entschuldigt er sich. Ich merke, daß er mitbekommen hat, daß ich angemacht war. Mein Gefühl hat ihn erreicht, und wir verstehen uns wieder.

Andi (7) weint. Wir sind in einem Zeltlager, ich bin zu Besuch. Ich kenne sie erst ein paar Stunden. Die anderen sind gerade nicht da. Ich knie mich vor sie hin, sie steht drei Schritte weg. Sie hält die Arme vors Gesicht, sieht ab und zu her und weint. Ich bin ganz konzentriert und mache mich auf. Ich *höre ihr zu* und ich habe Raum in mir für ihre Tränen. Ich sage mit meinen Augen: »Hallo Andi, ich höre Dir zu und habe Platz für Deine Tränen. Du kannst mir Dein Leid erzählen.« Sie kommt langsam auf mich zu, bleibt stehen, sieht her und weint weiter. »Du kannst kommen und Dich in den Arm nehmen lassen. Du kannst aber auch dort bleiben und mich zuhören lassen«, sage ich ihr mit meinen Augen und mit meinen Gefühlen aus dem Bauch. Ich beginne, mich weiter zu ihr fallen zu lassen, sie beginnt, weiter auf mich zuzugehen. Plötzlich kommt ihre Gruppenleiterin – Glas zerbricht, eine Kreissäge kreischt, Singvögel fallen zu Boden. »Wer wird denn weinen«, sie nimmt Andis Hand und zieht sie ins Zelt. Ich bleibe voll Schmerz zurück, voll Schmerz über diesen Erwachsenen.

Stefanie (6) schläft. Ich setze mich neben sie und höre ihr zu. Die anderen sind draußen am Feuer. Ich nehme die Ruhe des Raumes auf und spüre die Ruhe, die von ihr ausgeht. Ich sinne über ihre Tränen nach und über meine. Ich habe mir Zeit genommen, neben diesem schlafenden Kind zu sitzen und die Stille und ihr Leben in mich aufzunehmen.

Es ist 23.00 Uhr. Claudia (12) hat etwas vor die Nase bekommen, sie ist riesig dick angeschwollen. »Kriegst du Luft?« Es sieht nach Bagatelle aus, morgen wird es weg sein, denke ich. Sie sagt, daß sie zum Arzt will. Wir fahren ins Krankenhaus, klingeln die Nachtbereitschaft raus, und die Nase wird untersucht. Es dauert insgesamt drei Stunden, bis wir zurück sind. »Morgen soll sie zum Nachsehen und Röntgen kommen«, sagt der Arzt. Am nächsten Morgen hat Claudia keine Lust dazu. O.k., ich akzeptiere. »Aber die Kinder können das doch gar nicht überblicken« höre ich in mir. Wenn Claudia erwachsen wäre, würde ich ein »Ich hab keine Lust« auch akzeptieren. »Du wußtest doch, daß es nicht so schlimm war, wieso fährst Du dann überhaupt los?« höre ich in mir. »Und deswegen erst um zwei Uhr im Bett!« Doch ich habe ganz andere Perspektiven. Ich habe mit Claudia erlebt, wie das von elf bis zwei war: Die Angst, ihr Vertrauen »Fährst Du mich zum Arzt?«, die Fahrt, die Ankunft vor dem Krankenhaus, im Fahrstuhl, die Untersuchung, die Rückfahrt und die Erleichterung. Wir waren unter uns, ich fühlte mit ihr und sie vertraute mir ihre Sorge an.

Melanie (3) ist mit mir im Kaufladen. Sie streicht um die Regale. Die Verkäuferin erwartet von mir, daß ich sage, was das Kind will. Ich sage nichts, gehe hinter Melanie her und lasse sie tun, was sie tun will. Wir kommen hierhin und dorthin. Ich bin neugierig, was sie sucht. Aber ich frage sie nicht. Ihr Suchen ist ein feines Netz, und meine Fragerei könnte es zerstören. Sie weiß, daß ich da bin, und wenn ihr danach ist, wird sie mich zu Hilfe holen. Dann landen wir am Eingang, bei der Eistruhe. Melanie will ein bestimmtes Eis. Ich verstehe nicht, welches. Aber ich sehe die Auswahltafel, löse sie vom Haken und halte sie ihr hin. Sie zeigt auf das Eis. Ich kaufe es ihr und mir auch eins. Wir setzen uns auf den Bordstein vor dem Geschäft und essen Eis. Ich nehme ihr Papier und bringe es weg. Sie sieht mir zu. Wir haben keinen Satz miteinander gesprochen, doch wir verstehen uns und wissen um uns.

## 79. Figurative Aphorismen: Ich


bei
mir sein
meine farben malen
meine bewegungen leben
meine blicke ruhen lassen
meine blumen blühen lassen
meine sprache sprechen
mit meinen händen
meine dinge
tun


\*


ich bin
nicht ich werde
nicht ich war
ich bin

nicht eben
nicht jetzt
nicht gleich
sondern
immer

zeitlos
im
gestern und jetzt und morgen

langsam
und zärtlich
und vorsichtig
flutet in mich
die wärme und
die kraft
dieser
wind
*ich*
meine seele

sie
verliert
sich in mir
verschmolzen
zu uneinnehmbarer kugel

wo gilt *ich*
nicht mein körper
nicht meine seele
sondern
ich

auf
dem
weg
zu mir
gehe ich
seltsame wege

wenn ich stark genug bin
ihnen zu folgen
ohne ihr ziel
zu kennen
dann
werde
ich
mich
finden

\*

angesichts
unserer selbst
gewinnen wir alles
und lassen uns
von
allem
gewinnen
und leben alles
und lassen alles leben

ich weiß
als tiefe gewißheit
daß der boden nie wegsackt
daß die erde nie birst
daß die sonne nie explodiert
daß die atemluft nie ausgeht
daß
ich
nie tot
sein werde
wie sollte ich das auch je erfahren


\*


fliegen
geht
nicht
mit
an
ge
leg
ten
flügeln
sie ausbreiten
nicht darüber reden

## 80. Figurative Aphorismen: Du

ich halte es aus
dich nicht zu verstehen

dann kann ich erleben
wann es geschieht
daß du mir
verständlich
wirst


\*


dein
schmerz
verpflichtet mich nicht
aber er rührt
mich
an


\*


du beschenkst
mich
mit
der
luft
die du
von meinem
planeten
atmest

wenn wir uns
als die personen
sein lassen können
sie wir sein mögen
dann verschwinden
tausend und tausend
unterschiede


\*


sie alle sehnen sich
nach etwas das
unerreichbar
scheint
nach
sich
selbst

sie
sind
verschüttet
schwer zu
finden und das
gefühl nie anzukommen
macht ihr lachen verstummen

laßt uns gehen

wenn du
signale aussendest
dann nehme ich in mir
etwas wahr was nur ich
wahrnehmen kann
was einzig ist
einmalig
das was
du in mir
geschehen läßt

das
was ich dann
du nennen werde
mich wie ich mich erfahre
dich als bewegung in mir

ich bin
das tut
dir
weh
sagst du
ich höre es
du hörst dies

während dein schmerz
andauert und andauert
weißt du daß ich dich
in deinem schmerz
nicht allein lasse
und so halte
ich dich
in
deinem
schmerz
und warte
bis du mich
wieder spürst
hinter deinem schmerz


\*


wenn
du dich
von mir
verstanden fühlst
ist in mir warme freude
und unser sprechen
geschieht dann
schweigend

## 81. Figurative Aphorismen: Kinder

ins
kinderland
kommt
nur
wer sich
selbst bewegt
wer schritte tut
wer springt und rennt
wer sich duckt und ruft
wer sich anfassen läßt
und auffangen kann
wer raum hat für
ihren stern
und seine
bahn
findet

\*

erst
wenn ich
darauf verzichte
mich in die souveränität
von kindern einzumischen
werde ich erfahren können
daß es sie längst gibt
von anfang
an

das
einfach-so
ist präsent und
verlockt mitzumachen
das einfach-so gibt sicherheit
vertrauen und lachen das einfach-so
gehört selbstverständlich zu ihnen
das einfach-so ist ihre art
miteinander umzugehen

wenn sie ihr
einfach-so
leben
blü
hen
blu
men
und
regen
fällt sanft


\*


euer bedenken-loses tun
euer vertrauen und mut
euer sicheres gefühl
für menschlichkeit
verzaubern
mich

welchen
weg
sie
auch
immer
gehen wollen
ich möchte ihnen
die unterstützung geben
die sie wünschen

wenn
ich ihren weg
nicht mitgehen kann
weil meine angst zu groß ist
dann möchte ich sie
einen treffpunkt
wissen lassen
an dem ich
auf sie
warte

kinder
und morgenröte –
machtvoller aufbruch
voller leben das längst
begonnen hat und stets
sich selbst gehört

wir einst
früher tag gewesen
können neu verstehen lernen
was kinder brauchen und
welche aufgabe
uns das leben
zugewiesen
hat

# V Aspekte zur politischen Emanzipation des Kindes

**Deutsches Kindermanifest**

**82. Die neuen Rechte**

Anfang der 70er Jahre erscheint Literatur über Kinder mit gänzlich neuen Aussagen. Bereits die Buchtitel machen darauf aufmerksam, daß mit einer neuen, ja revolutionären Perspektive über Kinder nachgedacht wird. Einige dieser vorwiegend aus den USA kommenden Titel lauten:

- Children's Rights. Toward the Liberation of the Child (Paul Adams, et al., 1971)
- Free the Children (Allen Graubard, 1972)
- Children's Liberation (David Gottlieb, ed., 1973)
- The Self-Managed Child. Paths to Cultural Rebirth (William F. Pepper, 1973)
- Their Universe. The Way Children Feel (Arlene Uslander, et al., 1973)
- Liberated Parents – Liberated Children (Adele Faber and Elaine Mazlish, 1974)
- Birthrights. A Bill of Rights for Children (Richard Farson, 1974)
- Escape from Childhood. The Needs and Rights of Children (John Holt, 1974)

Die Autoren gehen davon aus, daß Kinder ihr Leben in eigener Regie – *selbstbestimmt* – führen können. Sie erkennen, daß jeder Mensch von Anfang an dazu in der Lage ist, das jeweils Angemessene und Sinnvolle aus seiner eigenen Perspektive heraus wahrzunehmen. Für die Ausführung der selbst getroffenen Entscheidungen wird zwar die Unterstützung der Eltern benötigt, doch schmälert diese Ergänzung nicht die Souveränität eines jeden noch so jungen Menschen. Die Selbstbestimmung des Kindes ersetzt die Erziehung zum Menschen. Kinder sind vollwertige Menschen von Anfang an.

Eine solche Position ist für die traditionelle pädagogische Denkweise schwer verständlich. Dennoch wird sie nun auch bei uns für mehr und mehr Menschen möglich, so wie dies in anderen Kulturen völlig selbstverständlich ist. Beispielsweise ist für viele indianische Völker die Selbstbestimmung des Kindes die Grundlage des Umgangs von Erwachsenen und Kindern.

Einige der Autoren treten aber nicht nur für einen neuen Umgang mit Kindern ein, sondern sie wollen auch die *politische Emanzipation*, die *Gleichberechtigung des Kindes*. Insbesondere Richard Farson und John Holt stellen Forderungen zur Emanzipation des Kindes, und die französische Autorin Christiane Rochefort schreibt 1976:

»Mitten in unserer modernen ›Demokratie‹ leben die Kinder unter einer Tyrannenherrschaft – mit deren bekannten Abwandlungen: von übermäßiger Herrschsucht bis zum scheinbar einsichtigen und zurückhaltenden Despotentum, was untereinander keinen erheblichen Unterschied macht. Kinder haben *keinerlei* Rechte, außer den von oben herab diktierten, die jederzeit widerrufen werden können.

Kinder werden in ihrer Eigenschaft als gesetzlich diskriminierte Gruppe in ihrer Gesamtheit körperlich und seelisch bearbeitet und geformt im Hinblick auf ihre spätere Ausbeutung. Die Kinder sind eine unterdrückte Klasse. Sie bilden innerhalb der niederen oder höheren Klasse (je nach Wirtschaftssystem, rassischen oder kulturellen Bedingungen), in die sie zufällig hineingeboren werden, immer die nächstniedrige Klasse.«[1]

Richard Farson: »Die Bürgerrechtsbewegung und andere von ihr ausgelöste Initiativen haben uns schließlich auf die mannigfaltigen Unterdrückungsformen in unserer Gesellschaft aufmerksam gemacht. Wir können nun die Kinder so sehen, wie sie sind: machtlos, unterjocht, mißachtet und vernachlässigt. Allmählich begreifen wir, wie notwendig eine Emanzipation der Kinder ist.

Wenn ihre Rechte einmal durchgesetzt sein werden, dann ist der Anstoß dazu von Rechtsanwälten und Richtern, Psychiatern und Pädagogen, Sozialarbeitern und politischen Reformern, Eltern und auch den Kindern ausgegangen. Sie alle werden dann erkannt haben, daß auf Freiheit und Demokratie nicht nur Erwachsene einen Anspruch haben.

In allen Bereichen stellt man mit Besorgnis fest, wie sehr sich Erwachsene bei der übertriebenen und willkürlichen Kontrolle auf ihre Macht und Autorität stützen. Doch in unserem Kulturkreis, aus dem im Verlauf von Jahrhunderten die Kinder allmählich aus der Welt der Erwachsenen ausgeschlossen wurden, wächst nun die Erkenntnis, daß Kinder ein Recht auf Eingliederung in unsere Gesellschaft haben.«[2]

Richard Farson fordert für Kinder das Recht auf freie Wahl der Umgebung, das Recht auf eine kindgemäße Umwelt, das Recht auf Wissen, das Recht auf Selbsterziehung, das Recht auf Leben ohne Körperstrafe, das Recht auf sexuelle Freiheit, das Recht auf wirtschaftliche Betätigung, das Recht auf politischen Einfluß, das Recht auf Gerechtigkeit.

John Holt will »jedem jungen Menschen, gleich welchen Alters, alle Rechte, Privilegien, Pflichten und Verantwortlichkeiten erwachsener Bürger *zugänglich* machen, damit er sich ihrer bedienen kann, wenn er möchte«. Er fährt fort: »Dazu würde unter anderem zählen:

1. Das Recht auf gleiche Behandlung vor dem Gesetz – d.h. das Recht, in jeder Situation nicht schlechter behandelt zu werden als Erwachsene.
2. Das Recht, zu wählen und vollen Anteil am politischen Leben nehmen zu können.
3. Das Recht, für sein Leben und seine Taten die rechtliche Verantwortung zu tragen.
4. Das Recht, für Geld zu arbeiten.
5. Das Recht auf ein Privatleben.
6. Das Recht auf finanzielle Unabhängigkeit und Verantwortung – d.h. das Recht, Eigentum zu besitzen, zu kaufen und zu verkaufen, Geld zu leihen, Kredite zu gewähren, Verträge abzuschließen etc.
7. Das Recht, sein Lernen selbst zu lenken und zu verwalten.
8. Das Recht, zu reisen, außerhalb seines Elternhauses zu leben, sein eigenes Zuhause zu wählen oder zu begründen.
9. Das Recht, zu bekommen, was immer der Staat seinen erwachsenen Bürgern an Minimaleinkommen zusichert.
10. Das Recht, auf der Grundlage gegenseitiger Übereinstimmung familienartige Beziehungen außerhalb seiner unmittelbaren Familie zu begründen und anzuknüpfen – d.h. das Recht, andere Personen als seine Eltern zum Vormund zu erwählen und sich in ihre Abhängigkeit zu begeben.
11. Das Recht, generell alles zu tun, was jeder Erwachsene im Rahmen der Gesetze tun darf.«[3]

Und: »Es wird heutzutage viel über die ›Rechte‹ von Kindern geschrieben. Viele Autoren gebrauchen dieses Wort in dem Sinne, daß Kinder etwas haben sollten, mit dem wir wohl alle einverstanden sind: ›Das Recht auf ein gutes Zuhause‹ oder ›Das Recht auf eine gute Erziehung‹. Ich verstehe demgegenüber unter dem Wort dasselbe, was gemeint ist, wenn von den Rechten Erwachsener die Rede ist.

Ich bestehe darauf, daß das Gesetz den Kindern und Jugendlichen die gleichen Freiheiten einräumt und garantiert, die es heute Erwachsenen einräumt, damit sie bestimmte Entscheidungen treffen, bestimmte Dinge tun und bestimmte Verantwortungen tragen können. Dies bedeutet umgekehrt, daß das Gesetz *gegen* jeden vorgehen sollte, der die Kinder und Jugendlichen an der Ausübung ihrer Rechte hindern will.«[4]

1977 erscheint in den USA ein Buch, das über 50 Initiativen vorstellt, die sich für die Emanzipation des Kindes engagieren. Es wird von Beatrice und Ronald Gross herausgegeben und trägt den programmatischen Titel »The Children's Rights Movement« (Die Kinderrechtsbewegung). Hierbei geht es um die Selbstbestimmung, die Gleichberechtigung und die politische Emanzipation des Kindes – um vollwertige Menschenrechte und Bürgerrechte für Kinder.

Die neue Art, Kinder zu sehen, führt in Deutschland zu einer ersten breit angelegten empirischen Studie in den Jahren 1976 bis 1978. Aus ihr wird die Philosophie »Amication« und das Konzept der erziehungsfreien Lebensführung »Freundschaft mit Kindern« oder »Unterstützen statt erziehen« entwickelt. Darin werden Erwachsene zu einem neuen Selbstverständnis ermutigt. Ein jeder kann die traditionelle Elternschaft zurücklassen und sich aus der Erziehungsverantwortung für Kinder lösen. Statt dessen können Eltern die Selbstverantwortung und Selbstbestimmung des Kindes anerkennen und ihren Kindern authentisch und gleichberechtigt von Person zu Person begegnen.

1978 wird zur Verbreitung der erziehungsfreien Lebensführung der »Freundschaft mit Kindern – Förderkreis e.V.« gegründet. In der Satzung heißt es: »Der Zweck des Vereins ist es, diejenige Art des Zusammenlebens von erwachsenen und jungen Menschen zu fördern, in der Selbstbestimmung und Gleichberechtigung aller Menschen unabhängig von ihrem Alter die Grundlage ist und in der junge Menschen von Geburt an in der Ausübung ihrer Menschenrechte unterstützt werden.«

[1] Christiane Rochefort, Kinder, München 1977 (Frankreich 1976), S. 49 u. 50
[2] Richard Farson, Menschenrechte für Kinder, München 1975 (Birthrights, USA 1974), S. 7 f.
[3] John Holt, Zum Teufel mit der Kindheit, Wetzlar 1978 (Escape from Childhood, USA 1974), S. 13 f.
[4] John Holt, a. a. O., S. 114

## 83. Das deutsche Kindermanifest

Im Jahr 1980 proklamiert der Freundschaft mit Kindern – Förderkreis e.V. das *Deutsche Kindermanifest*, in dem eine Ausgestaltung der Selbstbestimmung, Gleichberechtigung und politischen Emanzipation des Kindes im Sinne vollwertiger Bürger- und Menschenrechte vorgenommen wird.

### Deutsches Kindermanifest

#### Präambel

Die Menschenrechte sind unteilbar. Kinder, Männer und Frauen sind gleichberechtigt. Jeder Mensch verfügt von Geburt an über die Fähigkeit der Selbstbestimmung. Das Selbstbestimmungsrecht des jungen Menschen anzuerkennen und junge Menschen in der Ausübung dieses Rechtes zu unterstützen ist historische Verantwortung und Verpflichtung erwachsener Menschen. Jeder junge Mensch muß ungeachtet seines Alters die Möglichkeit erhalten, von den Rechten, Privilegien und Verantwortlichkeiten erwachsener Menschen uneingeschränkt Gebrauch machen zu können.

## I Grundlegende Rechte

### Artikel 1
### Recht auf Gleichheit

Junge und erwachsene Menschen sind gleichberechtigt. Kinder werden in keiner Situation schlechter gestellt als Erwachsene. Kinder haben nicht weniger Rechte als Erwachsene. Kinder dürfen generell alles tun, was Erwachsene im Rahmen der Gesetze tun dürfen.

### Artikel 2
### Recht auf freie Entfaltung

Kinder haben das Recht, ihre Persönlichkeit frei zu entfalten, soweit sie nicht die Rechte anderer beeinträchtigen.

### Artikel 3
### Recht auf rechtliche Verantwortung

Kinder haben das Recht, für ihr Leben und für ihre Taten die rechtliche Verantwortung zu übernehmen.

### Artikel 4
### Recht auf rechtliches Gehör

Kinder haben vor dem Gesetz und vor Gericht dieselben Rechte wie Erwachsene. Kinder können selbst vor Gericht klagen, um ihre Rechte durchzusetzen.

## II Soziale Rechte

### Artikel 5
### Recht auf Teilnahme am Rechtsleben

Kinder haben das Recht, am Rechtsleben uneingeschränkt teilzunehmen. Sie können Verträge schließen, über Eigentum verfügen, Geschäfte eröffnen, Vereine und Parteien gründen und in jeder anderen Form rechtsverbindlich tätig sein.

Artikel 6
Recht auf Teilnahme am öffentlichen Leben
Kinder haben das Recht, öffentliche Funktionen zu übernehmen und Staatsämter zu bekleiden.

Artikel 7
Recht auf Teilnahme an Wahlen
Kinder haben das aktive und passive Wahlrecht.

Artikel 8
Recht auf freie Meinungsäußerung
Kinder haben das Recht, ihre Meinung in Wort und Medien frei zu äußern und zu verbreiten.

Artikel 9
Recht auf Arbeit gegen Entgelt
Kinder haben das Recht, gegen Entgelt zu arbeiten.

Artikel 10
Recht auf Wahl der Lebenspartner
Kinder haben das Recht, sich von bisherigen Lebenspartnern zu trennen und neue Lebenspartner zu wählen. Kinder können eine eigene Familie gründen.

Artikel 11
Recht auf Unterstützung
Kinder haben das Recht, von Erwachsenen in der Lebensführung unterstützt zu werden. Dieses Recht ist die wohlverstandene Pflege- und Erziehungspflicht des Grundgesetzes.

Artikel 12
Recht auf Mindesteinkommen
Kinder haben das Recht auf das staatliche Mindesteinkommen, das Erwachsenen zusteht.

III  Individuelle Rechte

Artikel 13
Recht auf kinderfreundliche Geburt
Kinder haben das Recht auf eine kinderfreundliche Geburt, wie dies mindestens die Sanfte Geburt (Leboyer-Methode) gewährleistet.

Artikel 14
Recht auf körperliche Unversehrtheit
Kinder haben das Recht auf körperliche Unversehrtheit. Es gibt keine Züchtigung.

Artikel 15
Recht auf freie Nahrungsaufnahme
Kinder haben das Recht, jedes Nahrungs- und Genußmittel, das Erwachsenen zugänglich ist, ungehindert aufzunehmen oder zu verweigern.

Artikel 16
Recht auf eigenen Namen
Kinder haben das Recht, sich einen eigenen Vornamen zu geben.

Artikel 17
Recht auf Privatleben
Kinder haben das Recht auf ein Privatleben. Dies gilt auch innerhalb der Familie.

Artikel 18
Recht auf Sexualität
Kinder haben das Recht, ihr Sexualleben selbst zu bestimmen und Nachkommen zu zeugen.

Artikel 19
Recht auf selbstbestimmtes Lernen
Kinder haben das Recht, ihr Lernen selbst zu bestimmen. Es gibt keine Schulpflicht und keine Unterrichtspflicht.

Artikel 20
Recht auf religiöse Freiheit
Kinder haben das Recht, eine Religionszugehörigkeit zu wählen und zu lösen.

Artikel 21
Recht auf Freizügigkeit
Kinder haben das Recht, ihren Aufenthaltsort zu bestimmen. Kinder unterliegen keiner Sperrstunde und können freizügig reisen.

Artikel 22
Recht auf Dateninformation
Kinder haben das Recht auf Information über alle Daten, die über sie geführt werden.

\*

Der Freundschaft mit Kindern – Förderkreis e.V. proklamiert das Deutsche Kindermanifest 1980 auf dem Friedensmarkt in Münster/Westfalen vor dem historischen Saal des Westfälischen Friedens und vor dem Mahnmal der Opfer der Kriege und Gewalt. Das Deutsche Kindermanifest wird von Hubertus von Schoenebeck nach Vorlagen von John Holt und Richard Farson erarbeitet und am 3. Mai 1980 feierlich verlesen. Es wird der Öffentlichkeit durch die Zustellung an 150 Mediatoren aus Presse, Funk und Fernsehen übergeben.

Der Freundschaft mit Kindern – Förderkreis e.V. ist sich dabei über die begrenzte Wirkung einer Proklamation bewußt. Es kommt nicht darauf an, utopische Forderungen in die Welt zu setzen, sondern es soll der deutschen Öffentlichkeit erstmals die Idee der Selbstbestimmung, der Gleichberechtigung und der politischen Emanzipation des Kindes umfassend in einer konkreten rechtlichen Perspektive vorgestellt und zugänglich gemacht werden. Es wird an der gesellschaftlichen Situation liegen, wann und in welchem Umfang die Rechte des Manifestes Realität werden. Der Förderkreis arbeitet hierfür als Erwachsenen-Selbsthilfeorganisation: Je mehr Erwachsene ein von der Erziehungstradition befreites Selbstverständnis annehmen, desto eher werden sich die Forderungen des Manifestes verwirklichen. Die Arbeit des Förderkreises ist langfristig angelegt, und im Unterschied zu kämpferischen Aktionen geht es dem Förderkreis um Angebot, Aufklärung und Beratung sowie um Toleranz gegenüber den Andersdenkenden.

## 84. Der Offene Brief

Auf die Proklamation des Deutschen Kindermanifestes gibt es viele Reaktionen. Neben Zustimmung wird auch Unverständnis und Ablehnung geäußert. Im Jahr 1982 schreiben Jans-Ekkehard Bonte und Hubertus von Schoenebeck einen Offenen Brief an Kritiker:

»Das Deutsche Kindermanifest scheint bei pädagogisch ambitionierten Menschen die ganz besonders großen Bedenken auszulösen. Auch wir hatten beim ersten Lesen der Rechte-Auflistungen bei John Holt und Richard Farson Fragen und Schwierigkeiten. Von der heutigen Gesellschaft aus betrachtet scheinen die Forderungen der Kinderrechtsbewegung teils utopisch, teils gar rückschrittlich.

Ein Beispiel: In Artikel 9 des Deutschen Kindermanifestes wird gefordert: »Kinder haben das Recht, gegen Entgelt zu arbeiten.« War es denn nicht eine historische Errungenschaft, die Kinderarbeit abgeschafft zu haben? Doch wenn wir dann daran dachten, wieviel wir selbst als Kind gearbeitet hatten (was natürlich aus Erwachsenensicht nicht Arbeit genannt wurde, und wir stattdessen bloß für gelegentliche finanzielle Unterstützung durch die Großen dankbar zu sein hatten), relativierte sich diese Errungenschaft schon sehr. Uns fiel auf, wie scheinheilig diese Gesellschaft mit Rechten verfährt. Kinder waren in Fabriken nicht mehr nötig, weil genügend Arbeitskräfte vorhanden waren, und weil es profitabler war, diese per Schule mehr zu qualifizieren. Also kam ein Jugendschutzgesetz. Die dann ausschließlich in den Blick gerückte Fürsorglichkeit der Erwachsenen – die eben sehr handfeste wirtschaftliche Gründe hatte – macht die Unehrlichkeit aus. Abgesehen davon, daß sogenannte private Arbeit z. B. auf Bauernhöfen oder in Handwerksbetrieben davon unberührt blieb. Heute ist für alle Kinder tagtäglich äußerst fremdbestimmte und mit unendlichem Leid, Ängsten und Demoralisierungen verbundene Zwangsarbeit Realität: Die »Errungenschaft« Schule, deren Zwangscharakter (Schulpflicht, Lernpflicht, Beurteilungszwang) entgegen Artikel 12 des Grundgesetzes Zwangsarbeit ist (»Niemand darf zu einer bestimmten Arbeit gezwungen werden«).

Langsam haben wir angefangen, uns zu überlegen, welche Ursache Schutzgesetze haben. Es ist immer deutlicher geworden, daß da jemand vor einem System geschützt wird, in das er aus wirtschaftlichen Gründen (noch) nicht integriert werden kann. Ausgangspunkt solcher Gesetze ist bestehende Wirtschaftsordnung und ihre Funktionsfähigkeit. Daß dabei auch ab und zu etwas Menschlichkeit abfällt, ist ein Nebenprodukt, dem dann ohne Scham die Hauptbedeutung beigemessen wird.

Das Deutsche Kindermanifest hat einen anderen Ausgangspunkt. Es geht davon aus, daß Menschen Erwachsene werden können, die nicht durch Erziehung deformiert werden und die daher ein Leben lang in der Lage sind, ihre Möglichkeiten und auch Risiken rational zu betrachten und entsprechend zu handeln. Diese Menschen werden keinen Schutz suchen, sondern Ungerechtigkeiten abbauen wollen – das heißt, daß ein Staat, der auf der Angst zahlloser Generationen begründet ist (wie dies auch für unsere adultistische Ordnung gilt), sich vor ihnen schützen muß.

Wie weit *dieses* Schutzbedürfnis (der adultistischen Erwachsenenwelt vor den selbstbestimmten Kindern) geht, verdeutlicht uns ein Jugendrechtsexperte stellvertretend für viele. Er verteufelte das Deutsche Kindermanifest wegen seines Artikels 3 (»Kinder haben das Recht, für ihr Leben und für ihre Taten die rechtliche Verantwortung zu übernehmen«), denn er hielt es als Fachmann – nämlich Jugend(straf)richter – für unverantwortlich, Kinder noch früher in Kontakt mit dem Strafrecht treten zu lassen. Hierbei übersah er zum einen, daß die Artikel des Deutschen Kindermanifestes die Kinder nicht verpflichten, dies oder jenes zu tun. Das heißt, ein Kind *muß* nicht die rechtliche Verantwortung für sein Leben und Tun übernehmen – aber es kann dies, wenn es selbst so entscheidet. Und anzunehmen, Kinder würden dabei die Pflichten und Sanktionen, die unsere Gesellschaft für alle die parat hält, die Vollbürger sind, außer acht lassen oder unkorrekt bewerten, ist typische erwachsenenzentrierte Denkweise.

Zum anderen kam er natürlich nicht auf die Idee, die tatsächliche Gefahr – die nicht die Souveränität des Kindes ist, das sich rechtlich verantworten will – abzuschaffen: das Strafrecht insgesamt. Bei diesem Zweig der Rechtswissenschaft handelt es sich seiner Meinung nach um Bürgerrecht, d. h. so etwas ähnliches wie natürliches Recht. Tatsächlich handelt es sich aber lediglich um staatliches Ordnungsrecht gegen besonders Anpassungsunwillige oder Anpassungsunfähige. Jedesmal wenn versucht wird, im Bereich der Straffälligenhilfe die Idee von der Abschaffung der Gefängnisse zu vertiefen, schlagen dem Wogen der Angst und Aggression entgegen. Die Angst der Menschen vor den Menschen ist so tief eingeprägt worden, daß gewohnte und nutzlose Mechanismen in irrationaler Weise beantwortet und endlos fortgesetzt werden. Das geht so weit, daß eben lieber schon Kinder in Formen gepreßt werden, als daß mutig ein Ansatz zur Veränderung gewagt wird. Um so wichtiger ist es, hartnäckig zu bleiben und die Aussagen der Kinderrechtsbewegung immer wieder ins Spiel zu bringen.

Wir verkennen nicht, daß es bei vielen Erwachsenen Bedenken und Ängste gibt, wenn man ihnen vor Augen hält, daß die Kinder tatsächlich all diese Rechte haben und daß es im Grunde nicht zu verantworten ist, ihnen die Ausübung ihrer Menschen- und Bürgerrechte vorzuenthalten. Die Ängste kommen von Menschen, denen die Vorstellung von gleichberechtigten und selbstbestimmten jungen Menschen ungewohnt, fremd und abenteuerlich sind. Doch all diese Angst, die aus der eigenen Schutzreaktion auf die Angriffe der Erwachsenen in der Kindheit kommt und sich tief in den erwachsen gewordenen Kindern festgesetzt hat, schmälert ja nichts an den Fähigkeiten der nachwachsenden jungen Menschen, ihren Rechten und ihrer Fähigkeit zum sinnvollen Umgang damit.

Wenn wir Erwachsenen allgemein sicherer geworden sind mit einer neuen Beziehung zu Kindern und uns selbst, wenn wir weniger Angst haben und uns auf das selbstbestimmte Kind – das wir sind und das die jetzt jungen Menschen sind – mehr und mehr einlassen, werden wir auch den jungen Mitbürgern die Ausübung ihrer Rechte nicht länger vorenthalten. Und es wird uns dann schwer vorstellbar sein, daß wir das so lange Zeit taten. Es ist dies eine historische Entwicklung, an deren Beginn wir stehen, und die Kinderrechtsbewegung hat dieselben Anfangsschwierigkeiten zu überwinden wie vor ihr etwa die Sklavenbefreiung, die Frauenbewegung oder der Antirassismus.

Das Deutsche Kindermanifest stellt die vielen oft isoliert erhobenen Forderungen der Rechte junger Menschen zusammen. Und sicher werden sich noch weitere Rechte finden lassen, wenn wir mit der Problematik der Kinderrechtsbewegung vertrauter sind. Beispielsweise haben junge Menschen selbstverständlich auch das Recht, ihre eigenen Kinder bei sich großwerden zu lassen. Der Artikel läßt sich ergänzen als:

Artikel 11a  Recht auf aktive Unterstützung
Kinder haben das Recht, ihre Kinder bei sich großwerden zu lassen und sie auf ihrem eigenen Lebensweg zu unterstützen.

Müssen Rechte nicht immer auch mit Pflichten verbunden werden? Diesen oft gehörten Einwand halten wir in Bezug auf das Deutsche Kindermanifest für falsch. Denn das Selbstbestimmungsrecht und das Recht auf Gleichberechtigung sind Rechte, die jedermann zukommen, zunächst einmal losgelöst von Pflichten: Sie sind *absolute* Rechte. Unverzichtbare, grundlegende Rechte mit Pflichten zu verbinden ist die Übertragung eines woanders richtigen Prinzips – Ausgewogenheit von Rechten und Pflichten – auf einen unzutreffenden Bereich. Sicher kann man überlegen – und wird dies im Zuge der Realisierung der Rechte junger Menschen auch sorgfältig und im Geist der neuen Beziehung tun müssen –, welche Pflichten den Kindern erwachsen, wenn sie von ihren Rechten Gebrauch machen wollen. Aber diese Überlegungen haben bei der zunächst erforderlichen und längst überfälligen Aufstellung der Rechte junger Menschen nichts verloren. Das Deutsche Kindermanifest konkretisiert das absolute Recht auf Selbstbestimmung und das absolute Recht auf Gleichberechtigung. Dies wird in der Präambel deutlich gesagt. Und es hat nicht – wie von vielen oft bezeichnenderweise erwartet – zur Aufgabe, für Kinder ein ausgewogener Katalog von Rechten und Pflichten zu sein.

Das »Jeder Mensch ist von Geburt an zur Selbstbestimmung fähig« kann unter verschiedenen Aspekten gesehen werden. Etwa medizinisch, existentiell oder auch politisch-rechtlich, wie dies das Anliegen der Kinderrechtsbewegung ist. Das bedeutet dann: »Da ich selbstbestimmt bin, ergeben sich

Rechte für mich, in die niemand einzugreifen hat und die mich als gleichberechtigter Bürger am Leben der Gemeinschaft teilnehmen lassen.« Hieraus erwächst dem Gemeinwesen die Verpflichtung, dafür Sorge zu tragen, daß auch tatsächlich jedermann – und selbstverständlich auch junge Menschen – sein Recht ausüben kann.

Es ist sinnvoll, sich einmal klar zu machen, welche politisch-rechtlichen Konsequenzen sich aus der grundlegenden Aussage »Jeder Mensch ist selbstbestimmt von Geburt an« ergeben. Das Deutsche Kindermanifest erfüllt diese Aufgabe. Die *Verwirklichung* der Forderung, Kinder an der Ausübung ihrer Rechte nicht mehr zu behindern, wird mit dem Deutschen Kindermanifest nicht angesprochen. Dies fällt in den Bereich politischer Arbeit und wird entsprechend der jeweiligen historisch-gesellschaftlichen Situation durchgeführt werden. Das ist langfristige Arbeit. Dennoch läßt sich aber auch heute schon in vielen Bereichen die Behinderung der Inanspruchnahme von Rechten durch die Kinder aufgeben, vor allem bei den »Individuellen Rechten«. Hier kann jeder in seiner Familie – gestützt auf den Grundgesetzartikel 6 – das Deutsche Kindermanifest konkret werden lassen.«

## 85. Der Beginn

Es gibt Rechte junger Menschen, vor denen ein staatliches Nein steht, und es gibt Rechte junger Menschen, vor deren Ausübung das Nein der Eltern steht. Die staatlich behinderten Rechte zu befreien ist eine politische Sache. Das Engagement für die Gleichberechtigung des Kindes erlangt den nötigen Einfluß, um die Gesetze zu ändern. Dies betrifft prinzipiell alle im Deutschen Kindermanifest aufgeführten Rechte, vor allem aber die Rechte auf Gleichheit, auf freie Entfaltung, auf rechtliche Verantwortung, auf rechtliches

Gehör, auf Teilnahme am Rechtsleben, auf Teilnahme am öffentlichen Leben, auf Teilnahme an Wahlen, auf freie Meinungsäußerung, auf Arbeit gegen Entgelt, auf Mindesteinkommen, auf selbstbestimmtes Lernen und auf Dateninformation.

Es ist aber auch heute schon möglich, daß Kinder viele Rechte ausüben – wenn ihre Rechte in den Zuständigkeitsbereich der Eltern fallen und wenn die Eltern der Verwirklichung dieser Rechte nichts in den Weg stellen. Alle Eltern haben nämlich ein grundgesetzlich verbrieftes Erziehungsrecht (das zugleich als Pflicht verstanden wird): »Pflege und Erziehung der Kinder sind das natürliche Recht der Eltern und die zuvörderst ihnen obliegende Pflicht« (Artikel 6.2 des Grundgesetzes). Das Grundgesetz hat den Eltern durch das Erziehungs*recht* eine starke Position gegeben – und sie können dieses Erziehungsrecht durchaus im Sinne des Deutschen Kindermanifests ausüben und damit zugleich ihre Pflege- und Erziehungspflicht erfüllen. Sie treten dann für Selbstbestimmung, Gleichberechtigung und Emanzipation ihrer Kinder ein. Der Artikel 11 des Deutschen Kindermanifestes enthält diese Perspektive: »Kinder haben das Recht, von Erwachsenen in der Lebensführung unterstützt zu werden. Dieses Recht ist die wohlverstandene Pflege- und Erziehungspflicht des Grundgesetzes.«

Unter der Protektion von Eltern können für Kinder folgende Rechte Realität werden: Das Recht auf freie Entfaltung, das Recht auf freie Meinungsäußerung, das Recht auf Wahl der Lebenspartner, das Recht auf kinderfreundliche Geburt, das Recht auf körperliche Unversehrtheit, das Recht auf freie Nahrungsaufnahme, das Recht auf eigenen Namen, das Recht auf Privatleben, das Recht auf Sexualität, das Recht auf religiöse Freiheit, das Recht auf Freizügigkeit. Beim Recht auf selbstbestimmtes Lernen und beim Recht auf Dateninformation können Eltern den Kindern die Ausübung ihrer Rechte zwar nicht ermöglichen, sie aber doch durch grundlegende Loyalität und immer wieder auch durch konkrete Hilfe und Information unterstützen.

In der Praxis entscheidet zunächst ein jeder bei sich: »Ich will meinem Kind die Ausübung seiner Rechte nicht länger verweigern.« Diese Eltern kommen zu ihrer neuen Einstellung nicht nur aus grundsätzlichen Überlegungen, sondern vor allem durch ein verändertes Selbstverständnis. Sie sind in dieser Frage mit sich im reinen, haben herausgefunden, wie sie mit ihren Kindern leben wollen, und sie machen ihre täglichen Erfahrungen damit.

Einige Rechte können Eltern problemlos Wirklichkeit werden lassen, bei anderen wird es schwer werden. Erwachsene werden Schritt für Schritt lernen, Herrschaft über Kinder aufzugeben. Schritt für Schritt – denn niemandem ist geholfen, wenn Eltern sich überfordern und den Kindern gestatten, was sie eigentlich nicht gestatten wollen. Es kann schnell der Punkt kommen, wo vor lauter Unbehagen alles umkippt und viel restriktiver wird als vorher.

Reste von Unterdrückung aufgrund eigener Unzulänglichkeit und Angst werden sich zu Beginn nicht vermeiden lassen. Der neue Weg ist sicher auch eine *langsame* Befreiung. Beispielsweise werden Eltern aus Sorge um das Wohl ihrer Kinder letztlich immer wieder eingreifen und dies oder das wegnehmen. Aus der Sicht des Kindes und seiner Rechte ist so etwas nicht wirklich zu rechtfertigen. Es ist dann sinnvoll, ehrlich einzugestehen, daß man jetzt Recht beugt, keinen Ausweg aus diesem Dilemma sieht und das eigene Verhalten hinterfragbar macht.

Wenn es um Emanzipation und nicht um Gegenunterdrückung geht, sind die Grenzen, Sorgen und Ängste der Eltern zu berücksichtigen. Das bedeutet nicht, daß den

Eltern die Rechte ihrer Kinder gleichgültig sind. Es zeigt nur, daß die Eltern vor lauter Kümmern um die Rechte ihrer Kinder das Sorgen um die eigene Würde nicht verlernt haben. Und genau dies – das Erkennen und Bewahren der Würde, der eigenen wie der Würde der Kinder – ist die Voraussetzung dafür, daß alle Menschen- und Bürgerrechte des Kindes eines Tages Wirklichkeit werden können.

## 86. Die ausführliche Argumentation

Die gesamte Thematik wird umfassend und in die Tiefe gehend in den Büchern von John Holt, Richard Farson und Christiane Rochefort dargestellt. Die Forderung nach Selbstbestimmung, Gleichberechtigung und politischer Emanzipation des Kindes wird in vielen Nuancen und überzeugenden Antworten auf Kritik erörtert. Neben der Gesamtargumentation sind den einzelnen Rechten eigene Kapitel gewidmet. Fragen der Verwirklichung werden vor dem Hintergrund der bestehenden Verhältnisse realistisch auf das Hier und Jetzt bezogen. Alle drei Bücher sind eine überzeugende Hilfe, um den Sinn und historischen Zusammenhang der Menschen- und Bürgerrechte des Kindes kennenzulernen und zu verstehen.

Zur Illustration drei kurze Beispiele:

John Holt zu Grundsätzlichem: »Ich habe mich nicht bemüht, diese Rechte nach ihrer Wichtigkeit zu ordnen. Was einige junge Menschen besonders wichtig finden mögen, finden andere vielleicht weniger wichtig. Auch behaupte ich nicht, daß diese Rechte und Pflichten in ein Paket gebündelt sein müssen, daß ein junger Mensch alle von ihnen annehmen muß, wenn er nur eines von ihnen annehmen will. Andererseits liegt es in der Natur der Sache, daß einige dieser Rechte mit anderen verknüpft sind. So könnte zum Beispiel das Recht, zu reisen und sein eigenes Zuhause zu wählen, einem jungen Menschen kaum etwas nützen, wenn er nicht gleichzeitig das Recht hätte, legale und finanzielle Verantwortung zu tragen, zu arbeiten und über ein Einkommen zu verfügen.« (S. 14)

Richard Farson zum Recht auf Teilnahme am Rechtsleben: »Wenn sich ein Kind unternehmerisch betätigen will – damit ist nicht der Verkauf von Süßigkeiten oder Zeitungen gemeint, das Austragen von Telegrammen oder die Arbeit als Schuhputzer, sondern die Beteiligung an allen möglichen Unternehmen, von denen es jetzt sogar als Kunde ausgeschlossen ist wie in Spirituosengeschäften und Lokalen –, dann muß es auch feste Verträge abschließen, Hypotheken aufnehmen und Kredit erhalten können. Kinder, die ihr Verantwortungsbewußtsein bewiesen haben, sollten auch geschäftliche Verhandlungen führen dürfen. Doch das Problem ist, daß man keinen Kredit erhalten kann, wenn man nicht kreditwürdig ist. Meistens ist es so, daß man ein Darlehen erst dann bekommen könnte, wenn man es nicht braucht. So ist es nun einmal im Leben. Dahinter steckt keine doppelte Moral, da Erwachsene und Kinder gleichermaßen davon betroffen sind. Doch man sollte den Kindern ermöglichen, daß sie sich durch verantwortungsbewußtes Handeln auf finanziellem Gebiet Vertrauenswürdigkeit erwerben.« (S. 117)

Christiane Rochefort zum Recht auf Privatleben: »Die Kinder stehen immer zur Verfügung, sind jederzeit der Einmischung von Seiten der Eltern ausgesetzt. All diese Einmischungen, Befehle, Verhöre, die sich nach Verfassung, Wesen und Laune der Eltern richten, sind reine Willkür, da Kinder keine verbindlich festgelegten Rechte haben ... Rechte? Für ein Kind? ... keine festgelegten Rechte haben auf Zeit und Orte, die ihnen allein gehören und über die keiner von ihnen Rechenschaft fordert.

Diese willkürlichen Eingriffe würden unter ›erwachsenen‹ Menschen als gänzlich unannehmbar gelten. Kindern gegenüber sind sie eine Selbstverständlichkeit. Wir sehen sie offenbar unter einem anderen Gesichtspunkt. Daß man, wenn eine kleine Göre beim Spielen gestört wird, von ›Unterdrückung‹ redet und von ›Rechten‹, erweckt überall Verwunderung.

In einer Charta der Bürgerrechte für Kinder müßten ein paar einfache Punkte aufgeführt werden, etwa folgende:
– ein eigener, unantastbarer Platz (ein eigenes Zimmer oder wenigstens eine eigene Ecke und eine Kiste, die keiner durchsuchen darf)
– festgelegte Erholungszeiten. Fürs erste.« (S. 42, 43 f.)

John Holt. Zum Teufel mit der Kindheit. Über die Bedürfnisse und Rechte von Kindern. Wetzlar 1978 (Escape from Childhood, USA 1974)

Richard Farson. Menschenrechte für Kinder. Die letzte Minderheit. München 1975 (Birthrights, USA 1974)

Christiane Rochefort. Kinder. München 1977 (Les enfants d'abord, Frankreich 1976)

Alle drei Texte sind vergriffen und nur noch in Bibliotheken verfügbar. Restexemplare können jedoch über den Freundschaft mit Kindern – Förderkreis e.V. bezogen werden.

**Wahlrecht für Kinder**

**87. Die Grundposition**

Das Wahlrecht ist ein fundamentales Recht. Es ist nicht erforderlich, Kindern zunächst andere Rechte einzuräumen, bevor man ihnen das Wahlrecht zubilligt. Das Wahlrecht für Kinder ist aus dem Stand heraus realisierbar. Wurde in einer Revolution je gefragt, welche Rechte man erst haben muß, bevor man den König stürzt? Die umgekehrte Reihenfolge ist richtig: Wenn das Wahlrecht da ist, d. h. wenn die politische Macht gegeben ist, werden weitere Diskriminierungen fallen.

»Wenn Du jemandem gestattest,
Dir Dein Wahlrecht zu nehmen,
so bist Du kein freier Mensch,
sondern ein Sklave.

Selbst im Namen der höchsten
Ideale der Brüderlichkeit
oder anderer Werte
kann Dir niemand
das Recht nehmen,
zu wählen, zu entscheiden,
etwas zu schaffen.

Das heißt,
frei
diejenigen zu wählen,
die über Dein Schicksal
regieren werden.«

Europarat
Du bist ein Mensch – Botschaft an die Jugend Europas
1978

## 88. Die Entwicklung

Über das eigene Schicksal selbst zu bestimmen – dies ist ein uraltes Menschenrecht. Es gilt für den einzelnen und es gilt für die Gesellschaft. Das politische Selbstbestimmungsrecht einer Gemeinschaft bis hin zum Selbstbestimmungsrecht der Völker wurde in der Geschichte immer wieder gefordert, realisiert, mißachtet, zurückerobert. Die Menschheit hat von der Antike bis heute ein wechselvolles Hin und Her von Selbstbestimmung und Unterdrückung erlebt.

Demokratie im alten Griechenland. Republik im Römischen Reich. Am Ende des Mittelalters reichsfreie Städte und Republiken mit Bürgerrechten. 1265 das Parlament in England. 1619 die General Assembly von Virginia. 1787 die Verfassung der Vereinigten Staaten von Nordamerika. 1791 das Zensuswahlrecht für Bürger in der Französischen Revolution. 1848 erstmals das allgemeine Wahlrecht für Männer in der Pariser Revolution. 1887 erstmals das allgemeine Wahlrecht für Frauen im amerikanischen Staat Wyoming. Nach dem Ende des 1. Weltkrieges Demokratien in Europa mit dem allgemeinen Wahlrecht für Männer und Frauen. 1949 und 1990 erneut Demokratie in Deutschland. – Dies ist die positive Tradition.

Dagegen stehen unzählige Monarchien, Aristokratien, Oligarchien, Theokratien, Despotien, Tyranneien und Diktaturen. Auf deutschem Boden wurde die letzte gerade erst beendet, die schrecklichste vor einem halben Jahrhundert.

Das politische Selbstbestimmungsrecht war immer ein Mittel, um die eigenen Vorstellungen von der Gestaltung der Verhältnisse ins Spiel zu bringen. Dabei kämpften die jeweiligen Interessengruppen für sich. Die Adeligen stritten mit dem König um ihre Rechte. In der Französischen Revolution ging es um das politische Recht privilegierter Bürger. In England wurde 1832 der Kreis der Wahlberechtigten auch auf die nicht ganz so Reichen erweitert. Die Arbeiterschaft der Pariser Revolution von 1848 trat erstmals für das Wahlrecht für jeden Mann ein. Doch bei allen unterschiedlichen Interessen – die Idee der politischen

Selbstbestimmung *aller* setzte sich mehr und mehr durch. Als am Ende des 1. Weltkriegs die alten Herrschaftsstrukturen in Europa zusammenbrechen, wird in den neuen Verfassungen der Staaten das Wahlrecht für jeden Bürger festgeschrieben. Und, gänzlich neu, nach und nach auch für jede Bürgerin. So gibt es das Wahlrecht für Frauen in Deutschland 1918, in Österreich und den Niederlanden 1919, in den USA 1920, in Großbritannien 1928, in der Türkei 1934, in Frankreich 1946, in Belgien 1948, in Griechenland 1952 und in der Schweiz 1971 bzw. im Kanton Appenzell Innerrhoden endlich 1990.

Frauen und Politik – bezogen auf alle Frauen, nicht auf einzelne Regentinnen: Das paßte nicht zusammen. Erst die Frauenbewegung, die vor 200 Jahren begann, brachte mit Unterstützung der Arbeiterbewegung den Gedanken der politischen Selbstbestimmung von Frauen zur Geltung und machte die Beteiligung aller Frauen an der politischen Macht in den modernen Demokratien möglich.

»Neger« und Selbstbestimmung – auch das war unvorstellbar. Erst durch ein neues Denken konnten die Weißen die Voll- und Gleichwertigkeit der Menschen schwarzer Hautfarbe erkennen. Nach der hieraus folgenden Abschaffung der Sklaverei in den USA im Jahr 1875 erhielten auch sie politische Rechte. Doch diese Rechte wurden erst 1960 mit der Bürgerrechtsbewegung um Martin Luther King so gestützt, daß den schwarzen Bürgern der USA daraus auch politische Macht und Selbstbestimmung erwachsen konnte.

Die Idee der Selbstbestimmung erhielt nach dem 2. Weltkrieg einen weiteren Aufschwung, als das Ende des Kolonialismus begann. Das bedeutet längst nicht überall Demokratie, aber doch den berechtigten Kampf darum, und unsere Sympathien und unsere Solidarität gelten diesen Völkern der Welt.

Wer in der Bundesrepublik Deutschland groß wurde, kennt nichts anderes als das Selbstbestimmungsrecht des Volkes, realisiert in den Kommunal-, Landtags- und Bundestagswahlen. Die vergangenen Zeitalter sind keine Realität für diese Menschen, vielmehr sind Demokratie, allgemeines Wahlrecht und politische Selbstbestimmung für sie Selbstverständlichkeiten. Dennoch gilt, daß diese Grundrechte eben keine Selbstverständlichkeit sind, wenn man in die Geschichte sieht.

## 89. Die Situation

Viele Menschen, die in der Demokratie aufgewachsen sind, haben sich mit dem Recht auf Selbstbestimmung identifiziert. Ihr Großwerden in demokratischen Strukturen hat ein spezifisches Bewußtsein entwickelt und ein spezifisches Gefühl: Wo immer das Recht auf Selbstbestimmung unterdrückt wird, können sie nicht ruhig zusehen und engagieren sie sich.

Eine Avantgarde dieser sensiblen demokratischen Menschen hat nun bemerkt und ausgesprochen, daß es eine bislang unerkannte tyrannische Grenze in all der Demokratie gibt, in der sie – privilegiert im Vergleich zu ihren Vorfahren – lebt. Zuerst im Mutterland der modernen Demokratie, in den USA, dann im bürgerrechts-traditionsreichen Frankreich und auch in der demokratischen Bundesrepublik Deutschland ist gegen 1970 bewußt geworden, *daß Kinder in einer Diktatur der Erwachsenen leben.* Für junge Menschen gibt es keine Demokratie, keine Selbstbestimmung in persönlicher und in politischer Hinsicht. Kinder sind weitestgehend ohne eigene Rechte. Sie sind wie Leibeigene auf die Großzügigkeit und Freundlichkeit ihrer Herrinnen und Herren angewiesen und ihnen gänzlich ausgeliefert.

Die Idee der Selbstbestimmung ist eine uralte Menschheitsidee. Sie hat sich heute eine Spitzenposition im Vergleich zu den Epochen der Geschichte erobert. Sie schreitet unaufhörlich fort, bis auch die letzte Unterdrückung namhaft gemacht und beseitigt ist. So wird heute eine besondere Bastion der Unterdrückung bewußt: Die Diskriminierung aufgrund des jungen Alters.

Diskriminierungen anderer Art sind bekannt, und der Kampf um ihre Beseitigung ist fortgeschritten – etwa die Diskriminierung aufgrund des Geschlechts, der Hautfarbe, der Religion, der Herkunft, der ethnischen Zugehörigkeit. Aber zu erkennen, daß auch durch das junge Alter diskriminiert wird, kann erst durch die Menschen gelingen, die selbst in demokratischen Verhältnissen großwerden und die die demokratische Idee unumkehrbar für ihr eigenes Leben annehmen.

Hinzu kommt die revolutionäre Bedrohungssituation der Menschheit insgesamt durch die atomaren Waffen und die Gefährdung der Lebensgrundlagen. Die dadurch aufgeworfenen gänzlich neuen Fragen, die nach ebenfalls gänzlich neuen Antworten drängen, erhellen den Blick auf die unbemerkte Diktatur über den jungen Menschen. Wie soll jemals Friede gelingen, wenn auch die demokratischsten Menschen zunächst eine lange, entscheidende Zeit ihres Lebens in tyrannischen Verhältnissen aufwachsen?

Die neuen Antworten lauten: Daß Menschen nicht erst zu richtigen Menschen *werden*, wenn sie groß sind, sondern daß sie schon von Geburt an vollwertige Menschen *sind*. Daß das Erziehungsdenken – »Wir helfen den Kindern, daß aus ihnen richtige Menschen werden« – Ausdruck der traditionellen abendländischen Missionshaltung und des Herrschaftsanspruchs des Patriarchats ist. Statt dessen wird der junge Mensch anders gesehen: Als von Anfang an befähigt, *selbst* das eigene Beste wahrnehmen zu können. Es entsteht die »Sanfte Geburt«, in der dem Neugeborenen die Regie bei der Geburt nicht genommen wird, es wird mit »Unterstützen statt erziehen« ein postpädagogisches Beziehungskonzept entwickelt, es ergibt sich eine radikal andere Sicht vom jungen Menschen, die Neotenie: Der reife, weitestgehend entwickelte Mensch ist nicht der erfahrene und ältere, sondern der junge und jüngste. Die Offenheit und Lernbereitschaft, Sozialität und Intelligenz, die Sensibilität und Kreativität, der Lebensmut und die Lebensfreude des jungen und jüngsten Menschen – das gilt es ein Leben lang zu bewahren. Mit dieser Ressource besteht eine Chance, die gegenwärtigen Probleme der Menschheit zu lösen.

Diese Sicht hat revolutionäre Folgen für das Zusammenleben mit Kindern. Beispielsweise muß das Schulsystem vom Kopf auf die Füße gestellt werden. Nicht mehr Erwachsene haben zu entscheiden, was in die Köpfe der Kinder gefüllt werden soll, sondern die Kinder bestimmen offen über ihr Lernen selbst und bedienen sich dabei der Unterstützung und Loyalität der Erwachsenen: wie bei der Geburt, beim Essen, beim Laufen, beim Schwimmen, beim Radfahren, so nun auch beim Lesen, Schreiben, Rechnen. Wie stets, wenn man etwas noch nicht tun kann oder etwas noch nicht weiß, wenn man aber sehr wohl bei aller äußeren Unfertigkeit in sich spürt, was einem gut tut und was nicht und welcher Weg eingeschlagen werden soll. Der ältere und erwachsene Mensch versteht sich jetzt als Helfer und Freund, nicht mehr als Vormund, nicht als selbstgerechter Vormund und auch nicht als gütiger Vormund mit immer neuen Erziehungsmethoden.

Als Selbstverständlichkeit folgt aus diesem neuen Denken, daß die politische Selbstbestimmung auch für Menschen unter 18 Jahren gilt, ohne jegliche Alterseinschränkung. Jedes Wahlalter ist eine undemokratische Diskriminierung. Wie einst Männer, Frauen und Schwarze von der politischen Macht ferngehalten wurden, so geschieht es heute noch mit den jungen Menschen.

Die Erwachsenen erkämpften sich die Macht mit revolutionärer Gewalt oder mit ökonomischem Druck. Kinder haben diese Mittel nicht, doch existiert für sie eine andere Möglichkeit: Sie können die Herzen der Mächtigen gewinnen. Diese Revolution kann nur aus dem demokratischen Gefühl der Erwachsenen kommen, aus ihrem Wunsch und ihrem Verlangen, daß Recht und Freiheit und politische Selbstbestimmung auch für ihre Kinder gelten sollen.

Die Kinder erinnern die Erwachsenen an ihre eigene Kindheit und an die Ohnmacht dieser Zeit. Erwachsene können sich heute wie die Geschwister ihrer Kinder sehen, die Fraternité der Französischen Revolution wird als Geschwisterlichkeit zu einer neuen Kraft. Wer mit diesem veränderten Bewußtsein seinen Kindern in die Augen sieht, erkennt ihren Anspruch auf Selbstbestimmung in jeglicher Hinsicht – der psychologische Kampf der Kinder um die Teilhabe an der Macht hat begonnen.

Erwachsene, die den Glauben an ihre eigenen Kindheitswahrheiten nicht verloren haben oder wiederfinden, solidarisieren sich mit den heutigen Kindern, und sie billigen ihnen das Recht zu, über das eigene Schicksal selbst zu bestimmen. Diese innere Entscheidung der neuen Erwachsenen erhält jetzt ein Bewußtsein, eine Sprache und eine Forderung an die anderen Erwachsenen: Die Forderung nach der Überwindung der Wahlalterdiskriminierung und nach einer entsprechenden Änderung des Grundgesetzes. Die demokratische Idee läßt sich nicht vor Kindern verbergen – und sie sollte auch nicht verborgen werden. Demokratie, unbegrenzt und ungeteilt, ist erforderlich, um die Herausforderungen von Gegenwart und Zukunft zu bestehen, gemeinsam mit den Kindern, in einer Welt, in der sie länger leben als wir.

Der demokratische Gedanke wird von einer wichtigen emotionalen Komponente begleitet: *Er muß auch gefühlt werden.* Auch

Demokratie muß gefühlt werden. Die Revolutionen sind nicht nur mit dem Bewußtsein von der Unterdrückung und dem Widerstand dagegen, sondern auch mit dem *Gefühl* für Recht und Freiheit erfolgt. Nur wer daran leidet, daß Kinder in einer scheußlichen Diktatur gefangengehalten werden, wird dies beenden können, beenden wollen, beenden müssen.

## 90. Die Forderung

Das Grundgesetz ist zu ändern. In Artikel 38 Absatz 2 heißt es: »Wahlberechtigt ist, wer das achtzehnte Lebensjahr vollendet hat; wählbar ist, wer das Alter erreicht hat, mit dem die Volljährigkeit eintritt.«

Dieser Artikel soll geändert werden. Es wird definitiv festgestellt: »Wahlberechtigt und wählbar sind Kinder, Jugendliche und Erwachsene; eine Einschränkung des Wahlrechts und der Wählbarkeit aufgrund des Alters gibt es nicht.«

Der Absatz 2 des Artikels 38 könnte auch ersatzlos gestrichen werden. Doch es ist sinnvoll, die Gleichberechtigung des jungen Mitbürgers unübersehbar und unzweideutig in das Grundgesetz einzufügen. An dieser Stelle und an anderen, wo es hingehört.

Demokratie ist nicht begrenzbar. Man kann nicht zu recht demokratische Rechte in Anspruch nehmen – als Mann, als Weißer, als Erwachsener – und sie dann anderen – Frauen, Schwarzen, Kindern – vorenthalten. Das ist der Kerngedanke, wie er in der demokratischen Tradition enthalten ist, und wie er auch im Grundgesetz stehen sollte.

Die Unfähigkeit zum Frieden hat ihre Wurzeln auch in der Kindheitserfahrung, gegen die absolute Macht der Erwachsenen kein Recht setzen zu können, in einer Diktatur der Erwachsenen zu leben. Wenn erst mit achtzehn Jahren Demokratie erlebt wird, hat sich die Ohnmachtserfahrung der Rechtlosigkeit längst festgesetzt. Und daß sich Ohnmacht nicht mit Recht, sondern nur mit Gegenunterdrückung aufheben läßt. Die Forderung nach dem Wahlrecht und der Wählbarkeit für Kinder ist Verpflichtung jeder Demokratie der heutigen Zeit.

## 91. Die Einwände

Der Forderung nach dem Wahlrecht für Kinder und dem Gefühl für das Recht und die Freiheit der Kinder stehen traditionelle Einwände und die alte Bevormundungshaltung entgegen. Wie äußern sich diese Vorbehalte? 10 Beispiele:

1. Politik ist nichts für Kinder. Man zieht sie in schmutzige Dinge. Das schadet nur ihrer Entwicklung.

2. Kinder sollen sich mit ihrem konkreten Umfeld beschäftigen, aber sie sollen sich nicht mit gesellschaftlichen Angelegenheiten befassen. Kinder gehören in den Sandkasten, nicht in die Politik.

3. Kinder sind mit dem Wahlrecht völlig überfordert. Es ist für Erwachsene schon schwer genug, politische Zusammenhänge zu durchschauen – wie soll das erst Kindern gelingen?

4. Kinder stellen mit Wahlstimmen nur Unsinn an. Sie sind leicht verführbar und wählen den, der ihnen die größten Versprechungen macht.

5. Wenn Politiker die Stimmen der Kinder brauchen, werden sie alle denkbaren Tricks anwenden. Kinder werden zum Spielball politischer Interessen, können sich nicht wehren und werden politisch mißbraucht.

6. Kinder geraten unter zusätzlichen Druck. Erwachsene überfrachten sie mit ihren Vorstellungen und können sie einschüchtern und bedrohen, wenn sie nicht das wählen, was die Erwachsenen wollen.

7. Die Stimmen der Kinder fallen nicht ins Gewicht. Es wird eine Verbesserung vorgespielt, die nicht wirklich gegeben ist.

8. Einige Erwachsene pflegen ihren Spleen auf Kosten der Kinder und auf Kosten der demokratischen Idee.

9. Die Situation der Kinder verbessert sich nicht dadurch, daß man ihnen politische Rechte einräumt, sondern nur, wenn man wirksamen Kinderschutz betreibt.

10. Kinder müssen erst lernen, was Mitbestimmen und Politik bedeuten. Ohne ein Mindestmaß an politischer Bildung ist niemand in der Lage, sinnvoll mit seinem Wahlrecht umzugehen.

»Das ist doch alles lächerlich. Jetzt sollen schon Wickelkinder wählen!« Neben ernsthaften Einwänden gibt es auch Unverständnis und Diffamierung. Man kann dies als töricht abtun. Aber man kann auch gelassen reagieren und Kritikern ohne Aufregung entgegenhalten, daß sie dem Sinn der Forderung nach dem uneingeschränkten Wahlrecht für Kinder einmal nachspüren und sachliche Fragen stellen können.

## 92. Die Überlegungen

Ungute Gefühle, die durch die Forderung nach dem Wahlrecht für Kinder ausgelöst werden, lassen sich kaum argumentativ ausräumen. Es ist sinnvoller, sie als emotionale Realität anzuerkennen. Es kommt auch nicht darauf an,

Einwände und Bedenken kleinzureden und wegzudiskutieren, sondern sie aus der eigenen Position heraus zu beantworten. Welche Überlegungen stützen das Wahlrecht für Kinder? 10 Beispiele:

1. *Kinder werden auf neue Weise von den Erwachsenen ernstgenommen.* Politische Entscheidungen werden immer auch mit Blick auf die Wähler getroffen. Wie reagieren die Wähler, die unter 18 Jahre alt sind? Diese Frage ist gänzlich neu, und erst sie führt dazu, Kinder tatsächlich ernstzunehmen und bei den politischen Entscheidungen überhaupt zu berücksichtigen. Nicht aus Großzügigkeit, sondern aus Notwendigkeit. Die Kinder haben jetzt Macht – gesellschaftliche, politische Macht. Allein ihre Stimmzettel verleihen ihnen dieses Gewicht. *Es ist durch nichts zu ersetzen.* Großzügigkeit und Freundlichkeit können jederzeit widerrufen werden. Gegen die Macht, die aus den Stimmzetteln kommt, gibt es jedoch kein Mittel.

2. *Es gibt einen psychologischen Durchbruch für die Kinder.* Wenn Kinder politisch gleichwertig sind und einige Male an Wahlen teilgenommen haben, wird man ihnen mit einer anderen Achtung begegnen. Im Einkaufszentrum, im Bus, im Schwimmbad erlebt man dann nicht unmündige Kinder, sondern Wahlbürger. Wahlbürger Kind. Von der psychologischen Aufwertung für die Kinder selbst ganz abgesehen. »Ich bin nicht unwichtig – ich bin wichtig. Ich entscheide mit. Meine Stimme zählt.«

3. *Kinder verstehen viel von Politik.* Zunächst: Es ist *nicht* notwendig, etwas von Politik zu verstehen, wenn es um das Selbstbestimmungsrecht und das Wahlrecht geht. Die Bürger entrissen dem König die Macht nicht deswegen, weil sie nachweisen konnten, daß sie mehr von Politik verstehen als er, sondern weil sie über ihr politisches Schicksal selbst bestimmen wollten. Die Legitimation kommt nicht

aus dem besseren Verständnis von Politik oder aus irgendeiner Unterweisung in gesellschaftliche Zusammenhänge, sondern aus der demokratischen Idee: Daß die Macht nicht für einen oder für wenige reserviert ist, sondern daß alle Anteil an der Macht haben – *alle ohne jegliche Einschränkung.* Die Forderung, Kinder müßten etwas von Politik verstehen, ehe sie wählen können, und 18 Jahre oder vielleicht 16 Jahre wäre da die äußerste Grenze, ist eine zutiefst undemokratische Position. Diese Forderung trägt diktatorische Züge, das Verlangen nach Herrschaft und Unterordnung ist offensichtlich. Das »Davon verstehst Du nichts« ist ein Abwehrargument, um die Macht nicht zu teilen.

Kinder *müssen* also nichts von Politik verstehen, um Anteil an der politischen Macht zu haben. Dennoch aber verstehen sie viel von Politik: Humanität, Toleranz, Kreativität, Sensibilität, Fairneß u. a. sind wichtige konstruktive Eigenschaften für die Politik. Von diesen gesellschaftlichen Basisfaktoren verstehen Kinder eine Menge, und es ist so, daß Erwachsene über dieses politische Wissen viel von ihnen lernen können. Und von den tagespolitischen Fragen versteht der eine mehr, der andere weniger – so, wie das bei den Erwachsenen auch ist.

4. *Versuche, Kinder zu verführen, laufen ins Leere.* Denn die Konkurrenz schläft nicht. Sie deckt solche Versuche auf, und dann revanchieren sich die Kinder mit der Wahl der Konkurrenz. Welche Chance hat denn ein politischer Verführer in einer Zeit, die demokratisch geprägt ist und in der destruktive und faschistische Tendenzen enttarnt werden? Die Inhumanität und der Totalitarismus politischer Verführer sind leicht zu durchschauen angesichts realer Machtbeteiligung durch demokratische Wahlen. Demokratie – erlebte, erfahrene Demokratie – ist die beste Waffe gegen jede Diktatur und jeden Verführungsversuch.

Wenn Kinder aber in einer Diktatur leben – dann nämlich, wenn sie das Wahlrecht nicht haben – , kommt es nur auf den Verführer mit den größten Versprechungen an. Die Sorge vor der Verführbarkeit der Kinder spiegelt die Ängste der Erwachsenen, die in der eigenen Kindheit einer ausweglosen Diktatur ausgesetzt waren: Sie mußten den damaligen Erwachsenen folgen, ohne Recht. Sie lernten folgsam zu sein und allen Sprüchen zu glauben. Die Kinder des demokratischen Zeitalters jedoch kennen ihre Macht. Sie können sich ihre Sensibilität für Wahrhaftigkeit und Menschlichkeit bewahren, denn sie bestimmen selbst über ihr Schicksal. Kinder, für die Demokratie Realität und ein gewachsener Wert ist, werden sich mit Abscheu von diktatorischen Zumutungen und politischen Verführungen abwenden.

5. *Kinder sind sensibler als Erwachsene für Fairneß und Wahrheit.* Die Versuche, die Wähler zu hintergehen, zahlen sich bei den Kinderstimmen nicht aus. Politische Tugenden sind in Bezug auf diese Wählergruppe viel effektiver, und Politiker werden insgesamt in eine positive Richtung diszipliniert, wenn Kinder über Wahlstimmen verfügen. Sie quittieren unerbittlicher als Erwachsene Unfairneß, Lüge und Gemeinheit mit Abwahl.

6. *Die Wahlreden werden verständlich.* Es gibt in der Bundesrepublik Deutschland 15 Millionen Menschen unter 18 Jahren. Selbst wenn nur 20% zur Wahl gehen sollten, sind das noch 3 Millionen Stimmen. Daran kommt kein Politiker vorbei. Er muß so reden, daß er auch von diesen Wählern gut verstanden wird. Es gibt kein Problem aus Politik und Gesellschaft, das man nicht auch Kindern verständlich machen kann. Die Ausrede von der Kompliziertheit der Sachverhalte überzeugt nicht länger, die Konkurrenz hat nämlich den Politiker, der die Dinge auch den Kindern erklären kann. Das gilt nicht nur für Wahlreden, sondern

allgemein für die Kommunikation zwischen Gewählten und Wählern, und das tut der gesamten politischen Kultur gut.

7. *Die Wahlprogramme werden zugunsten der Kinder umgeschrieben.* Alles, was dem Interesse der Kinder dient und einen Stimmengewinn durch die Kinder verspricht, wird nun ernsthaft thematisiert und diskutiert und in die Programme der Parteien aufgenommen. Zum Beispiel Tempo 30 als Regelgeschwindigkeit in Ortschaften, giftfreies Spielzeug, körpergerechte Schulmöbel, arbeitsfreie Wochenenden der Eltern, Umgestaltung des Schulwesens, funktionierender Lärmschutz, kinderfreundlicher Haus- und Wohnungsbau bis hin zu Treppengeländern für Kinder, kindgerechte Gestaltung öffentlicher Räume, phantasievolle Spielplätze, flächendeckende Jugendzentren, adäquate Einstiegsmöglichkeiten in Bus und Bahn auch für Kinder. Viele Dinge, für die engagierte Eltern im Interesse ihrer Kinder bislang erfolglos auf die Straße gehen, werden plötzlich realisiert, als hätte es nie etwas anderes gegeben. Durch das politische Gewicht der Kinder wird sich etliches ändern – sicher nicht zu unser aller Nachteil.

8. *Es gibt mehr Respekt und Toleranz Kindern gegenüber.* Wahrscheinlich unterscheiden sich Kinder in ihrem Wahlverhalten kaum von dem der Erwachsenen. So wie die Frauen insgesamt kaum anders wählen als die Männer. Vielleicht sind Kinder aber auch bestimmten Trends und bestimmten Personen eher zugewandt als Erwachsene und wählen Parteien und Politiker, von denen kaum jemand sonderlich begeistert ist. Doch wie auch immer: Am grundlegenden Recht auf politische Selbstbestimmung des jungen Menschen hat niemand herumzudeuten, es kommt ihnen zu wie jedem anderen Menschen. Auch wenn Kinder das wählen, was einem gerade nicht paßt: Es gilt und es muß als Realität zur Kenntnis genommen werden. Erwachsene

lernen durch das Wahlrecht für Kinder, auch die von ihren Auffassungen abweichende Meinung der Kinder zu respektieren und zu tolerieren.

9. *Erwachsene werden zu einer gänzlich neuartigen Einstellung und Beziehung zu Kindern gelangen.* Die Politiker werden bemerken, daß die Pädagogik die Kinder unrealistisch sieht. Sie werden erkennen, daß Kinder bereits vollwertige Menschen sind und nicht erst dazu gemacht werden müssen. Die gesamte Forschung wird neu konzipiert, denn wer die Realität des Kindes tatsächlich erfaßt, hat das erfolgreichere Wahlprogramm und gewinnt die Wahl. Nicht mehr pädagogische Lehren werden die Beziehungen zu Kindern bestimmen, sondern die Kinder selbst werden die Erwachsenen lehren, wie sie die Kinder richtig ansprechen können und wie Kinder ihre Beziehungen mit den Erwachsenen gestalten wollen. Wer dem nicht folgt, verliert seinen gesellschaftlichen Einfluß – denn die Konkurrenz, die sich auf diese Realität einstellt, gewinnt die Wahl. Die neuen Machtverhältnisse sehen die Kinder als Machtpartner, gleichberechtigt neben den anderen Gruppen der Gesellschaft. Die politische Emanzipation bewirkt unaufhaltsam die Gleichwertigkeit auch in den menschlichen Beziehungen. Es wird sich herausstellen, daß nicht *Erziehung,* sondern *Beziehung* angemessen ist, wie stets, wenn Menschen auf einer gleichen Stufen miteinander leben. Die Erwachsenen erleben in Kindern Menschen, die sie nicht missionieren müssen, sondern die ihnen tatsächlich gleich sind und auf die sie sich stützen können, gesellschaftlich wie privat.

10. *Die Gesellschaft braucht die Kinder als politische Macht.* Kinder werden immer als Hoffnung, als Zukunft gesehen. In der Literatur. Im Kindergarten. In der Schule. In Festvorträgen. Jetzt wird diese Hoffnung gesellschaftliche Realität. Die Alltagspolitik – das Ringen darum, wie alle zusammen leben – wird erweitert und korrigiert. Es ist eine

große Chance der Menschheit, die Kinder an der Gestaltung der Welt wirksam zu beteiligen. Und es ist vielleicht die letzte Chance. Angesichts der atomaren Gefahr und der drohenden Vernichtung der Lebensgrundlagen wird alles in die Waagschale des Lebens geworfen. Die Kinder werden Wege weisen, die zu gehen niemand bislang gewagt hat. Sie wählen die Partei, die kompromißlos den Hunger in der Welt beseitigt. Das als einziges Beispiel. Sie sehen die Welt aus der unverbrauchten Perspektive derer, die noch Jahrzehnte leben wollen – gesund und in Frieden. Und dies wird reale Politik.

## 93. Die Begründung

Mit dem Wahlrecht wird kein neues Recht gefordert, das die Erwachsenen den Kindern geben. Dieses Recht ist von niemandem zu geben. Es ist unabhängig von anderen längst da, es kommt jedem von Geburt an zu. Aber andere können die Ausübung dieses Rechts behindern. Und genau das geschieht durch das Grundgesetz mit Artikel 38 Absatz 2: »Wahlberechtigt ist, wer das achtzehnte Lebensjahr vollendet hat.«

Das Wahlrecht steht als politisches Persönlichkeitsrecht, als Menschenrecht jedem zu. Wann dieses Recht zur Anwendung kommt, wann man zur Wahl geht – darüber entscheidet ein jeder selbst, zu seiner Zeit. Der eine will mit 8 Jahren zur Wahl gehen, der andere mit 30 oder mit 80 Jahren. Sicher gehen nicht alle Achtjährigen zur Wahl und auch nicht alle Dreißigjährigen und nicht alle Achtzigjährigen, aber sie haben das Recht hierzu und könnten, wenn sie wollten, und niemand darf sie daran hindern. Darum geht es. Nur darum.

Auch der Einwand, man solle, wenn überhaupt, das Wahlalter nicht gänzlich aufheben, sondern an ein bestimmtes unteres Mindestalter binden, etwa an das Schuleintrittsalter, verkennt den Kern des Wahlrechts in der Demokratie. Denn die Überlegungen, die zu einem bestimmten Wahlalter führen, sind für alle, die ausgeschlossen bleiben, weiterhin voller Diskriminierung. Vor allem aber wird übersehen, daß es sich beim Wahlrecht um ein absolutes Recht handelt, das jedem von Geburt an zukommt, und daß hiervon zu unterscheiden ist, wann und wie von diesem Recht Gebrauch gemacht werden kann und wird.

Es wird immer die verschiedensten Gründe geben, sein Wahlrecht nicht auszuüben, auch wenn es einem zusteht. Das ist bei Kindern nicht anders als bei Erwachsenen. Es gibt bei Erwachsenen keinerlei Diskriminierung, ein jeder hat das Wahlrecht, wie immer er auch daherkommt und was immer auch dazu führt, daß er es nicht ausüben kann oder nicht ausüben will. Keinem unkundigen, bewußtlosen, dementen, volltrunkenen oder sonstwie wahlunfähigen Erwachsenen wird das Wahlrecht je abgesprochen. Warum also Kindern?

Warum sollte das Gesetz für junge Menschen anders sein als für erwachsene Menschen? Es ist gerecht, praktikabel und schließt jede Diskriminierung aus, wenn es keine Altersgrenze gibt, wenn das »Wahlalter Null« existiert und es jedem überlassen bleibt, zu welchem Zeitpunkt er von seinem Wahlrecht Gebrauch machen wird.

Wenn Säuglinge und Kleinkinder nicht zur Wahl gehen, ist das kein Grund zur Diffamierung der Forderung, die Wahlalterdiskriminierung abzuschaffen. Die Selbstverständlichkeit, daß Säuglinge und Kleinkinder sich wahrlich nicht mit politischen Dingen beschäftigen, muß nicht in den Perfektionismus münden, die »wirkliche« Altersgrenze für das Wahlrecht zu definieren. Niemandem schadet es, wenn die untere Altersgrenze nicht gezogen wird. Und ist es so schwer zu erkennen, daß es nicht darum geht, mit dem Wahlrecht für Kinder die Wirklichkeit abenteuerlich zu verbiegen, sondern nur darum, jedem ohne Einschränkung die politische Selbstbestimmung offenzuhalten, wann immer er von diesem Menschenrecht Gebrauch machen will?

## 94. Die Pflichten

Pflichten als Ergänzung zu Rechten zu sehen ist an vielen Stellen richtig. Hier jedoch gilt dieses Prinzip nicht. Es ist das demokratische Grundrecht eines jeden Menschen, über sein politisches Schicksal selbst zu bestimmen, unabhängig von irgendwelchen Verpflichtungen. Dieses Recht läßt sich von nichts abhängig machen. Wenn überhaupt in diesem Zusammenhang über Pflichten nachgedacht wird, dann über die Pflichten derer, die den Staatsapparat kontrollieren und die Wahlprozeduren festlegen:

Die Erwachsenen haben dafür zu sorgen, daß ein Kind auch tatsächlich von seinem Wahlrecht Gebrauch machen kann, wenn es das will. Daß Kinder den uneingeschränkten Zugang zu Wahlveranstaltungen haben wie Erwachsene. Daß sie an die gewünschten Informationen herankommen. Daß Eltern sich dem politischen Engagement der Kinder nicht in den Weg stellen. Daß Kinder in einer druck- und angstfreien Atmosphäre wählen können. Daß niemand sie daran hindert, wenn sie zum Wahllokal gehen wollen.

Das alles sind große Aufgaben und Pflichten, und es wird erheblicher Anstrengungen der Erwachsenen bedürfen, bis die Demokratie auch für Kinder Realität ist. Und dies geht bis in die Details: Daß die Schreibpulte in den Wahlkabinen sowohl für große als auch für kleine Menschen geeignet sind, daß jemand, der noch nicht lesen kann, eindeutige Symbole auf den Wahlzetteln vorfindet, daß die Wahlurnen so niedrig aufgestellt werden, daß ein Kind seinen Wahlschein ohne Mühe hineinwerfen kann ...

## 95. Die Wählbarkeit

Artikel 38.2 des Grundgesetzes: »Wahlberechtigt ist, wer das achtzehnte Lebensjahr vollendet hat, *wählbar ist, wer das Alter erreicht hat, mit dem die Volljährigkeit eintritt.*« Und Paragraph 15.1 des Bundeswahlgesetzes präzisiert: »Wählbar ist, wer am Wahltage (...) das achtzehnte Lebensjahr vollendet hat.«

Dieselbe Diskriminierung.
Dieselbe Argumentation dafür und dagegen.

Aber plastischere Bilder: Kinder als Kandidaten auf Wahlplakaten und im Fernsehen. Kinder als Wahlkämpfer und auf Wahlveranstaltungen. Kinder im Bundestag. Kinder als Redner im Europäischen Parlament und in der Generalversammlung der UNO. Kinder als Repräsentanten des Volkes auf Auslandsreisen, zu Gast bei der Queen, im Weißen Haus, im Kreml. Kinder als Staatssekretäre und Minister ...

Die Wählbarkeit darf wegen ihrer größeren Anschaulichkeit jedoch nicht überbewertet und für wichtiger gehalten werden als das Wahlrecht. Das Wahlrecht ist die politische Macht. Und um diese geht es. Die Wählbarkeit ist keine Machtfrage. Sie ist ein Recht, das wie das Wahlrecht zur Demokratie gehört und selbstverständlich auch Kindern zukommt.


## 96. Das Engagement

Wenn die innere Revolution – in den Herzen der Erwachsenen – erfolgt ist, wird sich die äußere Revolution – die Beseitigung der rechtlichen Diskriminierung durch die Änderung von Gesetzen – nach und nach von selbst ergeben. Für die innere Umwälzung wird ein jeder zunächst bei sich selbst schauen müssen, bevor er engagiert auf andere zugeht. Der äußere Aspekt, die Veränderung des Unrechts hin zu Recht, steht in der Tradition der Bürgerrechtsbewegung. Hier kann man sich in vielfältiger Weise engagieren und die Zeitgenossen auf die Diskriminierung der Kinder aufmerksam machen. Man hilft, ein demokratisches Bewußtsein zu schaffen, das Kinder nicht ausgrenzt, sondern einbezieht.

Richard Farson: »Die Vorstellung, daß Kinder zur Wahl gehen, ist für uns so abwegig, daß niemand auf den Gedanken kommt, in dieser Ablehnung einen Ausschluß vom gesellschaftlichen Leben zu sehen. Wir behaupten von uns, Selbstbestimmung zu üben und halten gleichzeitig die Hälfte der Gesamtbevölkerung vom Wählen zurück.

Weil Kinder nicht wählen dürfen, haben sie auch keine Vertretung in der Regierung bzw. keinen Einfluß auf Regierungsentscheidungen. Sie werden von gewählten Volksvertretern fast völlig ignoriert. Außerparlamentarische Interessenvertreter kindlicher Rechte oder politische Rücksichtnahme auf kindliche Bedürfnisse sind äußerst selten.

Kinder sind kein Wählerpotential. Um das zu werden, müßten sie das Wahlrecht haben, und zwar nicht erst ab achtzehn Jahren, sondern in jedem Alter.

Diese Vorstellung irritiert uns, weil wir in unserer patriarchalischen Gesellschaftsordnung der Vorstellung huldigen, daß das Lebensalter eines Menschen ein hinreichender Grund sei, ihm seine Bürgerrechte abzusprechen, eine Einstellung, die mit dem fundamentalen Konzept von Demokratie und Selbstbestimmung nichts mehr gemein hat. Sie steht in keinem Verhältnis zu dem schon erreichten beachtlichen Erfolg, eine Regierung zu haben, die, vom Volk gewählt, durch das Volk gebildet, für das Volk handelt.

Wir sind stolz darauf, daß vorangegangene Generationen einsichtig genug waren, das Wahlrecht nicht von Besitz, Bildung, Wissen, Rasse, Geschlecht oder Vermögen abhängig zu machen. Wir berauben einen Menschen, der das Greisenalter erreicht hat, nicht dieses Rechts, ebensowenig wie wir irgendeinen der Millionen – nicht in Krankenhäusern erfaßten und behandelten – Alkoholiker, Neurotiker, Psychopathen und Fanatiker der verschiedensten Richtungen davon ausschließen. Aber das Kind schließen wir aus.

Es gibt in einer freien, demokratischen Gesellschaft kein begründetes Argument dafür, Kinder zu der Teilnahme an wichtigen Entscheidungen nicht zuzulassen.

Kinder bedürfen des Wahlrechts, weil Erwachsene kaum Anteil an ihren Interessen nehmen und nichts zu ihrem Vorteil entscheiden. Erwachsene teilen weder kindliche Vorstellung und Wertungen, noch entschciden sie die Weltprobleme in deren Sinne. Es ist offensichtlich genug, daß sie den physischen, sozialen und emotionalen kindlichen Erfordernissen nicht Rechnung tragen.

Kindern legitime Rechte zuzugestehen bedeutet, ihre Fähigkeit zur Einflußnahme zu verbessern und auszuweiten, nicht als Kinder, sondern als Bürger. Dies ist ein Recht, das ihnen von Geburt an zugestanden sein sollte.« (Menschenrechte für Kinder, S. 125 ff.)

John Holt: »Wenn ich fordere, allen jungen Menschen das Wahlrecht zu geben, dann werde ich von älteren Menschen verwundert, ungläubig und oft sogar verärgert gefragt, ob ich etwa wirklich alle Kinder und Jugendliche jeden Alters meine. Genau das meine ich. Ich rede hier nicht nur über das Wahlrecht für Sechzehnjährige, sondern auch über das Wahlrecht für Sechsjährige. Ein Sechsjähriger, der wählen will, der sollte meines Erachtens auch wählen dürfen.

So wie es aussieht, scheint es – zumindest nach allem, was ich über sechsjährige Kinder weiß – unwahrscheinlich zu sein, daß viele von ihnen von ihrem Wahlrecht Gebrauch machen würden – auch nicht in einer Gesellschaft, in der sie sehr viel ernsthafter und rücksichtsvoller betrachtet und behandelt würden als heute, und in der sie selber ganz anders sein würden als heute. So eifrig und ungebunden die jungen Menschen die Welt auch immer entdecken mögen, und wie viel an Freiheit, Ermutigung und Unterstützung wir ihnen dabei auch immer zukommen lassen mögen: sie können die Welt nur immer Schritt für Schritt entdecken. Ich bezweifle, daß die Mehrheit der Sechsjährigen auf ihrer Entdeckungsreise weit genug fortgeschritten wäre, um Wahlgänge für bedeutsam oder interessant zu halten. Manche von ihnen würden vielleicht wählen, weil es aufregend oder neu für sie wäre oder weil sie dann etwas hätten, was sie ihren Freunden erzählen könnten. Manche Kinder, die in Familien groß werden, in denen über nichts anderes gesprochen wird als über Wahlkandidaten, Politik und Wahlen, wären vielleicht daran interessiert, das gleiche zu tun, was die meisten älteren Leute in ihrer Umgebung tun. Die meisten Kinder aber, so möchte ich meinen, hätten wahrscheinlich kein Interesse an Wahlen.

Bei Zehnjährigen mag die Sache hingegen ganz anders liegen. Ich vermute, daß eine große Zahl von ihnen wählen würde, wenn sie könnte – und zwar nicht nur, um an der Aufregung und Aktivität ihrer Eltern teilhaben zu können, sondern auch aus eigenen Beweggründen. Ich habe eine ganze Reihe von Zehnjährigen kennengelernt, die mindestens ebenso viel von der Welt und deren Problemen verstanden wie ich oder wie die meisten meiner Freunde zu der Zeit, als wir aus dem College kamen. Ich halte es sogar für möglich, daß Zehnjährige, die ja noch relativ stark nach außen gerichtet leben, sich in größerer Zahl an der Wahl beteiligen würden als Vierzehnjährige, die aus vielerlei Gründen mehr mit ihrem persönlichen, emotionellen und sozialen Leben befaßt sind. Andererseits ist ein Grund, weshalb so viele Teenager so sehr mit sich selbst beschäftigt sind, der, daß wir ihnen nicht erlauben, sich mit anderen Dingen zu befassen.« (Zum Teufel mit der Kindheit, S. 121 ff.)

# VI Aspekte zum Förderkreis

## 97. Der Förderkreis

Der Freundschaft mit Kindern – Förderkreis e.V. wurde 1978 gegründet. Er ist Mitglied im Deutschen Paritätischen Wohlfahrtsverband und als gemeinnützig anerkannt. Sein Sitz ist in Münster/Westfalen.

Das Engagement des Förderkreises besteht in einer vielfältigen Öffentlichkeitsarbeit, um Amication und das Konzept »Freundschaft mit Kindern/Unterstützen statt erziehen« im In- und Ausland bekannt zu machen. Der Förderkreis gibt Literatur zur Amication heraus und führt an Universitäten, Volkshochschulen und Familienbildungsstätten, in Schulen, Kindergärten und Elterngruppen Vorträge und Seminare zu amicativen Themen durch.

Der Förderkreis hat eine eigene Homepage, die von Jahr zu Jahr mehr besucht wird. Im Jahr 2003 erfolgten 100.000 Zugriffe, und da Texte in vielen Sprachen ins Internet gestellt wurden (z. B. in Englisch, Französisch, Spanisch, Italienisch, Russisch, Chinesisch), stößt Amication auch weltweit auf Resonanz.

Viele Menschen fühlen sich von den amicativen Aussagen angesprochen und nehmen sich dieses oder jenes von der neuen Sichtweise. Sie sind mit den Impulsen zufrieden, die sie erhalten haben, und gelegentlich werden sie Mitglied im Förderkreis.

Die Mitglieder des Freundschaft mit Kindern – Förderkreis e.V. sind ideelle und finanzielle Förderer der Amication. Ihre amicative Praxis realisieren sie in Familie und Beruf nach ihren eigenen Vorstellungen, so wie sie den Ideen der Amication jeweils folgen wollen.

## 98. Instituts-Seminare

Das Freundschaft mit Kindern – Institut ist eine Einrichtung des Förderkreises und führt Seminare zur Amication durch. Sie sind offen für jeden Interessenten und nicht an eine Mitgliedschaft gebunden. Jedes Jahr wird ein aktuelles Seminarprogramm herausgegeben.

Die **Familien-Seminare** finden Pfingsten und im Sommer statt. Sie richten sich an alle – Familien, Paare, Einzelne –, die »Unterstützen statt erziehen« und »Ich liebe mich so wie ich bin« näher kennenlernen wollen.

Die Seminarteilnehmer können
– tagsüber mit anderen etwas unternehmen oder auch allein sein, ausruhen, Ferien machen,
– vormittags an Theorie- und Diskussionssitzungen zur Amication teilnehmen,
– nachmittags in einer Unternehmung mit Erwachsenen und Kindern amicative Praxis erleben,
– abends in einer psychodynamischen Gruppe das emotionale Verstehen der Amication vertiefen.

Das Pfingst-Seminar wird in der Nähe von Lüneburg stattfinden. Die großzügige Ferienanlage liegt am Waldrand und hat mehrere Gästehäuser mit familienfreundlichen Zimmern und Aufenthaltsräumen. Es gibt viele Spielmöglichkeiten für die Kinder, Wanderwege durch Feld und Flur und ein nahegelegenes Waldbad. Das Pfingst-Seminar wird in Vollverpflegung durchgeführt.

Die zwei Sommer-Seminare dauern jeweils 12 Tage während der Sommerferien (Juli – August). Sie finden in der Nähe vom Bodensee statt. Es stehen in einem abseits gelegenen Wiesengelände am Wald zwei Gästehäuser zur Verfügung. Die Ferienanlage ist ideal zum gemeinsamen

Lernen, zum Spielen für die Kinder sowie zum Ausspannen und Erholen. Es gibt einen Badesee und viele Wander- und Ausflugsmöglichkeiten, in einer Autostunde ist man in den Alpen. Die Seminarteilnehmer können im Haus wohnen oder im Zelt übernachten. Die Sommer-Seminare werden in Selbstverpflegung durchgeführt, ein Biohof zum Einkaufen ist in der Nähe.

Das **Selbst-Verantwortungs-Training** ist ein psychodynamisches Erlebnis-Seminar für etwa 15 Personen und wird bundesweit und im Ausland durchgeführt. Die Seminarhäuser liegen abseits in Wiesen und Feldern und im Wald. Die Seminare sind Wochenendseminare, sie beginnen am Freitag Abend und enden am Sonntag Nachmittag.

Die amicativen Kernfragen »Wer bin ich?«, »Was will ich?«, »Wer bist Du?«, »Was willst Du?« stehen in einer spezifischen Psychodynamik im Zentrum des Wochenendes. Entsprechend der amicativen Grundposition, daß nur ein jeder für sich selbst wirklich Verantwortung trägt, gibt es keinen Trainer oder Leiter – denn dies ist ein jeder für sich selbst. Es wird jedoch stets eine Person teilnehmen, die mit der Amication vertraut ist (»Garant«). Dies soll sicherstellen, daß die amicative Ideenwelt bei allen großen und kleinen Ereignissen des Wochenendseminars präsent ist.

Im Anschluß an das gemeinsame Abendessen am Freitag wird das Konzept des Selbst-Verantwortungs-Trainings vorgestellt. Über den Verlauf der weiteren Sitzungen bestimmen die Teilnehmer selbst, entsprechend ihren situativen und spontanen Ideen und Reaktionen. Ein jeder kann sich so einbringen und erleben, wie er das gerade will. Hierdurch ergibt sich ein ungezwungenes Auf und Ab, eine intensive Interaktion voll amicativer Substanz, in der Selbstverantwortung, Selbstliebe und der »soziale Automatismus« das eigene Handeln bestimmen.

Das jährliche **Theorie-Seminar** ist ein Angebot, sich über die Grundlagen der Amication und ihre vielfältigen Implikationen fundiert aus erster Hand zu informieren. Es ist eine Gelegenheit, mit Menschen, die seit längerer Zeit amicativ leben, über alle Fragen aus Theorie und Praxis einer erziehungsfreien Lebensführung ins Gespräch zu kommen.

Das Theorie-Seminar richtet sich an alle, die für ihre Familie oder ihre berufliche Arbeit mit Kindern und Jugendlichen, aber auch für ihre Partnerschaft und den Umgang mit sich selbst neue Impulse suchen. Die Seminaridee ist, daß die Teilnehmer durch die offene Auseinandersetzung mit dem amicativen Gedankengut ihrem eigenen Weg besser nachspüren können. Zur Auflockerung wird neben den Theoriesitzungen zu einem Spaziergang in die Natur eingeladen. Und für den Samstag Abend ist eine psychodynamische Übung vorgesehen.

Das Theorie-Seminar findet an einem Wochenende Anfang Dezember in der Nähe von Köln statt. In einem modernen Gästehaus stehen Doppelzimmer mit Dusche und WC sowie Einzelzimmer zur Verfügung. Die Teilnehmerzahl ist auf 30 Personen begrenzt, es wird je nach Situation in einer oder mehreren Gruppen gearbeitet. Kinder können zwar mitgebracht, müssen jedoch selbst betreut werden und können an den Sitzungen nicht teilnehmen (Begleitperson).


### 99. Mitglied im Förderkreis

Der Freundschaft mit Kindern – Förderkreis e.V. hat zur Zeit 200 Mitglieder. Sie wohnen im gesamten Bundesgebiet und einzelne auch in Österreich, der Schweiz, Italien, Polen, Luxemburg, Frankreich und Spanien. Es gibt verschiedene Motive für eine Mitgliedschaft im Förderkreis. Die einen sind von den amicativen Aussagen überzeugt, übertragen sie in ihren Alltag, fühlen sich durch ihre Mitgliedschaft im Förderkreis unterstützt und wollen durch ihren Mitgliedsbeitrag die Verbreitung der Amication fördern. Für andere ist die Mitgliedschaft eher so etwas wie ein Sprungbrett, mit dem sie zu Neuem aufbrechen. Sie finden wieder Mut und Schwung für ihren Erziehungsalltag und für den Umgang mit sich selbst. Und wenn sie genug Hilfe für ihren eigenen Weg erhalten haben, treten sie aus dem Förderkreis wieder aus. Dann stützen sie sich auf das amicative Gedankengut unabhängig von einer Mitgliedschaft, begleitet von den guten Wünschen der Mitglieder. Andere Mitglieder wiederum verstehen sich als stille Förderer. Sie fühlen sich der Amication verbunden und wollen durch ihren finanziellen Beitrag die Verbreitung der amicativen Idee unterstützen.

Der Förderkreis führt Mitglieder-Wochenenden durch, an dem Kontakte geknüpft und verstärkt werden können. Viele Neuinteressenten und Mitglieder kommen zum Pfingst-Seminar, es ist eine gute Gelegenheit für Austausch und Kennenlernen. Die beiden Sommer-Seminare dauern jeweils 12 Tage. Es ist dann für intensives Hineinhören in die amicative Sichtweise Zeit, und die Menschen lernen sich dort auch näher kennen.

Viele Mitglieder haben sich im Laufe der Zeit auf den Seminaren und regionalen Treffen kennengelernt und sind miteinander befreundet. Sie halten Kontakt und besuchen sich. Sie genießen es, Gespräche mit Menschen zu führen, die eine gleiche Weltsicht haben. Und da jeder seinen Alltag so amicativ gestaltet, wie er das jeweils will, gibt es vieles, über das man sich austauschen kann – ohne sich begutachtet zu fühlen, ob man denn nun »richtig« amicativ lebt. Die Mitglieder haben verstanden, daß nur sie selbst darüber befinden, was sie von den amicativen Erkenntnissen übernehmen wollen, und daß es schon von der Idee her keinen Besserwisser gibt. So können sich die Mitglieder mit den Menschen zusammentun, von denen sie sich wirklich unterstützt fühlen.

Das Wichtigste an der Mitgliedschaft ist diese Kontakt- und Austauschmöglichkeit. Es wird über alles und jedes gesprochen. Bei diesen Treffen und Besuchen ist es einfach überzeugend, einmal nicht von der üblichen pädagogisch geprägten Sichtweise bedrängt zu sein – das sagen alle Mitglieder immer wieder. Der Förderkreis wirkt wie ein Schutzraum, allein dadurch, dass er existiert und die pädagogische Welt durch sein Anliegen, sein Engagement und seine Texte fernhält, und weil er für jeden offen ist, der die amicative Idee gut findet.

Die Mitgliedschaft im Förderkreis ist an einen finanziellen Beitrag gebunden. Wer von den ideellen Leistungen des Förderkreises persönlichen Gewinn und Nutzen hat, kann dies durch seinen Mitgliedsbeitrag anerkennen. Der Beitrag wird für die Öffentlichkeitsarbeit zur weiteren Verbreitung der amicativen Idee verwendet. Und da der Förderkreis als gemeinnützig anerkannt ist, gibt es für den Jahresbeitrag eine Spendenquittung. Außerdem können Mitglieder an den psychodynamischen Seminaren des Förderkreises zu ermäßigter Gebühr teilnehmen.

Die Mitglieder erhalten viermal im Jahr einen Rundbrief, in dem vielfältige Themen aufgegriffen und aus amicativer Perspektive dargestellt werden. Das sind immer wieder Probleme aus dem Umgang mit Kindern und mit sich selbst, aber auch gesellschaftliche und ethische Fragen oder allgemeine Themen wie »Die amicative Position zum Attentat vom 11. September«. (http://www.amication.de/aktuelle_beitraege.htm)

Die Öffentlichkeits- und Büroarbeit des Förderkreises wird von den Vorstandsmitgliedern durchgeführt, und gelegentlich helfen bei bestimmten Aufgaben noch andere Mitglieder. So ist ein weiteres Mitglied als Webmaster für das Internet aktiv, andere organisieren Vorträge und Seminare in Deutschland, Österreich, Polen und der Schweiz. Alle Aktiven arbeiten ehrenamtlich. Das bedeutet zum einen, daß keine Mitgliedsbeiträge für Personalkosten ausgegeben werden. Andererseits hängen aber auch alle Aktivitäten vom privaten Engagement ab.

Viele Mitglieder des Förderkreises sind offen für die Ansprache von neuen Interessenten, und aus einem Anruf entsteht leicht ein regionaler Kontakt. Erfahrungsgemäß sind solche Gespräche durch das persönliche Nachfragen und die direkten Antworten sehr hilfreich. Die Mitglieder freuen sich darüber, die amicative Idee anderen zu erklären und nahezubringen – wenn jemand Interesse an der Amication hat und sich informieren will.

## 100. GRAL

Im Förderkreis gibt es seit langem die Idee, eine amicative Lebensgemeinschaft mit vielen Menschen zu bilden. Im Jahr 2002 konzipiert eine Gruppe von Förderkreismitgliedern den »GRAL« – *Gemeinschaft und Raum für amicative Lebensweise*. Wunsch, Hoffnung und Perspektive der Gral-Gründer ist dabei, daß sich ihr Projekt nach und nach zu einem lebendigen Dorf auf amicativer Grundlage und mit vielfältigen eigenen Einrichtungen und Betrieben entwickelt. Ein Jahr später beginnt die Realisierung des Gral-Projekts auf einem ausgebauten Bauernhof im Münsterland. Einige Mitglieder, darunter auch Familien mit Kindern, schließen sich zusammen und tun die ersten Schritte in eine neue amicative Zukunft – unterstützt von den anderen Gral-Gründern und Freunden aus dem Förderkreis.

# VII Amicative Literatur

**Hubertus von Schoenebeck**

KINDER

### Kinder der Morgenröte
... unterstützen statt erziehen ...
Taschenbuch. Ausgabe 2004. 142 Seiten
ISBN 3-88739-025-3. EUR 9,80
Dies ist das grundlegende Buch zur erziehungsfreien Theorie und Praxis und die erste Empfehlung zur Information über den amicativen Umgang mit Kindern. Was charakterisiert eine erziehungsfreie Beziehung? Wie sieht die erziehungsfreie Praxis aus? Wie kann man damit anfangen? Aus der Fülle 30jähriger Erfahrung erziehungsfreier Kommunikation wird den vielfältigen Fragen zum amicativen Leben mit Kindern nachgegangen. Ein anrührender Prolog und viele anschauliche Beispiele eigener Praxis runden dieses persönlich geschriebene Sachbuch ab.

### Die erziehungsfreie Praxis
Der amicative Alltag mit Kindern
Broschüre. Ausgabe 2005. 32 Seiten
ISBN 3-88739-023-7 EUR 3,–
Diese Schrift ist ein Sonderdruck aus dem Buch »Kinder der Morgenröte«. Sie enthält Antworten auf viele Fragen zur Umsetzung der amicativen Theorie in eine wirklich funktionierende erziehungsfreie Praxis mit Kindern. Ausführlich wird die amicative Konfliktlösung dargestellt.

### Gast im Kinderland
Der Bericht des postpädagogischen Forschungsprojekts 1976–78
Taschenbuch. Ausgabe 2005. 246 Seiten
ISBN 3-88739-29-6. EUR 14,80

Hubertus von Schoenebeck überprüfte in einer 28 Monate dauernden wissenschaftlichen Feldstudie mit Kindern im Alter von 3 bis 17 Jahren, wie erziehungsfreie Kommunikation realisiert werden kann. Der Text enthält den Forschungsbericht mit vielen Details und Hintergrundüberlegungen zur »Beziehung ohne Erziehung«. Er ist leicht verständlich geschrieben und gibt Einblick in die Sensibilität und Empathie amicativer Beziehungen. Ein Kapitel über die wissenschaftliche Methode der Forschung rundet den Bericht ab.

**Kinder in der Demokratie**
Politische Emanzipation/Deutsches Kindermanifest/Wahlrecht für Kinder
Broschüre. Ausgabe 2001. 48 Seiten
ISBN 3-88739-021-0. EUR 3,–
Dieser Text ist eine unverzichtbare Einführung für jeden, der sich über die politische Emanzipation des Kindes (Children's Rights Movement) informieren möchte. Im Deutschen Kindermanifest sind in einer Präambel und in 22 Artikeln die Bürgerrechte dokumentiert, die Kindern zustehen sollten. Es wird der historische Zusammenhang dieser Bürgerrechtsforderungen aufgezeigt, und es wird deutlich, welchen Sinn es macht, die Forderung nach der Gleichberechtigung des Kindes heute zu erheben. In einem eigenen Kapitel wird das Wahlrecht für Kinder (Wahlalter Null) fundiert und ausführlich mit allem Pro und Contra vorgestellt.

**Schule mit menschlichem Antlitz**
Realität und Vision
Taschenbuch. Ausgabe 2001. 152 Seiten
ISBN 3-88739-027-X. EUR 9,80
Hier wird in großer Breite und Tiefe die amicative Position zur Schule vorgestellt. Die Realität der Kinder, der Eltern und der Lehrer im Schulalltag aus amicativer Sicht. Wo liegt die wirkliche Macht der Eltern? Wissen Lehrer eigentlich, was sie tun? Welchem Leid sind die Kinder in der Schule

ausgesetzt? Was läßt sich gegen die Schultraumatisierung tun? Hält die Schule vor den Menschenrechten stand? Wie kann eine Schule der Zukunft aussehen? Was kann ein Lehrer heute tun, damit die Schule kinderfreundlicher wird? Auf diese Fragen gibt es unkonventionelle und überzeugende Antworten, und viele praktische Tips und Denkanstöße für Eltern und Lehrer. Doch Vorsicht: Das Buch läßt niemanden unberührt, es macht betroffen und ist keine leichte Kost.

**Kinderkreis im Mai**
Die Revolution der Schule
Taschenbuch. Ausgabe 2005. 234 Seiten
ISBN 3-88739-028-8. EUR 9,80 3
Der Lehrer steht zwischen dem Recht der Kinder, über ihr Lernen selbst zu bestimmen, und den Anforderungen der Schule, den vorgeschriebenen Lehrstoff zu vermitteln. In Form von Tagebuchaufzeichnungen reflektiert der Autor Tag für Tag ein halbes Jahr lang sein konkretes Handeln in der Schule. Und obwohl ihm klar ist, daß er das Leid der Schulkinder durch sein unabwendbares Oktroyieren selbst verursacht, verzweifelt er nicht, sondern zeigt viele Möglichkeiten, wie sich Kinderfreundlichkeit in der Schule realisieren läßt. Ein Buch für jeden, der an der systembedingten Inhumanität der Schule noch leiden kann. Ein Buch, das dennoch versöhnt und in die Zukunft weist.


SELBSTLIEBE

**Ich liebe mich so wie ich bin**
Der Weg aus Selbsthaß, Ohnmacht und Egoismus
Taschenbuch. Ausgabe 2002. 150 Seiten
ISBN 3-88739-026-1. EUR 9,80
Amication für Erwachsene: Dieses einfühlsame, mit Gedichten ergänzte Buch handelt von der pädagogischen Demoralisierung des Kindes und ihrer Überwindung. Rückblickend

auf die Kindheit werden auf alte Fragen und Erlebnisse neue Antworten gegeben. Antworten, die einen von Erziehung und Selbsterziehung freien Weg zum Ich aufzeigen. Ein Leben ohne Schuldgefühle und Selbstwertzweifel und zugleich voller beiläufiger Sozialität ist möglich! Die Selbstliebe wird als die uralte und zugleich postmoderne Kraft erkennbar, die einen jeden konstruktiv leitet und die auch im Umgang mit dem Anderen Bestand hat. Das Buch enthält zudem das Konzept des »Selbst-Verantwortungs-Trainings« und ein Kapitel über die philosophisch-anthropologischen Grundlagen der Amication.

**Selbst-Verantwortungs-Training**
Das Konzept der amicativen psychodynamischen Seminare
Broschüre. Ausgabe 1998. 20 Seiten
ISBN 3-88739-007-5. EUR 3,–
Das amicative Selbst-Verantwortungs-Training wird als Wochenendseminar durchgeführt. Es kennt keinen Leiter oder Trainer. Die Teilnehmer folgen in diesem Erlebnis-Seminar ihren situativen Impulsen auf einer amicativen Basis – und sie entdecken, was Selbstverantwortung, Selbstliebe und Sozialität eigentlich bedeuten. Die Broschüre stellt das Konzept dieser eigenständigen psychodynamischen Seminarform vor, wie sie seit 1985 im Freundschaft mit Kindern – Förderkreis e.V. realisiert wird.

## GESAMTTHEMATIK

**Amication – Themensammlung**
100 ausgewählte Aspekte amicativer Thematik
Taschenbuch. Ausgabe 2004. 298 Seiten
ISBN 3-88739-024-5. EUR 15,80
Die Themensammlung ist ein Reader zur Amication mit 100 Texten über Theorie, Praxis, Erleben, Kinder, politische Emanzipation des Kindes, Wahlrecht für Kinder, Schule, Erwachsene, Selbstliebe, Partnerschaft, Ethik, Emotionalität. Jeder Aspekt

ist mit einer signifikanten Überschrift versehen und durch ein übersichtliches Inhaltsverzeichnis leicht zu finden. Die Themensammlung gibt zu einzelnen Aspekten konzentriert Auskunft, schneller als dies ein breit angelegtes Buch leisten kann. Und sie ist auch ein Lesebuch für alle, die sich nur hin und wieder mit der amicativen Thematik beschäftigen können.

**Die antipädagogische Argumentation**
Antworten auf pädagogische Kritik
Taschenbuch. Ausgabe 2005. 264 Seiten
ISBN 3-88739-030-X. EUR 14,80
In diesem Buch werden 30 Einwände fundiert beantwortet, die von Erziehungswissenschaftlern gegen die erziehungsfreie Theorie und Praxis erhoben wurden. Den ausführlich zitierten pädagogischen Textstellen stehen jeweils sorgfältig ausgearbeitete amicative Repliken gegenüber. Das anspruchsvolle Buch wurde für die wissenschaftliche Diskussion über das erziehungsfreie Konzept geschrieben und richtet sich an pädagogische Fachleute und interessierte Laien. Es wird deutlich, weshalb dem pädagogischen Denken der erziehungsfreie Ansatz immer wieder entgleitet – entgleiten muß –, und wie faszinierend die Schlüssigkeit amicativer Argumentation ist. Dem Leser erschließt sich durch die unzähligen amicativen Überlegungen, Nuancen und Querverbindungen in den 30 Kritik-Replik-Paaren nach und nach das Gesamtbild des postpädagogischen Projekts.

**zauberpfade**
Figurative Aphorismen
Gebundenes Buch. Ausgabe 2001. 160 Seiten
ISBN 3-88739-031-8. EUR 14,80
Der Band enthält amicative Gedichte und Aphorismen. In poetischen Botschaften werden Situationen aus der Beziehung zu sich selbst und den anderen – Erwachsenen und Kindern – mitgeteilt. Ein Buch, das als Alternative oder in Ergänzung zur intellektuellen Rezeption dazu einlädt, ganz vom Gefühl her

auf die neuartigen Aussagen der Amication zuzugehen. Die Gedichte und Aphorismen sind optisch »figurativ« gestaltet und fordern allein schon dadurch zum Assoziieren und Einschwingen heraus. Durch den festen Einband und das stimmungsvolle farbige Titelbild eignen sich die »zauberpfade« auch als ansprechendes Geschenkbuch.

**Grundlagen der erziehungsfreien Lebensführung**
Anthropologisch-philosophische Grundpositionen der Amication
Broschüre. Ausgabe 1997. 36 Seiten
ISBN 3-88739-017-2. EUR 3,–
Die Broschüre enthält eine Einführung in den amicativen Gesamtzusammenhang und ist als Ersteinstieg gedacht. Die »Grundlagen« sind verständlich geschrieben und richten sich an jeden Neuinteressenten.

**Amication – Erste Informationen**
Unterstützen statt erziehen/Ich liebe mich so wie ich bin
Broschüre. Ausgabe 2004. 36 Seiten
ISBN 3-88739-020-2. EUR 3,–
Die Broschüre zum Vorstellen und Weitergeben. Was ist Amication? Woher kommt Amication? Wer vertritt Amication? Mit einer ausführlichen Vorstellung amicativer Literatur.

BROSCHÜREN

Die fünf oben beschriebenen Broschüren sind zusammen erhältlich für EUR 10,–, ISBN 3-88739-022-9

– Amication – Erste Informationen
– Grundlagen der erziehungsfreien Lebensführung
– Die erziehungsfreie Praxis
– Kinder in der Demokratie
– Selbst-Verantwortungs-Training

# Information – Korrespondenz – Buchbestellung

(Alle Bücher und Broschüren sind auch im Buchhandel erhältlich.)

Amication
Turmstraße 24
D-29336 Nienhagen

Telefon: 0 51 44 – 56 07 54
Telefax: 0 51 44 – 56 07 64
E-Mail: amication@t-online.de
Internet: http://www.amication.de/bestellung.htm

Homepage
www.amication.de